IMF
International Management and Finance

Herausgegeben von
Professor Dr. Dr. h.c. Klaus Spremann

Lieferbare Titel:

Bernet, Finanzintermediation und Finanzkontrakte, 2. Auflage (in Planung)

Spremann, Private Banking, 2. Auflage (in Planung)

Spremann, Portfoliomanagement, 4. Auflage

Spremann, Finance, 4. Auflage

Spremann · Scheurle, Finanzanalyse

Spremann · Ernst, Unternehmensbewertung, 2. Auflage

Spremann, Wirtschaft, Investition und Finanzierung, 6. Auflage (in Planung)

Spremann · Gantenbein, Zinsen, Anleihen, Kredite, 4. Auflage

Finanzanalyse

von
Prof. Dr. Dr. h.c. Klaus Spremann
und
Dr. Patrick Scheurle

Oldenbourg Verlag München

Bibliografische Information der Deutschen Nationalbibliothek

Die Deutsche Nationalbibliothek verzeichnet diese Publikation in der Deutschen Nationalbibliografie; detaillierte bibliografische Daten sind im Internet über <http://dnb.d-nb.de> abrufbar.

© 2010 Oldenbourg Wissenschaftsverlag GmbH
Rosenheimer Straße 145, D-81671 München
Telefon: (089) 45051-0
oldenbourg.de

Lektorat: Wirtschafts- und Sozialwissenschaften, wiso@oldenbourg.de
Herstellung: Anna Grosser
Coverentwurf: Kochan & Partner, München
Gedruckt auf säure- und chlorfreiem Papier
Gesamtherstellung: Druckhaus „Thomas Müntzer" GmbH, Bad Langensalza

ISBN 978-3-486-59799-8

Während sich früher die Finanzanalyse entweder auf Charts und Formationen bezog oder eben auf die Analyse von Jahresabschlüssen sowie die Interpretation von Kennzahlen und Fundamentaldaten, ist inzwischen durch die empirische und theoretische Erforschung der Kapitalmärkte ein Wissensgebiet entstanden, in dem die verschiedenen Ansätze aus einer einheitlichen Sicht betrachtet werden, die noch vor zehn Jahren so nicht möglich gewesen wäre. Dieses Lehrbuch ist aus Vorlesungen und Übungen an der Universität St.Gallen entstanden. Es stellt die wichtigsten Argumentationen und Arbeitsweisen dar, die heute die Arbeit von Finanzanalysten prägen. Die Grundlagen der Kapitalmarktforschung liefert das Fundament. Das Lehrbuch entwickelt so das Fachwissen und jene Methoden, die zum Standard der Finanzanalyse gehören. Es wendet sich an Studierende der Betriebs- und der Volkswirtschaftslehre sowie an Personen im Beruf, die sich mit Finanzanalyse befassen.

Die Autoren lehren an der Universität St.Gallen und forschen am Schweizerischen Institut für Banken und Finanzen. Eine Kontaktaufnahme ist über klaus.spremann@unisg.ch oder über patrick.scheurle@unisg.ch möglich. Außerdem sei auf Materialien zur Finanzanalyse hingewiesen, die über den Oldenbourg Wissenschaftsverlag auf der Seite dieses Buches unter → Zusatzmaterial heruntergeladen werden kann.

Inhaltsverzeichnis

1. Finanzanalyse als Beruf

Nach einer Übersicht (Definition, Nachbarberufe, Methoden, Arbeitsziel) wird das Außenbild der Finanzanalysten gezeichnet. Wie in jedem Kapitel folgen zum Schluss Ergänzungen und Fragen — mit Lösungen.

1.1 Übersicht

1.1.1 Definition

Zu Beginn eine Definition:

> **Finanzanalyse** umfaßt die *systematische Aufbereitung* und die *Kommunikation* von Informationen über die finanzielle Situation von Unternehmungen, Branchen und Märkten, die sich für Finanzinvestitionen anbieten. Finanzanalysten beschaffen Informationen, wenden Methoden und Modelle an, erarbeiten Studien, präsentieren ihre Ergebnisse und stellen sich der Diskussion. Sie erarbeiten Prognosen, beurteilen Risiken und nehmen Bewertungen vor. So gelangen Analysten zu Empfehlungen für Finanzinvestoren (wie zum Beispiel Kaufen oder Verkaufen) und präsentieren in diversen Kommunikationsmedien. Im Nachgang evaluieren sie ihre Methoden und Urteile durch Messung der mit ihren Empfehlungen erzielbaren Performance. Des weiteren kommentieren Finanzanalysten Vorgänge in Unternehmungen und Maßnahmen des Managements (etwa eine geplante Kapitalerhöhung, ein Investitionsvorhaben oder eine Akquisition) sowie der Geld-, Wirtschafts- und Währungspolitik. Schließlich werden sie beratend tätig.

Finanzanalysten arbeiten in Banken und bei anderen Finanzintermediären, in den Finanzabteilungen größerer Unternehmungen, in staatlichen Institutionen und vor allem in den Medien. Wie bei anderer, projektbezogener Tätigkeit herrscht *Teamarbeit* vor. Bei Berichten, Vorträgen und Medienauftritten gibt es indes *Wettbewerb* zwischen den Teams verschiedener Banken und Institutionen. Ab und zu verfassen sie Wertgutachten, arbeiten als Consultant und wirken in einer Jury mit.

Die Finanzanalyse ist heute spezialisiert und dabei primär branchenorientiert und nur sekundär länderorientiert. Das heisst, ein Finanzanalyst könnte sich auf die Pharmaunternehmen weltweit konzentrieren, auf den Energiebereich oder auf die Autohersteller. Im Fall einer bedeutenden Industrie, wie der Autoindustrie kann dann sich sekundär eine Aufteilung nach den Regionen der Welt herausbilden. Deshalb bringt der Besuch von Firmen — Interviews, Analystenmeetings, Hauptversammlungen — Reisetätigkeit mit sich. Darüber hinaus verlangen immer wieder Events und fachwissenschaftliche Treffen aktive Mitarbeit.

Finanzanalysten haben meistens Betriebs- oder Volkswirtschaftslehre studiert. Neben Fachwissen und später auch Erfahrung wird von ihnen eine verantwortungsvolle, seriöse Haltung erwartet, dass sie in ihren Berichten und in Medienauftritten glaubhaft wirken und ihre Argumentation nachvollziehbar präsentieren können. Viele Finanzjournalisten und Wirtschaftskommentatoren haben eine betriebswirtschaftliche Ausbildung mit dem Schwerpunkt Finanzanalyse absolviert.

Früher wurde die Finanzanalyse über Ansätze und Methoden definiert, darunter

- der *Chartanalyse* oder Technischen Analyse (Identifikation von Mustern im Kursverlauf (*Formationen*), die Schlüsse über die weitere Kursentwicklung zulassen,

- der Fundamentalanalyse (Auswertung betriebswirtschaftlicher Daten einer Unternehmung unter Einbezug des Umfelds mit dem Ziel der Bewertung),

- sowie der Marktzustandsanalyse (Untersuchung der aktuellen Situation in der Real- und in der Finanzwirtschaft generell sowie der Stimmung der Marktteilnehmer und ihrer derzeitigen Einstellung gegenüber Investitionen und der Zukunft).

Zwar werden vielfach mehrere Ansätze und Methoden parallel verwendet, vor allem um Werturteile und Empfehlungen breiter abzustützen. Doch meistens wird schon deutlich, ob ein Analyst eher Charts analysiert, fundamental orientiert ist oder ob die augenblickliche Marktsituation als Hauptargument für die Urteilsfindung dient.

Bei den genannten drei Ansätzen der Analyse haben wir nicht direkt die Finance als ein mit quantitativer und ökonometrischer Methodik vorgehendes Teilgebiet der Wirtschaftswissenschaften erwähnt. In der Tat sind die quantitativen Modelle und die empirische Forschung der Finance heute bei allen drei Ansätzen anzutreffen, wenngleich sie am fruchtbarsten mit der Fundamentalanalyse verbunden sind. Es gibt indes ökonometrische Untersuchungen zur Technischen Analyse genau wie ökonomische Behandlungen der Aussagen der Behavioral Finance, die wiederum die Stimmungs- und Gewohnheitsbildung der Investoren erklärt. Die moderne Finance ist natürlich breiter und allgemeiner angelegt als die Finanzanalyse, weshalb wir hier der Tradition gefolgt sind und die drei genannten Ansätze der Finanzanalyse gleich zu Beginn genannt haben.

Noch eine weitere Unterscheidung sei genannt: Bei Analysten, die in einer Bank arbeiten, ist eine Gruppierung nach Buyside und Sellside üblich. In großen Banken arbeiten Teams von Buyside-Analysten und von Sellside-Analysten sogar weitgehend getrennt.

- Buyside-Analysten unterstützen die Bank dort, wo sie selbst Positionen oder Risiken übernimmt (einkauft), zum Beispiel im Investmentbanking und beim Management von Investmentfonds.

- Sellside-Analysten erstellen Berichte und Empfehlungen zuhanden der externen Kundschaft privater und institutioneller Finanzanleger.

Oft ist zu hören, Buyside-Analysten würden eher eine globalere und langfristigere Perspektive entfalten. Das verschafft ihnen eine gewisse Unabhängigkeit der Sicht. Das Ziel der Buyside-Analyse ist, aus dem Eingehen und *langfristigem Halten von Positionen* Gewinne für die Bank zu erwirtschaften. Sie müssen daher ihre Arbeit nicht laufend in den Medien rechtfertigen. Sellside-Analysten beobachten hingegen einzelne Unternehmungen oder Branchen. Ihr Ziel ist, dass die Kunden *Transaktionen* tätigen und die Bank über Kommissionen verdient. Sellside-Analysten stehen mit den Sellside-Analysten anderer Banken und mit Wirtschaftsjournalisten in Konkurrenz. Sie sind daher einem Anpassungsdruck ausgesetzt. Andererseits sollten sie mit ihrem Urteil Aufmerksamkeit erzielen, was mit Querdenken leichter zu erreichen wäre.

> Buyside-Analyse ist global und strategisch, und oft führt sie zu konträren Positionen. Sellside ist fokussiert, eher taktisch, und dabei einem Anpassungsdruck ausgesetzt.

1.1.2   Finanzanalyse und Nachbarberufe

Wer sich mit dem Gedanken auseinandersetzt, seine Karriere als Finanzanalyst zu beginnen, interessiert sich für *Nachbarberufe*. Sie zu kennen ist schon deshalb wichtig, weil in einer arbeitsteiligen Welt die Zusammenarbeit mit Experten in benachbarten Berufen notwendig ist. Die drei wichtigsten Nachbarn des Finanzanalysten sind das (1) *Research*, die (2) Anlageberatung und das (3) *Portfoliomanagement*.

(1) Im Research werden *makroökonomische Analysen* ausgearbeitet. Diese Analysen sollen streng nach ökonomischen Gesichtspunkten erstellt werden und letztlich klären, welche Länder, Wirtschaftsregionen, Währungsräume derzeit für eine Anlage empfohlen werden können und aus welchen Gründen. Das Research ist also *volkswirtschaftlich* orientiert. Zu den Argumenten gehören das BIP-Wachstum verschiedener Länder, Schätzungen über künftige Inflationsraten, Zinssätze und Währungen sowie die Länderrisiken. Eine erste Grundlage für das Research bilden die *Wirtschafts-* und *Fiskalpolitiken* der Staaten sowie die *Geldpolitiken* der Zentralbanken. Dabei werden internationale Abkommen und zwischenstaatliche Kooperationen berücksichtigt. Eine zweite Grundlage für das Research sind *langfristige Trends und Zyklen*, etwa zu Innovation, Technologie und *Demographie*. Im Research werden schließlich auch *Krisen* thematisiert Die Ausbildung für das Research verlangt ein Studium von International Finance, Volkswirtschaftslehre und Finanzwissenschaft. Das Research unterscheidet sich indessen von der Marktzustandsanalyse. Es unterstellt rational handelnde Personen und Einrichtungen. Das Research versucht nicht, Stimmungen einzufangen. Selbstverständlich verlangen die Aufgaben des Finanzanalysten

neben betriebswirtschaftlichen und markttechnischen Daten eine Beachtung der makroökonomischen und langfristigen Entwicklungen, etwa hinsichtlich Zinsniveau, Inflation, Währungsparitäten. Besonders für den Buyside-Analysten ist von Bedeutung, die Studien aus dem Research zu verstehen. Sellside-Analysten stellen hingegen oftmals nur *bedingte Empfehlungen* auf, das heißt, sie empfehlen den einen oder anderen Titel ohne sich zu äußern, ob sie das betreffende Land überhaupt empfehlen würden. Bei einer kleineren Einrichtung (Bank, Publizist, Beratung) dürfte ein dort tätiger Finanzanalyst indessen die Aufgaben des Research mit übernehmen. Bei größeren Instituten ist nicht unüblich, dass Finanzanalysten gelegentlich ins Research wechseln.

(2) Kommen wir zur Anlageberatung, ein zweiter Nachbar der Finanzanalyse. Anlageberaterinnen und Anlageberater sind das „Gesicht einer Bank" gegenüber ihrer privaten und institutionellen Kundschaft. Wichtige Aufgaben des Anlageberaters sind die Ermittlung der Risikoaversion und Risikofähigkeit eines Kunden sowie die Besprechung der zum Risikoprofil passenden Gewichtung der Assetklassen wie Aktien, Bonds, Convertibles, Strukturierte Produkte, Immobilienwerte bis hin zu Kunst. Für das konkrete Management der Portfolios werden der Kundschaft in der Anlageberatung zwei Wege vorgeschlagen.

- Entweder die Kunden geben selbst Order für den Kauf und Verkauf von Wertpapieren an die Bank. Das sind die so genannten *Direktanleger.* Den Direktanlegern werden sodann Reporte, Studien und Empfehlungslisten der Sellside-Analyse zugänglich gemacht, entweder durch regelmäßige Zusendung von Printmaterialien oder per E-Mail.

- Oder die Kunden erteilen der Bank eine Generalvollmacht, ein Mandat, die Transaktionen für sie und auf ihre Rechnung vorzunehmen. Anlageberater erklären ihren Mandatskunden im nachhinein, welche Transaktionen ausgeführt worden sind und welche Performance erzielt wurde. Mandatskunden haben hin und wieder ein direktes Gespräch mit den Portfoliomanagern, bei dem die persönlich zugeordnete Anlageberaterin oder der Anlageberater zugegen ist.

Alle Kunden werden von ihren Anlageberatern periodisch zu Events eingeladen, bei denen der Chef der Finanzanalyse ein Referat hält. Der Tenor: Die Empfehlungen vor einem Jahr waren überwiegend richtig; Fortschreibung der jetzigen Situation führt zu diesen und jenen Tips. Bei Anlageberatern wird eine Ausbildung als Finanzplaner vorausgesetzt. Sie müssen für den persönlichen Umgang mit Kunden eine integren Charakter haben und gewandt sein.

> Einschätzungen der Finanzanalyse wie Kaufen, Halten oder Verkaufen einer Aktie oder eines Wertpapiers stellen eine doppelt bedingte Empfehlung dar: Die Empfehlung gilt unter der ersten Bedingung, dass die Assetklasse, der die Aktie oder das Wertpapier zugerechnet wird (Land, Branche, Währung), generell in der augenblicklichen Situation und der vorhersehbaren Zukunft (im Vergleich zu anderen Assetklassen) attraktiv ist. Zweitens gilt die Empfehlung unter der Bedingung, dass ein Anleger (Leser, Zuhörer) aufgrund seiner Risikotoleranz und aufgrund seiner finanziellen Situation überhaupt in diese Assetklasse oder in dieses Land investieren sollte.

> Die beiden Bedingungen verlangen also, dass sowohl das Research als auch die Anlagebe-
> ratung „grünes Licht" geben. Erst wenn beides der Fall ist, darf ein Tip aufgegriffen wer-
> den.

(3) In der Nachbarschaft zur Finanzanalyse stehen schließlich das Portfoliomanagement und das Asset Management. Sowohl das Portfoliomanagement als auch das Asset Management haben das Ziel, Anlagen zu gewichten. Das Portfoliomanagement ist etwas konkreter und betrachtet als Anlagen Assetklassen oder einzelne Wertpapiere. Das Asset Management ist losgelöst von einzelnen Wertpapieren und betrachtet Assetklassen als Anlageobjekte.

Das Portfoliomanagement folgt hier und da Stilen und Taktiken und geht auf Wünsche der Investoren ein. Das Asset Management ist deutlich strategischer ausgerichtet und entsprechend auch grundlegender. Man darf also sagen, dass *Portfoliomanager* die Ziele und Strukturen umsetzen, die im Asset Management festgelegt werden. Portfoliomanager wählen Repräsentanten für die Assetklassen und erteilen Order für den Kauf und Verkauf auf der Ebene einzelner Wertpapiere. Portfoliomanager kontrollieren Risiko und Rendite der Portfolios und nehmen ab und zu Adjustierungen sowie ein Re-*Balancing* der Zusammensetzung der Portfolios vor.

Dabei gehen die Portfoliomanager *strategisch* und vielfach auch *taktisch* vor. Gerade im letzten Fall greifen sie Empfehlungen der Sellside-Analyse auf. Portfoliomanager sind in einer Bank einerseits für die Depots der Mandatskunden zuständig, andererseits für das Management von Investmentfonds. Im letzteren Fall übernehmen sie auch die eine oder andere Idee der Buyside-Analyse, müssen jedoch dann überprüfen, ob sie sich nicht zu weit von der „allgemeinen Sicht des Marktes" entfernen. Portfoliomanager studieren Wirtschaftswissenschaften mit Finance als Schwerpunkt.

(4) Schließlich sei der Finanzanalyst genannt, der als Publizist tätig ist, in Institutionen arbeitet, und der Wirtschaftsvorgänge kommentiert und beurteilt. Diese Personen stehen in beruflicher Nachbarschaft zum Recht. Es macht wenig Sinn, wenn sie sich über die Auseinandersetzungen im Aufsichtsrat einer Unternehmung äußern, zu einem Going Private oder zu einer Übernahme einen Kommentar abgeben, ohne die juristischen Prozeduren und Grenzen zu kennen. Diese Finanzanalysten müssen zwar nicht selbst Juristen sein, doch sie müssen das Aktiengesetz kennen, frühere Urteile in Erinnerung haben und ein Gespür dafür entwickeln, welche Möglichkeiten und Wege das Wirtschaftsrecht bietet. Dazu gehören auch Grundkenntnisse, wie gewisse Vorgänge *steuerrechtlich* zu würdigen sind.

1.1.3 Drei Methoden

Finanzanalyse ist so alt, wie es der Versuch ist, „gute" von „schlechten" Anlagemöglichkeiten zu unterscheiden. Letztlich geht es um die Prognose von *Rendite, Liquidität, Risiko* und der *Gefahr*, mit einer Anlage ganz zu scheitern.

> Jede Prognose gründet erstens auf *Sachverhalten*, die vorliegen und beobachtbar sind, die sich also in der Vergangenheit herausgebildet haben (historische Daten). Zweitens sind *Zusammenhänge* verlangt, die historische Daten und heutige Gegebenheiten mit zukünftigen Ergebnissen verbinden.

Das Schema umfasst demnach drei Schritte: 1. Rückblick (Sammlung historischer Fakten). 2. Analyse (der Zusammenhänge). 3. Ausblick (Erstellung und Vorstellung der Prognose). Arbeiten in Finanzanalyse und Research verlangen daher erstens die Beschaffung von Daten, zweitens das Zurechtlegen der Zusammenhänge, drittens die Findung des Urteils und seine Verkündung und Verteidigung. Eine Prognose wird geschätzt, wenn sie auf qualitativ gute und aktuelle Daten gründet, anerkannte Methoden einsetzt, und in ihrem Vortrag die Logik der Argumentation zeigt (und nicht nur das Urteil als Ergebnis mitteilt). Finanzanalyse ist daher gut, wenn die Argumentation gut ist.

Hinsichtlich der Art der Daten, der Natur der Zusammenhänge und folglich auch der Argumentationslogik sind im Verlauf des letzten Jahrhunderts ab und zu neue Sichtweisen entstanden. Wir hatten sie bereits genannt:

1. Die erste Sicht ist die Chartanalyse oder Technische Analyse. Um 1920 und einige Zeit danach waren die Börsianer verunsichert und hatten überhaupt wenige Informationen. So kam die Vorstellung auf, historische Kursverläufe könnten fortgeschrieben werden. Formationen zeigen, wie die Fortschreibung zu geschehen hat: Aufwärtstrends laufen noch einige Zeit weiter, Zick-Zack-Bewegungen der Kurse deuten auf Rückgänge und Einbrüche hin. Die abgeleiteten Empfehlungen konzentrierten sich auf das Timing. Die Chartanalyse wurde durch die Arbeit von CHARLES H. DOW (1851-1902) möglich, der in New York Börsenkurse aufzeichnete und publizierte.

2. Die Fundamentalanalyse wurde um 1950 die beherrschende Sicht. BENJAMIN GRAHAM (1894-1976) und DAVID DODD (1895-1988) hatten 1934 ihr *Security Analysis* betiteltes Buch veröffentlicht. Etwas vereinfacht, empfehlen die Autoren GRAHAM und DODD eine Unternehmensbewertung aufgrund der *Gewinne*, eine so genannte *Ertragsbewertung*. Der Wert wird sodann mit dem Börsenkurs verglichen. Sie postulieren, dass sich Unterschiede zwischen Wert und Kurs über die Zeit hinweg ausgleichen und gelangen so zu Kauf- und Verkaufsempfehlungen. Die Prognose der Gewinne basiert auf *Fundamentaldaten*, zu denen nicht zuletzt die *Bilanzpositionen* gehören. Die Empfehlungen konzentrieren sich auf die Selektion von Aktien, wobei GRAHAM und DODD besonders Value-Stocks identifizieren, Aktien also, die gemessen anhand Bilanzstärke und Gewinnkraft an der Börse billig sind.

3. UM 1980 kommt die Untersuchung der Stimmung am Gesamtmarkt hinzu, die Marktzustandsanalyse. GRAHAM und DODD entwickelten eine „betriebswirtschaftliche rationale" Sicht und schenkten der Situation an der Börse und den *Stimmungen* der Investoren wenig Beachtung. Indessen ist offensichtlich, dass es anscheinend immer wieder zu über-

schäumendem Optimismus kommt, der in abrupten Kurskorrekturen endet. Anschließend beginnt eine Zeit der Vorsicht. Die Investoren brauchen oft längere Zeit, aus ihrem Pessimismus herauszukommen.

Die drei methodischen Ansätze — Charttechnik, Fundamentalanalyse, Marktzustandsanalyse — werden von Analysten oftmals parallel eingesetzt, aber stets mit Akzenten. Über Assetklassen hinweg ist gelegentlich eine Dominanz einer der Methoden zu erkennen. Etwa zur Währungsprognose werden vielfach charttechnische Prognosen den anderen Ansätzen vorgezogen. Auch bei Vorträgen gegenüber dem breiten Publikum greifen Analysten zu Charts, weil sie mit ihrer Anschaulichkeit die Intuition fördert.

> In den Wirtschaftswissenschaften genießen *fundamental* begründete Bewertungen das größte Ansehen, weil sie am tiefsten mit anderem ökonomischen Wissen verzahnt und mit anderen Theorien verknüpft sind. Zudem wurden fundamental begründete Anlagevorschläge in der Finance empirisch am meisten erforscht. Die Fundamentalanalyse bietet somit den Boden für eine wissenschaftliche, vertiefte Ausbildung und Arbeitsweise.

In diesem Buch werden wir daher das Schwergewicht auf die Fundamentalanalyse setzen. Fundamental orientierte Ökonomen sehen die Chartanalyse oftmals als einseitig an Formationen verhaftet an. Es fehlt ihnen bei der Chartanalyse die tiefe der Verankerung in der ökonomischen Theorie — das jedoch ist ein Vorwurf, der inzwischen nur mit Einschränkungen haltbar ist.

1.1.4 Markteffizienzthese

Letztlich sind alle drei Methoden (Charttechnik, Fundamentalanalyse, Marktzustandsanalyse) der *Generalkritik* ausgesetzt, Prognosen seien langsam und würden der Wirklichkeit hinterher laufen. Denn inzwischen hätten große Marktteilnehmer, so heißt es, aktuelle Informationen bereits selbst beschafft, verarbeitet und gleichsam in Blitzeile umgesetzt. Dadurch würde der Kurs in Kapitalmärkten nach extrem kurzer Zeit, quasi sofort, die jeweils aktuelle Information widerspiegeln.

> Die Vorstellung, dass sich auf Kapitalmärkten praktisch sofort und korrekt Kurse einstellen, die (abgesehen von zufälligen Abweichungen, die sich nicht ausnutzen lassen) jenen Werten gleich sind, die sich aufgrund der neuesten Informationen ergeben, heißt Effizienzmarktthese: Die Märkte verarbeiten Information effizient und können in dieser Funktion nicht übertroffen werden.

Einige Kapitalmärkte verarbeiten bei der Kursbildung neue Informationen tatsächlich auf effiziente Weise. Andere Märkte sind allenfalls auf sehr schwache Art informationseffizient. Ist ein Markt nicht informationseffizient, dann hat die Finanzanalyse ohnehin eine Berechtigung (sofern sie nicht zu teuer ist). Doch selbst in informationseffizienten Märkten ist Finanzanalyse angebracht, denn sie zeigt *Wirkungszusammenhänge* auf und hilft den Investoren, die Zusammenhänge zwischen Fakten und weiteren Entwicklungen besser zu sehen — selbst wenn das alles schon in der Kursbildung seinen Niederschlag gefunden haben sollte. Zudem bleiben die Aufgaben der

Ausarbeitung von Empfehlungen, beispielsweise wie die Kapitalmärkte auf die eine oder andere Maßnahme einer Unternehmung oder der Zentralbank reagieren könnte.

> Wie gesagt: Die Güte der Finanzanalyse zeigt sich eher in der Zusammenstellung aktueller Daten, im Verweis auf anerkannte Zusammenhänge und vor allem in der Tiefe und Logik der Argumentation als im Urteil selbst.

Indessen ist es um die Diskussion der Markteffizienzthese ruhiger geworden, weil immer weniger klar scheint, welches eigentlich das richtige Bewertungsmodell ist. Ohne dies zu kennen, kann nicht geprüft werden, ob das Handelsgeschehen an einer Börse schnell und korrekt auf korrekte Werte führt. Solange die Suche nach dem korrekten Bewertungsmodell nicht abgeschlossen ist, kann eigentlich auch nicht geprüft werden, ob die Kurse an einer Börse die korrekten Werte widerspiegeln.

Ein zweiter Punkt, der gelegentlich gegen die Finanzanalyse vorgebracht wird, ist dieser: Wird eine Prognose bekannt und verhalten sich die Personen entsprechend, dann entstehen durch deren Handlungen neue Fakten, wodurch der Prognose vielleicht die Grundlage entzogen wird und sie dann eben doch nicht zutrifft. Nun dieses Dilemma gibt es bei jeder wirtschaftspolitischen Maßnahme. Wird sie bekannt, kommt es zu Reaktionen und Anpassungen, aufgrund derer die Maßnahme vielleicht hinfällig wird. In der Tat wählen Wirtschaftspolitiker, Zentralbanken und eben auch Finanzanalysten Formen der Kommunikation, bei denen sie letztlich nur Zeichen setzen, nicht aber versuchen, die Preisbildung am Kapitalmarkt umzureißen.

Hier spielt auch ein dritter Punkt hinein: Finanzanalysen können unabhängig von ihrem Wahrheitsgehalt leicht den Charakter einer sich selbst erfüllenden Prophezeiung erhalten. Oft wurde beobachtet, dass die Kursbildung auf Empfehlungen von Finanzanalysten reagiert.[1] Kaufempfehlungen können Kurssprünge auslösen, die sich einige Zeit fortsetzen.

GROSSMAN und STIGLITZ (1980) bieten eine Erklärung, warum Fundamentalanalyse mit einer höheren Rendite einher gehen könnte. Sie lehnen die Idee ab, dass Märkte informationseffizient sein können und argumentieren, dass die Kurse die wahren Werte stets nur verrauscht wieder geben. Es lohnt sich dann für einzelne Investoren, wenngleich nicht für alle Anleger, Informationen zu beschaffen, so dass diese Investoren die wahren Werte wenigstens etwas genauer erkennen können. Das Besorgen, Aufbereiten und Interpretieren von Informationen ist in diesem Marktmodell (wie in der Realität) mit Kosten verbunden. Wären alle Informationen stets in den Wertpapierkursen korrekt enthalten, hätte niemand mehr einen Anreiz, sich noch Informationen zu besorgen. Der Informationsgehalt der Kurse wäre gering. Die Kursbildung wäre stark von Einflüssen überlagert, die sich die uninformierten Marktteilnehmer nicht erklären können. Wer doch die Kosten der Informationsverarbeitung persönlich auf sich nimmt, kann schnell eine höhere

---

[1] 1. MELVIN C. O'CONNOR: On the Usefulness of Financial Ratios to Investors in Common Stock. *Accounting Review* 48 (1973), 339-352. 2. SCOTT E. STICKEL: The Anatomy of the Performance of Buy and Sell Recommendations. *Financial Analysts Journal* 51 (1995), 25-39. 3. KENT L. WOMACK: Do Brokerage Analysts' Recommendations Have Investment Value? *Journal of Finance* 51 (1996), 137-167.

Rendite erwarten. Die Auswertung von Informationen durch Einzelne erhöht den Informationsgehalt der Kurse, die weniger verrauscht sind. In diesem Marktmodell kann jeder Teilnehmende
selbst entscheiden, ob er trotz der immer noch etwas verrauschten Preise keine eigenen Informationen beschafft und somit nur eine geringere Rendite erhält, oder ob er doch Informationen beschafft, eine höhere Rendite erhält, indes auch privat die Informationskosten tragen muss.[2]

> Als Fazit bleibt festzuhalten, dass die Bedeutung glaubwürdiger Finanzanalyse unange-
> fochten ist.

1.1.5 Leseprobe

Die nachstehenden Zitate stammen alle aus ein und derselben Ausgabe der Finanz und Wirtschaft
(FuW), in der vom 6.02.2010, Nr. 10. Die Zitate illustrieren die drei genannten Ansätze: Fundamentalanalyse, Technik, Marktzustandsanalyse. Außerdem zeigen sie Argumentationen, die eher
als Research, als Buyside-Analyse beziehungsweise Sellside-Analyse einzustufen sind.

- *Fundamentalanalyse*: ADRIAN BLUM bietet einen fundamentalen *Quervergleich europäi-
  scher Banken* und spricht in der Überschrift seines Artikels von einer wackeligen Zuversicht und erwähnt, das neue Regulationsregime werfe Schatten voraus. Auszug aus dem
  Vergleich der Banken: „Kernkapitalquoten (Core Tier 1) reichen gemäß JPM-Schätzung
  für 2011 von bedenklichen 3,7% bis sehr guten 13,1%, der Schnitt beträgt 8,3%. Von
  den 103 Mrd. Euro an fehlendem Kapital entfallen 60 Mrd. Euro auf weniger als zehn
  Institute, wobei Commerzbank (18 Mrd. Euro), Crédit Agricole (17) und RBS (12,5) für
  46% verantwortlich sind. Die nächst folgenden sind Postbank, BCP und die irischen
  Wettbewerber. Alle diese Szenarien erhöhen wegen der großen Unsicherheit bis auf weiteres die Risikoprämien in Bankaktien" (p. 29).

- *Charttechnik*: Unter der Rubrik *Technische Analyse in der Praxis*, schreibt ROLAND
  VOGT: „Über den Nutzen von Chartstrukturen lässt sich streiten ... [Die Linien] heben
  als Markierung ... hervor, welchen Charakter und welche Relevanz eine Preisbewegung
  hat. Ableiten lässt sich daraus, welche Weiterentwicklung zu erwarten ist." Über eine
  konkrete Aktie heißt es dann: „Nun zeigt sich im Chart jedoch eine Keilstruktur. Diese
  Strukturen sind typische Vorboten einer harschen Trendumkehr, die plötzlich einsetzt
  und sich dann rasch beschleunigt" (p.13).

- *Markzustandsanalyse*: Die Einstellung der Investoren zu beobachten, kommt in einem
  Interview mit SCILLA HUANG SUN über *Luxusmarken* zum Ausdruck: „Umsatz und Gewinn werden sich weiter erholen. Die Chinesen, die bereits vergangenes Jahr fleißig Lu-
  xusgüter gekauft haben, werden auch dieses Jahr durch eine deutlich wachsende Nachfrage auffallen. Im Allgemeinen sind vermögende Personen weniger verschuldet, als man

---

[2] SANFORD J. GROSSMAN und JOSEPH E. STIGLITZ: On the Impossibility of Informationally Efficient Markets. *American Economic Review* 70 (1980), 393-408.

meint, und das private Vermögen sieht nach der Erholung an den Aktienmärkten besser aus als im Vorjahr. Das schafft Vertrauen und wird die Ausgabefreudigkeit für Luxusprodukte wieder ankurbeln" (p. 13).

- *Volkswirtschaftliches Research*: „In *China* wächst die Angst vor einer Überhitzung der Wirtschaft. Regierung und Notenbank schritten ein und beschränkten die Kreditvergabe und Liquidität. Das wirkte: Die Börsen fielen auf ein Viermonatstief und gehören zu den größten Verlierern 2010. Die Aussicht, dass die Regierung den Übergang vom «Krisenmodus» in eine «normalere», weniger expansive Geld- und Fiskalpolitik einläuten dürfte, sorgt ebenfalls für Unruhe" (JAKOB SCHÖCHLI, p. 49).

- *Buyside*: JIM ROGERS zu *Rohstoffen*: „Ich habe keine kurzfristige Prognose, und wenn ich eine hätte, würde ich sie ignorieren — und Sie müssten vermutlich das Gegenteil davon tun. Ein Favorit zum Kauf auf lange Frist sind Landwirtschaftsprodukte, die Preise sind im historischen Vergleich her tief. Kaffee ist 60% unter dem Allzeithoch. Zucker ist rasant gestiegen und befindet sich auf einem Dreißigjahrehoch, dennoch liegt der Preis 70% unter dem Allzeithoch von 1974. Das ist für kaum ein anderes Investment der Fall" (p. 45).

- Sellside: ANDREAS MEIER empfiehlt *Roche* unter der Überschrift, dass der Konzern vor *margenstarken* Jahren steht: „Die von Roche explizit geäußerte Absicht, die Ausschüttungsquote zu erhöhen, könnte mit dem Produktivitätsfortschritt zu tun haben. Da immer mehr abzusehen ist, dass trotz zunehmenden Volumenabsatz kaum neue Werke für die Biotech-Produktion zu erstellen sind, können die Investitionen substanziell zurückgefahren werden. Das lässt mehr Raum für Ausschüttungen an die Eigentümer. Roche gehören zu den Spitzenwerten im Pharmabereich, und mit einem Kurs-Gewinn-Verhältnis von 13 (und einer Dividendenrendite von 3,4%) sind sie klar kaufenswert." (p. 26).

1.1.6   Arbeitsziel

Das Arbeitsziel des Analysten ist ein Bericht, ein Referat, eine Studie. Typischerweise haben die Dokumente vier Teile:

Erstens einen Überblick: Meistens beginnen die Analyseberichte mit einer Beschreibung der Unternehmung und ihres Umfelds. Zu den Angaben: In welcher Industrie oder Branche ist die Unternehmung tätig? Welche Stellung hat sie im Produktmarkt? Welche jüngsten Entwicklungen waren zu beobachten? Vielfach wird in diesem Überblick gleich das Ergebnis der Analyse genannt, so eine Empfehlung (wie Buy, Hold oder Sell) und ein Kursziel. Als kurze Begründung der gegebenen Empfehlung werden wichtige Aspekte der erwarteten Unternehmensentwicklung in Stichworten genannt. Der Überblick wird schließlich mit Kontaktdetails für Rückfragen abgeschlossen.

Zweitens Daten und Kennzahlen: In einem zweiten Teil findet sich unabhängig vom Ansatz der Analyse die historische Kursentwicklung, oft als Chart und vielfach an eine andere Kursentwicklung angeglichen. Bei einer fundamental orientierten Analyse sind zudem wirtschaftliche Angaben zur Unternehmung gemacht und Kennzahlen angegeben. Üblich ist, diese Informationen so zu gruppieren:

- Zu den Unternehmenszahlen gehören Bilanzgrößen wie Aufwand und Ertrag, der EBIT, die Bilanzsumme und das Eigenkapital als Prozentsatz der Bilanzsumme.

- Zur Aktienstatistik gehören der aktuelle Kurs, Extremkurse (Hoch und Tief) der vielleicht drei letzten Jahre, der Börsenwert (Marktkapitalisierung), das Kurs-Gewinn-Verhältnis der letzten Jahre, der geschätzte Gewinn des kommenden Jahres. Gelegentlich werden diese Daten auch für Konkurrenten im Produktmarkt angegeben.

Der zweite Teil nennt schließlich die ISIN- oder Wertpapiernummer für die präzise Identifikation des Wertpapiers der analysierten Gruppe von Anlagen.

Weitere Informationen: Drittens enthält der Bericht weitere Informationen, die vielfach ins Detail gehen. Hierzu gehören: (1) Angaben zum Management. (2) Darstellung der Produkte. (3) Produkte in der „Pipeline". (4) Anstehende Initiativen wie Umstrukturierungen, Finanzierungsmaßnahmen oder beabsichtigte Akquisitionen. Wichtig für die Bewertung sind weiter Angaben zu *Wachstum* und *Innovation*. Nicht unüblich sind Ausführungen zu den Stärken, Schwächen, Chancen und Gefahren (SWOT), die bei der Unternehmung oder in ihrem Umfeld zu sehen sind.

Viertens Haftungsausschluss: Dieser Teil verdeutlicht, dass der Bericht lediglich zu Informationszwecken dient und keine Aufforderung zum Kauf der entsprechenden Titel darstellt. Insbesondere wird darauf hingewiesen, dass der Bericht ohne Kenntnis über die individuelle Situation eines Anlegers angefertigt wurde. Zudem wird auf Risiken aufmerksam gemacht, die mit Wertpapieranlagen generell verbunden sind.

1.1.7 Datenquellen

Hinsichtlich der Informationsbeschaffung wird zwischen Primary Research und Secondary Research unterschieden werden.

- Primary Research sind auf Originalquellen (Primärdaten) abgestützte Analysen.

- Secondary Research beruht auf dem Primary Research anderer Institute, ist also eine Verarbeitung von Sekundärdaten.

Beispielsweise kann eine kleinere Bank auf eigene Unternehmensanalysen verzichten und dafür die Analysen anderer Institute durchsuchen, um darauf basierend eine eigene Empfehlungsliste zu erstellen. Diese Praxis hat oft genug zu dem Vorwurf geführt, Analysten schrieben voneinander ab. In der Praxis finden sich Mischformen. Eine Bank könnte in einem Sektor über große Expertise verfügen und betreibt dort Primary Research, während andere Sektoren über Secondary Re-

search abgedeckt werden. Die wichtigsten Informationsquellen sind Geschäftsberichte, Datenbanken, Management-Interviews und Firmenbesuche mit Gesprächen vor Ort.

- In *Geschäftsberichten* findet der Analyst Informationen zur finanziellen Lage der Unternehmung sowie Angaben zur Motivation des Managements durch Bonusleistungen. Finanzanalysten arbeiten mit Tabellenkalkulationsprogrammen. Deshalb bevorzugen sie
  Datenbanken gegenüber Geschäftsberichten. Der Vorteil von Datenbanken wie beispielsweise Datastream, Bloomberg oder Reuters liegt darin, dass die Informationen direkt in andere Programme exportiert werden können und Aktualisierungen mehr oder
  weniger automatisiert durchführbar sind. Dadurch kann sich ein Analyst viel Mühe er-
  sparen. Zudem können aus Datenbanken auch Informationen abgerufen werden, die bereits einige Zeit zurückliegen. Angaben wie Aspekte zur Ausgestaltung der Organisation
  sind jedoch (noch) nicht aus Datenbanken verfügbar, weshalb das Lesen der Geschäftsberichte immer noch erforderlich ist.

- *Management-Interviews* helfen dem Analysten, die Motivation des Managements für be-
  stimmte Initiativen besser zu verstehen oder Informationen über die Einschätzung des
  Managements zu ausgewählten Entwicklungen einzuholen. Wichtige Punkte sind erstens
  die Wahl zwischen organischem oder externem Wachstum, zweitens die Innovation bei
  Prozessen und Produkten und drittens Entwicklungen bei der Beschaffung von Faktoren.
  Wie wichtig Erläuterungen von Seiten des Managements sein können, zeigt sich in der
  Praxis häufig nach der Veröffentlichung von Quartals- oder Jahresergebnissen. So lässt
  sich fallweise beobachten, dass der Aktienkurs nach der Veröffentlichung der Ergebnisse
  in eine bestimmte Richtung reagiert und später — nach Erläuterungen des Managements
  — in die entgegen gesetzte Richtung korrigiert.

Schließlich hängt der Erfolg einer bestimmten Unternehmung auch von den Aktionen und Reaktionen der Konkurrenz ab. Der Analyst wird sich daher ein Bild über die Branche insgesamt und
über die wichtigsten Konkurrenten machen. Schon dadurch empfiehlt sich bei Spezialisierung e-
her eine Branchen- als eine Länderorientierung.

1.2   Außenbild

1.2.1   Meinungsbilder

Wer sich eine Karriere als Finanzanalystin oder Finanzanalyst vorstellen kann, benötigt einen
fundierten theoretischen Rucksack in Finanz- und Rechnungswesen. Üblicherweise studieren angehende Finanzanalysten Betriebs- oder Volkswirtschaftslehre. Standard ist mittlerweile, die Zu-
satzausbildung zum Chartered Financial Analyst (CFA) absolviert zu haben.

Daneben sind eine Reihe weiterer Fähigkeiten verlangt: (1) Kommunikationsfähigkeit, (2) Freude am Erstellen von Berichten und Referaten mit guter Argumentation, sowie (3) die Fähigkeit, mit Daten und IT-Anwendungen umzugehen. Die hohen Anforderungen, das breite Einsatzgebiet und die meist sehr gute Kenntnis einer oder mehrerer Industrien deuten auf Karrieremöglichkeiten für Finanzanalysten hin. Nicht unüblich ist der Wechsel von der Analyseabteilung einer Bank in das Corporate Center einer größeren Unternehmung. Ebenfalls häufig sind Wechsel ins Treasury. So erstaunt nicht, dass manch ein CFO seine Karriere als Finanzanalyst begann. Analysten, die ihren Weg in der Finanzbranche weiterverfolgen, bekleiden später oft Spitzenpositionen im Fondsmanagement oder bei Private-Equity-Häusern.

Finanzanalysten stehen mit Ihren Untersuchungen auch in der Öffentlichkeit. Die Investoren sind natürlich daran interessiert zu erfahren, welche Aktientips eine Bank oder ein Investmenthaus bereithalten. Finanzanalysten werden gerne zu Börsensendungen ins Fernsehen eingeladen. Die Forschung der Universitäten ist ebenfalls an den Finanzanalysten insofern interessiert, als sie deren neuesten Analysemethoden und die neuesten Kennzahlen erfahren möchten, die für Finanzanalysen relevant sind. Von Bedeutung für die Wissenschaft sind auch Hinweise zum Erfolg von Analystenempfehlungen, da sich daraus Rückschlüsse auf die Markteffizienz ziehen lassen.

Leider sind nur wenige Studien zur Arbeitsweise und zur Person des Finanzanalysten verfügbar. W. NORBY (1968, 1972) befasste sich als einer der ersten mit dem Profil des Finanzanalysten.[3] Eine aktuellere Studie findet sich in S. BLOCK (1999), der Mitglieder der *Association for Investment Management and Research* (AIMR) zu Ausbildung, Erfahrung, verwendeten Analysemethoden und der Meinung zu bestimmten Kennzahlen befragte.[4] Hier einige Ergebnisse:

- Mehr als 50% der Analysten — die bei der AIMR Mitglied sind — arbeiten entweder im Brokerage oder bei privaten Finanzhäusern. Weitere wichtige Arbeitgeber für Finanzanalysten sind Investment Berater und Anlagefonds.

- Im Mittel haben die Befragten eine Erfahrung in der Finanzanalyse von 15,3 Jahren. 44.1% der Befragten haben einen Bachelor-Abschluss, 53.9% halten einen Master-Degree. Die Spezialisierungen (Majors) auf Bachelor-Ebene konzentrieren sich auf Finance (32.3%), Economics (25.6%) und General Business (12.8%).

- Economic Value Added (EVA), Gewinn und Cash Flow erachten die Befragten als weit wichtiger für eine Bewertung als Buchwerte oder Dividenden.

- Das KGV drückt das Wachstumspotenzial der Unternehmung aus. Die Qualität von Gewinnen und Management werden ebenfalls beachtet. Risiken und die Dividendenpolitik werden als eher unwichtig für die Bestimmung eines adäquaten KGV erachtet.

---

[3] 1. WILLIAM C. NORBY: Profile of the Financial Analyst, *Financial Analysts Journal* 24 (1968), 11-15. 2. WILLIAM C. NORBY: Profile and Compensation of the Financial Analyst. *Financial Analysts Journal* 28 (1972), 35-37.

[4] STANLEY B. BLOCK: A Study of Financial Analysts: Practice and Theory. *Financial Analysts Journal* 55 (1999), 86-95.

- Am Wichtigsten für die Entscheidung Buy, Sell oder Hold erachten die Befragten das Verhältnis von aktueller zu historischer „Trading Range". Ebenfalls als wichtig wird der langfristige Ausblick für die entsprechende Unternehmung gesehen. Eher unwichtig ist nach den Angaben der Gewinn des nächsten Quartals.

- Beinahe 70% der Befragten halten das CAPM entweder als nicht besonders wichtig oder sogar als unwichtig, um eine Aussage über die Kursentwicklung von Aktien zu treffen.

- 67.3% der Finanzanalysten denken nicht, mit Market Timing die erzielbare Rendite verbessern zu können. 71.6% glauben, dass die Kurs-Gewinn-Verhältnisse „mean reverting" sind. Darüber hinaus halten 63.1% die Märkte für nicht informationseffizient.

- Finanzanalysten sehen das Talent des Portfoliomanagers als wichtige Quelle für die Rendite an. Die getragenen Risiken sind nur für eine Minderheit der Befragten die primäre Quelle der Rentabilität. Die meisten Analysten stimmen der Aussage zu, dass Value-Stocks und Small-Caps eine höhere Rendite als der Gesamtmarkt erzielen.

Wie nützlich die Arbeit von Finanzanalysten ist, wird gelegentlich an der Präzision ihrer Prognosen gemessen. L. BROWN et al. (1987) stellen den Finanzanalysten ein gutes Zeugnis aus.[5] Die Prognosen der Analysten sind im Mittel besser als die von Zeitreihenmodellen. Darüber hinaus bestätigen Forschungen, dass überdurchschnittlich gute Analysten auch weiterhin gut bleiben. Zudem konnte eine zunehmende Präzision der Prognosen festgestellt werden, je mehr Erfahrung ein Analyst mit einer spezifischen Unternehmung hat. Branchenerfahrung scheint jedoch weniger wichtig zu sein.[6] Nicht nur individuelle Effekte beeinflussen jedoch die Qualität der Analystenprognosen. M. CLEMENT (1999) stellt einen Zusammenhang zwischen der Größe der Unternehmung, in welcher der Analyst arbeitet, und der Prognosequalität fest.[7] CLEMENT deutet dies als Indiz dafür, dass sich mit mehr Ressourceneinsatz (größere Unternehmen) bessere Prognosen erarbeiten lassen. Die Prognosequalität nimmt jedoch ab, je mehr Unternehmen und Industrien pro Analyst abgedeckt werden. H. HONG und J. KUBIK (2003) gehen der Frage nach, ob optimistischere Analysten tendenziell bessere Karrierechancen erwarten können.[8] Dies scheint oder schien in der Tat der Fall zu sein. Nach dem Platzen der Technologieblase 2001 wurden allerdings Inter-

---

[5] LAWRENCE D. BROWN, ROBERT L. HAGERMAN, PAUL A. GRIFFIN und MARK E. ZMIJEWSKI: Security Analyst Superiority Relative to Univariate Time-Series Models in Forecasting Quarterly Earnings. *Journal of Accounting and Economics* 9 (1987), 61-87.

[6] 1. PATRICIA C. O'BRIEN: Forecast Accuracy of Individual Analysts in Nine Industries. *Journal of Accounting Research* 28 (1990), 286-304. 2. PRAVEEN SINHA, LAWRENCE D. BROWN und SOMNATH DAS: A Re-Examination of Financial Analysts' Differential Earnings Forecast Accuracy, *Contemporary Accounting Research* 14 (1997), 1-42. 3. MICHAEL B. MIKHAIL, BEVERLY R. WALTHER und RICHARD H. WILLIS: Do Security Analysts Improve Their Performance with Experience? *Journal of Accounting Research* 35 (1997), 131-157.

[7] MICHAEL B. CLEMENT: Analyst forecast accuracy: Do ability, resources, and portfolio complexity matter? *Journal of Accounting and Economics* 27 (1999), 285-303.

[8] HARRISON HONG und JEFFREY D. KUBIK: Analyzing the Analysts: Career Concerns and Biased Earnings Forcasts. *Journal of Finance* 58 (2003), 313-351.

essenkonflikte zwischen Prognose und Karrieremöglichkeit aufgedeckt. Erneute Untersuchungen könnten daher zu einem anderen Zusammenhang zwischen Optimismus und Karriere kommen.

1.2.2 Interessenkonflikte und Organisation

Im Jahre 2002 erließ die Schweizerische Bankiervereinigung — der Spitzenverband des Schweizer Finanzplatzes — verbindliche Richtlinien zur Sicherstellung der Unabhängigkeit der Finanzanalyse.[9] Die obersten Ziele dieser Richtlinien sind es, die Kunden zu schützen und die Reputation der Finanzanalyse und damit auch das Ansehen des Finanzplatzes insgesamt zu stärken. Der Hintergrund für die Erlassung der Richtlinien war die Erkenntnis, dass verschiedene Interessenkonflikte zu suboptimalen Empfehlungen seitens der Research-Abteilungen führten. Wenn beispielsweise die Analyseabteilung und andere Abteilungen einer Bank nicht unabhängig voneinander agieren, kann dies zur Folge haben, dass die Analysten eine Unternehmung als zu gut darstellen, einfach um die Beziehung der Bank zu dieser Unternehmung als Kundin nicht zu gefährden. Andere Interessenkonflikte gibt es auf der Ebene des einzelnen Analysten. So hat ein Analyst, der selbst Titel von Unternehmen hält, zu denen er auch Empfehlungen abgibt, wohl ein Interesse daran, zu Einschätzungen zu gelangen, die sein persönliches Portfolio schützen.

Die Schweizerische Bankiervereinigung sieht daher zwei Richtungen für die Sicherstellung der Unabhängigkeit von Analysen vor. Erstens geben die Richtlinien Grundsätze über die interne Organisation. Hier wird das Verhältnis von Research zu Emissionsabteilung, Wertschriftenhandel und Verkauf sowie zur Kreditabteilung behandelt. Eine Bestimmung fordert beispielsweise so genannte „Chinese Walls", das heißt, die organisatorische, hierarchische, funktionale und räumliche Trennung von Research und Emissionsabteilung. Zweitens werden in den Richtlinien Grundsätze über das Außenverhältnis dargelegt. Hierzu zählen das Verhältnis zum Bankkunden, das Verhältnis zur analysierten Gesellschaft und die Eigengeschäfte des Finanzanalysten. Im Abschnitt über das Verhältnis der Bank zur analysierten Gesellschaft wird unter anderem. ausgeführt, dass ein Analyst seinen Bericht nicht vor einer Publikation der analysierten Unternehmung für eine Korrektur oder Genehmigung vorlegen darf.

1.2.3 Informationsquellen zum Berufsbild des Finanzanalysten

Für (angehende) Finanzanalysten bieten verschiedene Branchenorganisationen Quellen für weitere Informationen. In Deutschland ist dies die DVFA, die *Deutsche Vereinigung für Finanzanalyse und Asset Management* (http://www.dvfa.de). In der Schweiz ist für die fachspezifische Ausbildung von Finanzanalysten die AZEK (http://www.azek.ch) ein Begriff. International hat sich in den vergangenen Jahren vor allem das CFA Institute (http://www.cfainstitute.org) etabliert.

---

[9] Die Richtlinien wurden seither mehrmals aktualisiert und sind unter http://www.swissbanking.org abrufbar.

1.3   Ergänzungen und Fragen

1.3.1   Ergänzung: Minsky-Kollaps

Die Marktzustandsanalyse führt gelegentlich zur Warnung, dass eine Entwicklung *nicht nachhaltig* sein kann. Dabei werden auch die Gründe aufgezeigt, weshalb es früher oder später zu einem Kursrückgang oder auch zu einer Krise kommen müsse. Gründe, aus denen einer angenommenen Nachhaltigkeit widersprochen werden kann, liegen in anerkannten ökonomischen Gesetzen.

Der markttechnisch arbeitende Analyst versucht, Indizes für die Stimmung und die generelle Situation des Marktes zu finden, die einen Schluss auf Gesamttrends und auf Gefahren der Instabilität erlauben. Von daher finden sich in der Markttechnik auch Denkweisen, die in der *Behavioral Finance* untersucht werden.

Allerdings gibt es wenig ökonomisches Wissen darüber, wann eine Krise zu Ende kommen sollte. Von daher weist die Marktzustandsanalyse *selten* einen verheißungsvollen Weg aus einer Krise. Die Marktzustandsanalyse ist der Ansatz für die Warner unter den Finanzanalysten, die sich immer wieder in Situationen der Übertreibung zu Wort melden.

Krisen und Einbrüche können einerseits als seltene, zufällige Ereignisse gesehen werden, deren Wahrscheinlichkeit nicht beeinflussbar ist. Doch die nicht unbeträchtliche Wahrscheinlichkeit für eine Krise entsteht vielleicht auch durch das Wirtschaftsgeschehen selbst und ist daher doch beeinflussbar. Der Amerikaner HYMAN P. MINSKY (1919-1996) hat unserer Wirtschaftsordnung eine *inhärente* Neigung zugesprochen, *immer wieder zu übertreiben und zu Krisen* zu führen (Minsky-Kollaps).

Wie wird der Minsky-Kollaps erklärt? Es gibt eine *Wechselwirkung zwischen Real- und Finanzwirtschaft*: Gesamtwirtschaftliches Wachstum und zunehmende Prosperität in der Realwirtschaft schaffen Vertrauen und Zuversicht hinsichtlich der Finanzen. Sie zeigen sich in einer höheren Bereitschaft, Kredite aufzunehmen. Die Wirtschaftssubjekte gehen *bald spekulative Positionen* ein, so bei Aktien, Immobilien und Rohstoffen. Für den Einzelnen ist es durchaus richtig, in wirtschaftlich guten Zeiten mehr Risiken zu übernehmen. Da aber alle Personen so denken, entsteht in guten Wirtschaftszeiten ein *gleichgerichtetes Verhalten im Kollektiv*: Alle Personen und selbst Institutionen beginnen mit einer *gleichgerichteten* Spekulation, dass sich die bisherige Aufwärtsentwicklung fortsetzen wird. Irgendwann wird man sich der Kollektivität bewusst und erkennt, dass es so „nicht weitergehen kann".

> Jede anfänglich durchaus stabile Aufwärtsentwicklung wird nach MINSKY daher irgendwann scheitern, wenn nicht bereits früh in guten Zeiten „gegen gesteuert" wird.[10]

---

[10] MARC SCHNYDER: *Die Hypothese finanzieller Instabilität von Hyman P. Minsky*. Dissertation Universität Freiburg (Schweiz), 2002.

1.3.2   Drei Rezepte für die Arbeit

- Gegenstand genau im Kopf behalten!: Die Objekte, über die Aussagen getroffen werden, sind *einzelne Wertpapiere*, oder Länder (Aktien, Währungen, Zinssätze) beziehungsweise *Branchen* und *Märkte* (Aktien, Unternehmensanleihen), oder die Weltwirtschaft als Ganzes. Der erste Arbeitsgrundsatz verlangt, im Klaren darüber zu sein, in welcher Ebene Prognosen und Beurteilungen verlangt sind.

- Daran denken, welcher von vier Argumentationslinien gefolgt werden soll! Die Aussagen können aus einer *technischen* Argumentation gefolgt werden, aus einem Vergleich mit Peers, aus ökonomischen Gesetzen und ihrer Antwort auf *Fundamentaldaten*, aus Indikatoren der *Marktstimmung*, aus Verweis auf langfristige, wellenartige Veränderungen oder indem Ergebnisse des volkswirtschaftlichen *Research* übertragen werden. Der Finanzanalyst sollte sich stets bewußt sein, welche Argumentationslinie er gewählt hat und warum er nicht einem anderen Ansatz folgt.

- Aufmerksamkeit beim Publikum muß man erst erhalten! Die Zielgruppe für die Arbeitsergebnisse muss sich direkt angesprochen fühlen und dem Bericht oder dem Report Zeit schenken. Der Analyst kann drei Wege einschlagen: (1) Er kann aktuelle und irgendwie *neue* (technische oder fundamentale) *Informationen* erheben oder beschaffen, und gewinnt durch Aktualität. (2) Er kann eigentlich bekannte Fakten in eine *neue Beziehung* bringen, *neu kombinieren* und dadurch eine interessante Perspektive öffnen. (3) Er kann durch *notorischen Pessimismus* bekannt werden und sich so immer wieder die Möglichkeit schaffen, zu Wort gebeten zu werden.

1.3.3   Fragen und Aufgaben

1. Einer der Redakteure der FuW berichtet über die Graubündener Kantonalbank (GKB). Der Bericht weist in der Überschrift darauf hin, dass sie „gut, aber teuer" sei und erwähnt: „Private Client Bank erstmals voll konsolidiert, Zinsgeschäft stagniert, wenig Optimismus für 2010." Im Text ist zu lesen: „Weiter rechnet die GKB 2010 mit 220 Mio. Franken Bruttogewinn und 72 bis 76 Franken Gewinn pro Partizipationsschein. Das ist weniger als im jüngsten Abschluss erreicht wurde (225 Mio. Fr. respektive 79,10 Fr.) ... Der Bankrat der GKB hat beschlossen, die Dividende auf 35 (im Vorjahr 32) zu erhöhen. a) Ordnen Sie diese Überlegungen als Research, als Buyside oder Sellside-Analyse ein? b) Wird hier chartanalytisch argumentiert, fundamental oder markttechnisch? c) Welche Anlageempfehlung drücken die Zeilen aus?

2. MARTIN GOLLMER meint in seinem Bericht über Raffinerien: „Kopfzerbrechen ... dass das Raffinieren ein sehr zyklisches Geschäft ist." Finden Sie anhand dieser Zeile heraus: a) Ist diese Aussage als Research, Buyside-Analyse oder Sellside-Analyse zu verstehen?

b) Welcher der drei Ansätze (Charttechnik, Fundamentalanalyse, Markttechnik) steht im Vordergrund? c) Welche Anlageempfehlung drückt die Zeile aus?

3. Ein Redaktionsartikel in der FuW zu Basismetallen: „Zieht die Konjunktur an, wird es rasch in mehreren Basismetallen ein Angebotsdefizit geben, da die Produktionskapazitäten in der Krise reduziert wurden und nur langsam hochgefahren werden können. Überschattet werden die Basismetallmärkte zurzeit von den rekordhohen Lagerbeständen. Ihr Abbau ist der erste Schritt zu weiteren Preisavancen.“ (6.02.2010, Ausgabe 10, p. 47. : a) Ist dies Research, Buyside-Analyse oder Sellside-Analyse? b) Welcher Ansatz steht im Vordergrund? c) Welche Anlageempfehlung drückt die Zeile aus?

4. Unterscheiden Sie Unternehmenszahlen und Aktienstatistik.

5. Skizzieren Sie den Minsky-Kollaps!

6. Skizzieren Sie das Marktmodell von GROSSMAN und STIGLITZ (1980).

1.3.4   Antworten und Lösungen

1. a) Sellside-Analyse; b) Fundamentalanalyse; c) Entweder Aktien anderer Bank kaufen oder mit Kauf dieser Bankaktie noch etwas warten.

2. a) Research; b) fundamental; c) Springt die Konjunktur an, werden Basismetalle teuer, aber wegen der prall gefüllten Lager nicht sofort. Daher nur kaufen, falls sehr kräftiger Aufschwung erwartet wird.

3. a) Die Aussage spricht alle drei Perspektiven an; b) Fundamentalanalyse und Markttechnik; c) Vorsicht bei Basismetallen angesichts hoher Risiken aufgrund konjunktureller Abhängigkeit.

4. Zu den Unternehmenszahlen gehören Bilanzgrößen wie Aufwand und Ertrag, der EBIT, die Bilanzsumme und das Eigenkapital als Prozentsatz der Bilanzsumme. Zur Aktienstatistik: Kurs, Extremkurse (Hoch Tief) der letzten Jahre, Börsenwert (Marktkapitalisierung), Kurs-Gewinn-Verhältnis der letzten Jahre, geschätzter Gewinn nächstes Jahr.

5. Siehe Abschnitt 1.3.1

6. Märkte sind nie (ganz) informationseffizient, Preise sind stets mehr oder minder verrauscht. Jeder Marktteilnehmer kann für sich entscheiden, ob er keine Informationen selbst beschafft und aufgrund der verrauschten Preise die wahren Werte nur ungefähr kennt, oder ob er Informationen beschafft und die wahren Werte genauer kennt. Im ersten Fall hat der Investor eine geringere Rendite zu erwarten, aber auch keine Informationskosten zu tragen. Im zweiten Fall kann der Investor eine höhere Rendite erwarten, muss aber die Informationskosten auf sich nehmen. Im informatorischen Gleichgewicht werden sich einige, aber nicht alle Investoren entscheiden, Informationen zu beschaffen. Ihre Anzahl bestimmt, wie stark die Preise verrauscht sind.

2. Technik und Fundamentalanalyse

Was mitnehmen? Die Definition der relativen Stärke, *Sell in May* und andere Anomalien, Kennzahlen. Wieder eine Ergänzung, diesmal zur Frage, wann der Investor einsteigen soll. Zum Kapitelschluß Fragen und Aufgaben mit Lösungen.

2.1 Technische Analyse

2.1.1 Formation

Im Mittelpunkt der Technischen Analyse steht die Prognose der Kursentwicklung auf die *kurze* oder *mittlere* Frist. Gemeint ist ein Zeitraum von vielleicht vier Wochen bis zu einem Jahr. Die zu beurteilenden Anlagen sind bei der Technischen Analyse vor allem Aktien, dann auch Rohstoffe, Währungspositionen sowie festverzinsliche Instrumente, die von der Zinsentwicklung abhängen. Die Generalannahme der Technischen Analyse ist, dass sich die für eine Prognose der künftigen Kursentwicklung erforderlichen Informationen in der vergangenen Kursentwicklung ausdrücken. Entscheidend ist, welches Muster, welche Formation die historischen Kurse erkennen lassen. Bekannte Formationen sind Trendlinien, Widerstandslinien, Keile, Kopf-Schulter-Formationen und so fort.

Die Technische Analyse behauptet nicht, man könne Kursentwicklungen einfach in die Zukunft fortschreiben. Beispielsweise gibt es Trends, deren Fortsetzung aufgrund gewisser weiterer Merkmale oder aufgrund von Widerstandslinien in nächster Zeit wohl gebrochen werden wird. Die Technische Analyse behauptet dabei nicht, die Kursentwicklung sei deterministisch. Durchaus ist mit zufälligen Einflüsse in der Kursbildung zu rechnen, für die allenfalls erst hinterher eine Erklärung versucht werden kann. Trotz der Zufallseinflüsse folgt die Kursentwicklung allerdings gewissen Kräften, die nach oben, seitwärts, oder nach unten weisen. Ein solcher Drift kann für die nächste Zeit ermittelt werden. Der Drift ist demnach *nicht einfach konstant* über die Zeit hinweg. Er ändert sich dann und wann, doch dafür gibt es Anzeichen, die sich im Muster des historischen Kursverlaufs ausdrücken.

Die Technische Analyse zielt erstens darauf ab, den augenblicklichen Drift zu erkennen. Sie möchte dabei wenigstens zur qualitativen Aussage gelangen, ob der Drift positiv, gleich null oder negativ ist, so daß wohl eine Kursbewegung aufwärts, seitwärts oder abwärts bevorsteht. Zweitens möchte die Technische Analyse die Größe der Zufälligkeiten (Volatilität) schätzen, die eine dem aktuellen Drift entsprechende Kursbewegung überlagern. Immerhin kann eine Kursbewegung eher stabil oder unter großen Ausschlägen nach oben wie unten verlaufen. Die Technische Analyse lehnt demnach die Vorstellung ab, daß die Kurse oder die Renditen einem stochastischen Prozesses folgen, bei dem der Drift eine stets konstante Größe ist und bei dem womöglich auch die Volatilität sich nicht über die Zeit hinweg ändert.

Die Grundidee, die Kursbewegung als stochastischer Prozeß aufzufassen, ist sehr allgemein und es dürfte keine Evidenz geben, die dagegen spricht. Die Frage lautet, wie die Eigenschaften und Parameter des stochastischen Prozesses gesehen werden, ob sie sich verändern können, und von welchen Ereignissen Änderungen abhängen. In der klassischen Finance wird die Folge der Kurse beziehungsweise der Renditen als Random-Walk verstanden. Die klassische Finance geht also von diesen Annahmen aus: Der Drift und die Volatilität sind über die gesamte Laufzeit konstant. In jedem Zeitpunkt sind die zufälligen Änderungen unabhängig von der Vorgeschichte — die Renditen sind seriell unkorreliert. Der Random-Walk ist also durch lediglich zwei Parameter bestimmt: Der Erwartungswert μ der stetigen Rendite beschreibt den Drift, die Standardabweichung σ der stetigen Rendite beschreibt die Größe der Unsicherheiten. Beide Parameter werden in der klassischen Finance aus den historischen Kursen oder Renditen geschätzt, die als Stichprobe aufgefaßt werden.

> Die Technische Analyse geht von *sehr allgemeinen* stochastischen Prozessen aus. 1. Der Drift kann sich durchaus ändern. Eine Aktie, die eine Zeit lang „gut lief", gelangt auf einmal in eine Phase vermehrter Kursverluste. 2. In der Technischen Analyse kann sich auch die Volatilität ändern: Rauhe Börsenzeiten können sich beruhigen, und ruhige Kursentwicklungen können Anzeichen eines bevorstehenden Sturms sein. 3. Schließlich sind die Renditen nach der Auffassung der Techniker eher seriell korreliert als unkorreliert.

Die Frage lautet, ob im allgemeinen Fall überhaupt noch Aussagen über den Drift und die Volatilität sowie über Änderungen von Drift und Volatilität getroffen werden können. Der Drift hängt natürlich von vielen Einflußgrößen ab, die sich ändern. Zu diesen Einflußfaktoren gehören sicherlich die generelle Marktstimmung, der Wille anderer Investoren zu glauben und es ihnen gleich zu tun, die Leichtigkeit, Kredite zu erhalten, Ansichten darüber, welche Positionen und welche Branchen oder Länder gerade jetzt versprechend sind und so fort. Die Technische Analyse geht durchaus davon aus, dass letztlich solche Einflußfaktoren den Drift und seine Änderungen bestimmen. Beispielsweise könnte der Markt stabil und die Zukunft verheißungsvoll wirken. Dann dürfte der Drift zumindest bis auf weiteres positiv und die Volatilität gering sein. Oder es ist fraglich, wie aussichtsreich eine Branche einzuschätzen ist. Die Folge wäre, daß der Markt nach der richtigen Bewertung sucht. Als Folge der Suche nach dem richtigen Preis könnten sich kurze Trends herausbilden, die immer wieder umschlagen. Die Volatilität wäre hoch.

Nach der Technischen Analyse muss man aber diese Einflußfaktoren nicht im einzelnen kennen. Weder muss man über eine vollständige Liste der Faktoren verfügen, noch ihre Ausprägungen erhoben haben. Schließlich muss auch der Zusammenhang zwischen den Einflußfaktoren und dem Drift nicht genau bekannt sein. Denn, so die Grundannahme der Technischen Analyse, die für eine Prognose der Weiterentwicklung auf kurze oder mittlere Frist erforderlichen Informationen finden sich bereits in der *Formation* verdichtet. Hat der Analyst die Formation erkannt und identifiziert, dann kann er bereits eine Prognose (etwa aufwärts/seitwärts/abwärts unter stabiler/volatiler Entwicklung) abgeben. Der Techniker greift dabei auf eine Lehre zurück, die mit den Erfahrungen zahlreicher Analysten genährt wurde.

Welche Formation zutrifft, kann mit etwas Erfahrung am jüngsten historischen Kursverlauf des einzelnen Titels erkannt werden. Oft werden auch quantitative *Indikatoren* verwendet, um die Formation zu identifizieren. Dazu gehören beispielsweise Durchschnitte oder Extremkurse der jüngeren und mittleren Vergangenheit. Für die Identifikation der Formation ist weiterhin nützlich, die *Handelsvolumina* zu kennen. So führt beispielsweise ein Aufwärtstrend bei zunehmenden Handelsvolumina zu einer anderen Prognose als ein Aufwärtstrend bei sich abschwächenden Handelsvolumina. Eventuell wird für die Identifikation der Formation der Kursverlauf des zu beurteilenden Finanzinstruments auch die Relation zum Verlauf eines Indexes herangezogen. All das verwendet der erfahrene Techniker, um Klarheit über die vorliegende Formation zu gewinnen (aus der dann mit Wissen und Erfahrungen die Prognose der Weiterentwicklung gefolgert werden kann). Was der technische Analyst jedenfalls nicht benötigt, ist eine Erforschung der tief liegenden Einflußfaktoren auf Drift und Volatilität. Denn Konstellationen dieser Einflußfaktoren, die auf ein ähnliches Bild hinsichtlich Drift und Volatilität der kommenden Wochen führen würden, sind durch die Formation erfaßt.

2.1.2 Technik und Finance

Insoweit folgt die Technische Analyse einer klaren Logik. Ihre Grundannahme, dass sich letztlich alle für eine Prognose relevanten Bedingungen und Faktoren ohne Informationsverlust durch die Formation ausdrücken lassen, entspricht der Intuition in vielen anderen Lebensbereichen. Hierzu ein Beispiel: Wie warm es an einem Ort heute in zwei Monaten sein wird, hängt von verschiedenen Faktoren ab, nicht zuletzt auch vom Zufall. Doch die Grundtendenz lässt sich mit Hilfe des Jahreszyklus bestimmen. Die Temperaturen während der letzten sechzig Tage geben einen Hinweis, welche Jahreszeit gerade vorliegt. Die Kursschwankungen zeigen zudem, ob der Ort ein mildes oder ein rauhes Klima hat, und auch dieser Befund geht in die Prognose der zukünftigen Temperatur ein. Hier noch ein zweites Beispiel: Wer über das Internet ein Buch bestellt, erhält vom IT-System gleich Vorschläge für andere Buchtitel und oft genug sind diese Vorschläge so passend, dass die Wahrscheinlichkeit für einen entsprechenden zweiten Kauf recht hoch ist. Die hinter allem stehende Ursache für die Wahl ist wohl recht tief und komplex. Doch das IT-System benötigt über die tiefen Motive keine Information. Es kann aus der „Formation" (jüngste Bestellungen und im Web angesehene Titel) recht treffende Prognosen ableiten.

> Die Technische Analyse unterstellt: 1. Der Drift einer (ansonsten auch der Zufälligkeit ausgesetzten) Kursbewegung ändert sich dann und wann. 2. Bevorstehende Änderungen von Drift und Volatilität können erkannt werden. 3. Die dafür nötigen Informationen sind in der *Formation* enthalten. 4. Die Lehre der Technischen Analyse — in sie sind über die Jahrzehnte hinweg verschiedenste Erfahrungen eingeflossen — besagt, welche Formation auf welche Weiterentwicklung führt. 5. Die Bestimmung der Formation verlangt eine Mustererkennung.

Ob Intuition und Erfahrungsschatz der Technik den korrekten Weg weisen, muss überprüft werden. Die Überprüfung sollte einerseits theoretische Elemente enthalten und, verzahnt mit diesen, auf einem empirischen Befund beruhen. Diese beiden Forderungen sind für die Technische Analyse allerdings nur in Ansätzen erfüllt. Indessen muss gesehen werden, dass die Nützlichkeit der Technische Analyse bis noch vor zwanzig Jahren im Licht der Markteffizienz überwiegend abgelehnt worden ist.[1] Die Grundüberzeugung, dass Märkte informationseffizient sind, hat die Forschungsinteressen in andere Richtungen gelenkt. Der Random-Walk war weithin akzeptiert, so dass die Technische Analyse von der etablierten Wissenschaft eher links liegen gelassen wurde.

Allerdings wird in der Finance immer mehr gesehen, dass der Random-Walk eine zu einfache Beschreibung der Realität liefert. Zunehmend werden in der Finance allgemeine stochastische Prozesse und ökonometrische Modelle verwendet. Zu nennen sind Regime-Switching-Modelle sowie Schätzungen für ARCH (AutoRegressive Conditional Heteroskedastic processes). Die quantitative und empirische Forschung hat also den Weg eingeschlagen, Modelle zu verfeinern, ökonometrische Schätzmethoden zu verbessern und komplizierte stochastische Prozesse für die Renditen (und die Kurse) zu untersuchen.

> Inzwischen liegen einzelne theoretische Ansätze und ein gewisser empirischer Befund vor, die zugunsten der Technischen Analyse sprechen. LO, MAMAYSKY und WANG (2000) heben die Gemeinsamkeiten der quantitativen Finance und der Technischen Analyse hervor.[2] Zwar wird in der Technischen Analyse vorwiegend auf visuell Erkennbares abgestützt, eben auf Formationen, während in der quantitativen Finance primär ökonometrisch gearbeitet wird. Die Autoren präsentieren ein Verfahren, mit denen die Wirkung visuell erkennbarer Kursmuster ökonometrisch nachgewiesen werden kann.

---

[1] Eine häufig zu hörende Kritik der Technischen Analyse lautet, sie erlaube keine nützlichen Prognosen, da die Kapitalmärkte informationseffizient seien. Bereits in einer schwachen Form besagt die Markteffizienzthese, dass eine Auswertung historischer Kursreihen nicht zu Empfehlungen wie Selektion und Timing führen kann, die einem passiven Buy-and-Hold überlegen sein können. Zwischen 1960 und 1985 kamen die meisten empirischen Forschungen der Kapitalmärkte zu der Erkenntnis, dass die Markteffizienzthese in ihrer schwachen Form in den Kapitalmärkten entwickelter Länder erfüllt ist. Demnach dürfte die Technische Analyse gegenüber Buy-and-Hold nicht zu verbesserten Anlageresultaten führen. Allerdings besagt die Markteffizienz nicht, Technische Analyse sei falsch. Gute Technische Analyse kann auf Selektion und Timing führen, das bei Markteffizienz genauso gut ist wie das passive Buy-and-Hold.

[2] ANDREW W. LO, HARRY MAMAYSKY, und JIANG WANG: Foundations of Technical Analysis: Computational Algorithms, Statistical Inference, and Empirical Implementation, *Journal of Finance* 55 (2000), 1705-1765.

Wenigstens in einzelnen Teilen wird der Erfahrungsschatz der Techniker durch die quantitative und empirische Forschung der Finance bestätigt. Ungeachtet der Frage ihrer „wissenschaftlichen Begründung" ruft die Technische Analyse großes Interesse in den Medien hervor. Sie trägt dazu bei, dass Investoren besser orientiert sind, bevor sie einen Kauf oder Verkauf tätigen. Zudem orientieren Charts auch über Parameter, die in der quantitativen Forschung Anerkennung finden, so über die Kursschwankungen (Volatilität), mit denen typischerweise über die Zeit hinweg zu rechnen ist. Deshalb werden auch in renommierten Medien Aspekte der Technischen Analyse aufgegriffen.

2.1.3 Indikatoren und Wellen

Für die Definition und die Erkennung von Mustern und Formationen werden in der Technischen Analyse auch gewisse *Indikatoren* verwendet. Wir behandeln *gleitende Durchschnitte, Momentum*, den *Relative-Stärke-Index* und gehen auf vier Preise eines Handelstags ein (*Open, Close, High* und *Low*).

Gleitende Durchschnitte oder Moving Averages sind arithmetische Mittelwerte von Kursen, berechnet für ein Zeitfenster fester Länge. Beginn und Ende des Zeitfensters werden verschoben, und die Durchschnitte jeweils neu berechnet. Oft wird mit Tagesdaten gearbeitet; weit verbreitet sind Zeitfenster mit einer Länge von 11, 30, 90 und 200 Handelstagen. Durchschnittslinien dienen als Indikator für so genannte Moving-Average-Strategien: Wenn ein *kurzfristiger* gleitender Durchschnitt einen *langfristigen* gleitenden Durchschnitt von unten durchbricht, dann ist dies das Signal für einen Kauf. Hingegen wird ein Kreuzen von zwei gleitenden Durchschnitten als Verkaufssignal gewertet, wenn der Durchbruch des langfristigen gleitenden Durchschnitts von oben geschieht.

> BROCK, LAKONISHOK und LEBARON (1992) berichten, dass Moving Averages seit den Dreißigerjahren recht erfolgreich für die Aktienprognose verwendet werden. Sie testen verschiedene Varianten von gleitenden Mittelwerten beim Einsatz in Anlagestrategien. Ihre Schlussfolgerung: Sogar einfache Vorgehensweisen oder Trading Rules führen zu signifikanten Überrenditen — zu höheren Renditen im Vergleich zu Buy-and-Hold. SULLIVAN, TIMMERNANN und WHITE (1999) bestätigen diese Resultate, weisen aber darauf hin, dass bei jüngeren Daten der Erfolg einfacher Trading Rules nicht mehr gegeben ist. BESSEMBINDER und CHAN (1998) zeigen, dass die beobachteten Überrenditen aufgezehrt werden, wenn Transaktionskosten berücksichtigt werden. READY (2002) sieht den Erfolg der Moving-Average-Strategien als ein Resultat von Data Snooping an.[3]

[3] 1. WILLIAM BROCK, JOSEF LAKONISHOK und BLAKE LEBARON: Simple Technical Trading Rules and the Stochastic Properties of Stock Returns. *Journal of Finance* 47 (1992), 1731-1764. 2. RYAN SULLIVAN, ALLAN TIMMERMANN und HALBERT WHITE: Data-Snooping, Technical Trading Rule Performance, and the Bootstrap. *Journal of Finance* 54 (1999), 1647-1691. 3. HENDRIK BESSEMBINDER und KALOK CHAN: Market Efficiency and the Returns to Technical Analysis. *Financial Management* 27 (1998), 5-17. 4. MARK J. READY: Profits from Technical Trading Rules, *Financial Management* 31 (2002), 43-61.

In der Technischen Analyse besagt Momentum dies: Wenn ein Wertpapier in den vergangenen X Tagen, Wochen, Monaten gute Kursavancen hatte, dann dürfte sich das in den kommenden Y Tagen Wochen oder Monaten so fortsetzen. Ob es gut lief oder nicht wird dabei anhand der kumulativen Rendite über die vergangene Periode beurteilt. Zwar besteht keine Übereinstimmung, wie X und Y zu spezifizieren sind, doch einige Autoren wählen X im Bereich eines Monats bis zu drei Monaten, Y im Bereich von 3 bis zu 6 Monaten.

Momentum ist nicht unabhängig von den gleitenden Durchschnitten. Kurzfristiges Momentum beeinflusst die kurzen gleitenden Durchschnitte mehr als jene, die sich auf eine längere Zeitdauer beziehen. Trading Rules, die auf dem Durchbrechen von gleitenden Durchschnitten beruhen, können deshalb Momentum-Signale beinhalten.

Mit dem Momentum verwandt sind die Relative Stärke und der Relative-Stärke-Index, abgekürzt mit RSI. Sie vergleichen die Größe kürzlicher (täglicher) Aufwärtsbewegungen mit der Größe kürzlicher Abwärtsbewegungen, um in der Relation zu erkennen, ob die Situation „überkauft" ist und deshalb vielleicht eine Korrektur bevorsteht.

Für die Definition wird zunächst bestimmt, welches die mittlere Kursavance $\bar{u}$ an jenen der letzten X Tage war, an denen eine Aufwärtsbewegung stattgefunden hat. Sodann wird der mittlere Kursverlust $\bar{d}$ für jene während der letzten X Tage bestimmt, an denen die Kurse zurückgegangen waren; $\bar{d}$ wird als positive Zahl ausgedrückt. Die Relative Stärke RS und der RSI sind dann so definiert:

$$RS = \frac{\bar{u}}{\bar{d}}$$

(2-1)

$$RSI = \frac{RS}{1+RS} = \frac{\bar{u}}{\bar{d}+\bar{u}}$$

> Der Relative-Stärke-Index liegt zwischen 0 und 100%. Einer Faustregel zufolge gilt eine Situation mit $RSI \geq 70\%$ als überkauft, weshalb eine Korrektur anstehen könnte. Im Fall $RSI \leq 30\%$ ist das Wertpapier oder der Markt überverkauft, und auch dann sollte es zu einer Korrektur kommen.

Ein Zahlenbeispiel: Von den letzten 60 Handelstagen hatte eine Aktie an 40 Tagen Kursavancen, die kumuliert 30% ausmachen. An 20 Tagen gab es Kursverluste; insgesamt sind an jenen Tagen die Kurse um 36% gefallen. Die Kurse haben sich (unter Schwankungen) seitwärts leicht nach unten bewegt mit einem Gesamtverlust von ungefähr 6%. Es folgt: $\bar{u} = 30/40 = 0,75$ Prozent, $\bar{d} = 36/20 = 1,8$ Prozent. Die Relative Stärke ist $RS = 0,75/1,8 = 0,417$, also vergleichsweise gering. Der Relative-Stärke-Index ist $RSI = 0,75/(1,8+0,75) = 0,294$. Wegen $RSI < 0,3$ ist die Aktie überverkauft, weshalb mit einer Korrektur zum Positiven zu rechnen ist. ■

Charts: Charts sind grafisch aufbereitete Zeitreihen. Auf der Abszisse werden die Zeitpunkte abgetragen und auf der Ordinate die *Ausprägungen* der entsprechenden Zeitreihe oder der betrachteten Zeitreihen. Die Ausprägungen können Kurse sein, die oben besprochenen gleitenden Durchschnitte, Momentumgrößen, der RSI oder andere technische Indikatoren. Zwei Arten von Charts sind immer wieder anzutreffen: Der Line Chart verbindet Punkte wie beispielsweise tägliche Schlusskurse miteinander. Der Candlestick Chart zeigt für jede Teilperiode (Tag, Woche) zusätzliche Informationen. Oft findet man den Candlestick Chart zur Darstellung von Eröffnungskurs, Tageshöchst, Tagestiefst und Schlusskurs.

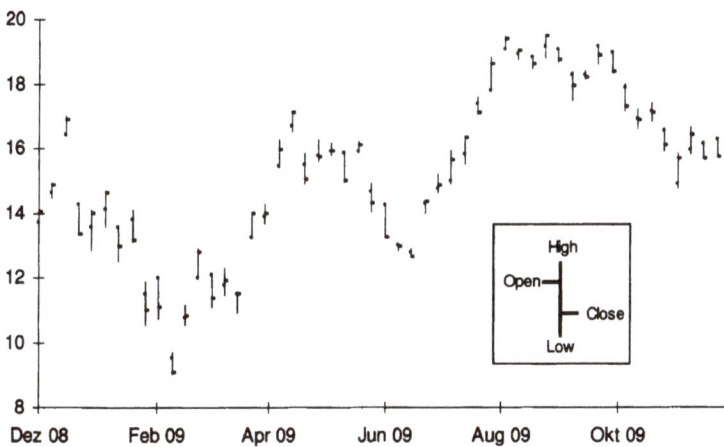

Bild 2-1: Candlestick Chart: Open, High, Low, Close wochenweise für die UBS-Aktie.

Bild 2-1 zeigt einen Candlestick Chart für den Börsenkurs der UBS-Aktie und die Wochen des Jahres 2009. Die Ausprägung auf der linken Seite zeigt den Eröffnungskurs, die auf der rechten Seite zeigt den Schlusskurs. Höchst und Tiefst sind durch das obere und untere Ende des Balkens gegeben. Die Höhe des Balkens zeigt zudem die Trading Range an, die Bandbreite also, in der sich der Aktienkurs in der entsprechenden Periode bewegte.[4] Charts können dazu genutzt werden, so genannte Trendlinien oder Trading Ranges einzuzeichnen, die wiederum Informationen zum zukünftigen Kursverlauf liefern sollen. Die grafische Darstellung von Börsenkursen dient als Vorstufe für weitere Analysen. Die Charts sollen es dem technischen Analysten erlauben, gewisse Muster zu erkennen, die wiederum für Anlagestrategien genutzt werden sollen. Als Grundlage für die für einen technischen Analysten informativen Muster dienen bestimmte Wellentheorien oder Formationen von Kursverläufen.

---

[4] Tabellenkalkulationsprogramme wie Excel können Candlestick Charts produzieren. Standardmässig ist häufig nur die Anzeige von High, Low und Close möglich. Mit etwas Kreativität lassen sich aber auch Eröffnungskurse (Ausprägungen nach links) darstellen. Wer nicht weiterkommt, findet im Internet entsprechende Anleitungen.

2.1.4 Wellen

Das Prinzip der Elliott-Wellen geht auf RALPH NELSON ELLIOTT (1871-1948) zurück und unterstellt wiederkehrende Muster (Wellen) in Märkten, die auf massenpsychologischen Entwicklungen beruhen sollen.

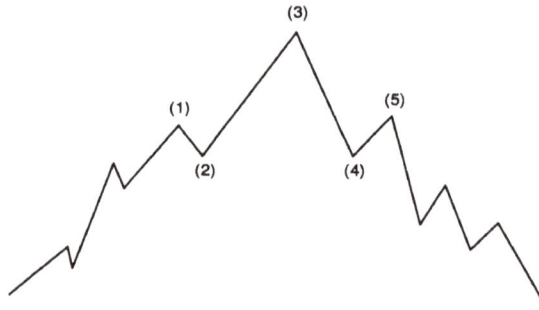

Bild 2-2: Kopf-Schulter-Formation

Ein Aufwärtstrend setzt sich grundsätzlich aus drei Aufwärtsbewegungen und zwei kleinen Abwärtsbewegungen zwischendurch zusammen. Jede der drei Aufwärtsbewegungen besteht wiederum aus drei (kleineren) Aufwärtsbewegungen und zwei (noch kleineren) Abwärtsbewegungen. Dieses Muster wiederholt sich immer weiter. Eine jede Aufwärtsbewegung (oder Abwärtsbewegung) ist als Teil einer übergeordneten Wellenbewegung zu sehen. So gibt es schließlich eine sehr lange Elliott-Welle, bei der die relativen Maxima und Minima mit dem Aufschwung und den Rückschlägen von Wirtschaft, Politik und Kultur seit mehreren tausend Jahren entsprechen.

Zwar gibt es kaum wissenschaftliche Untersuchungen zu Elliott-Wellen. Der Autor stellte seine Theorie auch nie in einer wissenschaftlichen Zeitschrift vor.[5] Dennoch findet die Grundidee immer wieder große Beachtung: Der Analyst darf nicht nur den augenblicklichen Trend sehen, da dieser als Teil einer größeren, vorgezeichneten Wellen-Bewegung ist.[6]

Verschiedene Formationen nehmen auf dieses Muster Bezug. Das wohl bekannteste Muster der technischen Analyse ist die Kopf-Schulter-Formation. Sie wird in der durch das Englische dominierten Fachsprache als Head-and-Shoulder-Formation angesprochen und mit HS abgekürzt. Entsprechend der Bezeichnung folgt HS aus drei Spitzen, die an einen Kopf mit Schultern links und rechts erinnern. Formal ist HS definiert als *fünf* aufeinanderfolgende lokale Extrema: *Maximum, Minimum, Maximum, Minimum* und *nochmals Maximum*. Das Bild 2-2 zeigt eine Kopf-Schulter-Formation (Head-and-Shoulder-Formation).

---

[5] FRED GEHM: Who is R.N. Elliott and Why is He Making Waves. Financial Analysts Journal 39 (1983), 51-58.

[6] Unter Praktikern ist RÜDIGER MAASS bekannt, der auch ein Buch über Elliott-Wellen verfasst hat.

Die HS-Formation beginnt mit dem ersten Maximum (1) und schließt mit dem dritten Maximum (5) ab. Dazwischen liegen die zwei lokalen Minima (2) und (4) sowie das größte Maximum (3). Das Maximum (5) kann erst im Nachhinein festgestellt werden, wenn der Kurs sich anschließend zurückbildete. Das Auftreten kündigt eine negative Kursentwicklung an.

Neben anderen Mustern untersuchen LO, MAMAYSKY und WANG (2000) die Head-and-Shoulder-Formation hinsichtlich ihres Informationsgehalts. Dabei definieren sie die Sequenz der lokalen Extrema $E_1, E_2, ..., E_5$ so, dass Formel (2-2) erfüllt ist. Anschließend ermitteln die drei Autoren die Tagesrenditen unter der Bedingung, dass die oben erwähnte Sequenz innerhalb der 35 letzten Handelstage eingetroffen ist. Sie bauen noch einen Puffer ein, um einem allfälligen Look-Ahead-Bias Rechnung zu tragen. Die bedingten Renditen erweisen sich in der Tat als signifikant negativ. Gleichwohl weisen die Autoren auf mögliche Transaktionskosten hin.

$$(2\text{-}2) \qquad HS \; \equiv \; \begin{cases} E_1 \quad \text{ist ein Maximum} \\ E_3 > E_1 \quad \text{und} \quad E_3 > E_5 \\ E_1 \text{ und } E_5 \text{ innerhalb von } 1{,}5\% \text{ ihrer Durchschnitte} \\ E_2 \text{ und } E_4 \text{ innerhalb von } 1{,}5\% \text{ ihrer Durchschnitte} \end{cases}$$

Mit der Head-and-Shoulder-Formation sind diverse weitere Muster verwandt. Dazu zählen die inverse Head-and-Shoulder-Formation, *Triangle Tops und Bottoms* oder *Rectangle Tops und Bottoms*. Sie unterscheiden sich gegenüber HS durch eine andere Anordnung der lokalen Extrema. HSU und KUAN (2005) untersuchen die mit verschiedensten technischen Anlagestrategien erreichbaren Ergebnisse.[7] Neben einfachen Strategien basierend auf Moving Averages oder Head-and-Shoulder-Formationen konzipieren sie auch komplexe Strategien, die ein Umschalten (Switchen) zwischen einfachen Strategien erlauben. Die Tests beinhalten auch einen Data-Snooping-Check. Die Evidenz von HSU und KUAN zeigt nur *wenige* profitable (gegenüber Buy-and-Hold) Strategien. Insbesondere schneiden einfache Strategien schlecht ab. Profitable Strategien sind eher in jungen Märkten wie der NASDAQ möglich.

Im Zusammenhang mit Elliott-Wellen wird auf die Fibonacci-Zahlen verwiesen. Eine Sequenz von Elliott-Wellen besteht aus 5 Aufwärtsbewegungen und 3 Abwärtsbewegungen, was insgesamt 8 ergibt — eine Fibonacci-Zahl. In der Technischen Analyse sind die nach LEONARDO FIBONACCI (1170-1241) benannten Zahlen recht verbreitet.

> Die Fibonacci-Zahlen F_n sind die Zahlen der Folge 0,1,1,2,3,5,8,13,.... Sie ist so konstruiert: Jede Zahl der Folge ist gleich der Summe der beiden vorangegangenen Zahlen. Die ersten beiden Zahlen der Folge sind zu 0 und zu 1 festgelegt (könnten indes auch anders gewählt werden).

---

[7] PO-HSUAN HSU and CHUNG-MING KUAN: Reexamining the Profitability of Technical Analysis with Data Snooping Checks. *Journal of Financial Econometrics* 3 (2005), 606-628.

Die Fibonacci-Zahlen haben interessante Eigenschaften. Die fortlaufende Summe der Fibonacci-Folge entspricht $\sum_i^n F_i = F_{n+2} - 1$. Die Summe der Quadrate ergibt $\sum_i^n F_i^2 = F_n \cdot F_{n+1}$.[8]

> Für die technische Analyse ist die asymptotische Eigenschaft $F_{n+1}/F_n \rightarrow 1{,}618$ für $n \rightarrow \infty$ von Bedeutung. Der Quotient, der sich durch die Division zweier aufeinanderfolgender Fibonacci-Zahlen ergibt nähert sich der Zahl 1,818 als Grenzwert. Dieser Grenzwert heißt **goldener Schnitt**. Er legt Proportionen fest, die Menschen als schön ansehen.

Chartanalysten berichten von Erfahrungen, nach denen Finanzmärkte ebenfalls der Fibonacci-Sequenz folgen und dass Aufwärtstrends und Einbrüche in der Relation von 1,618 zueinander stehen. Professionelle Datenprovider haben Fibonacci-Analysen in ihre Software integriert. Empirische Untersuchungen zum Prognoseerfolg der Fibonacci-Zahlen in Finanzmärkten sind selten.[9] Auch gibt es weitere Folgen, die ähnliche Eigenschaften wie die von FIBONACCI aufweisen, jedoch nie deren Bekanntheitsgrad erreichten.[10]

2.2 Folk Finance

2.2.1 Sell-in-May-Effekt

Der im Englischen übliche Ausdruck *Folk Finance* verweist auf verschiedene Börsenweisheiten. Börsenweisheiten drücken einfache Erfolgsregeln aus und Muster, die sich wiederholen sollten. Wer diese Regeln und Muster kennt und ihnen entsprechend handelt, sollte eine Überrendite gegenüber dem Gesamtmarkt erzielen können. Aber natürlich zahlen sich Weisheiten auch sonst im Leben nicht immer aus. Börsenweisheiten können jedenfalls als eine Art Technischer Analyse betrachtet werden. Finanzhäuser publizieren hin und wieder auch gerne Untersuchungen zu einzelnen Börsenweisheiten.

Eine in den Medien häufig zitierte Börsenweisheit lautet „*sell in May and go away*". Das Sprichwort kam im Handel mit Weizenkontrakten auf, mit Basiswerten also, die einem Erntezyklus unterliegen weshalb auch die Preisbildung am Kassamarkt einem Zyklus gehorcht. Inzwischen wurde die Empfehlung auf Aktien umgemünzt.

---

[8] Eine Übersicht zu den Eigenschaften der Fibonacci-Zahlen findet sich in THOMAS KOSHY: Fibonacci and Lucas Numbers with Applications, Wiley, New York 2001.

[9] TAI-LIANG CHEN, CHING-HSUE CHENG und HIA JONG TEOH: Fuzzy time-series based on Fibonacci sequence for stock price forecasting, Physica A 380 (2007), 377-390.

[10] DAN KALMAN and ROBERT MENA: The Fibonacci Numbers – Exposed, Mathematics Magazine 76 (2003), 167-181.

Sie postuliert, dass die Renditen von Aktien in den Sommermonaten (Mai bis September) tiefer sind als in den Wintermonaten. Das Sprichwort hat einen noch zweiten Teil: „... *but remember to come back in September*".

> Die Regel lautet, der Geldanlage eine Sommerpause zu geben. Aktien werden im Mai verkauft und im Herbst wieder gekauft. Im angelsächsischen Raum ist eine ähnliche Regel als Halloween-Indikator bekannt, die Bezug auf das keltische Fest am 31. Oktober nimmt.

S. BOUMAN und B. JACOBSEN (2002) untersuchen in einer aufwendigen empirischen Arbeit den Halloween-Indikator für 37 Länder.[11] Sie bestätigen den Sell-in-May-Effekt für die große Mehrheit der untersuchten Länder. Der Effekt ist in Europa noch stärker ausgeprägt als in den USA oder in den Emerging Markets. Der Effekt erwies sich über die Zeit hinweg als konstant. BOUMAN und JACOBSEN gehen sodann möglichen Ursachen für den Sell-in-May-Effekt nach.

Eine Ursache könnte in erhöhten Risiken während der Wintermonate liegen, die mit höheren Renditen einhergehen. Die klarste Beziehung zum Sell-in-May-Effekt finden BOUMAN und JACOBSEN in der Länge und dem Zeitpunkt der Ferien. Je länger die Ferien sind und je mehr diese in die Monate Mai bis Oktober fallen, desto ausgeprägter ist der Sell-in-May-Effekt. Wenn die Menschen der Freizeit ebenfalls einen Nutzen zuweisen, dann ist dies eine plausible Erklärung.

2.2.2 Weitere Kalenderanomalien

Neben dem Sell-in-May-Effekt sind weitere Kalenderanomalien bekannt, darunter der Januar-Effekt und der Weekend-Effekt.

> Mit Januar-Effekt wird die empirische Beobachtung von überdurchschnittlich hohen Renditen zu Beginn des Jahres bezeichnet. Als mögliche Ursachen für den Januar-Effekt werden steuerliche Gründe angeführt. Andere Untersuchungen zeigen, dass Januar-Effekt insbesondere bei Small-Caps signifikant ist und hauptsächlich auf die Renditen der ersten Handelstage im neuen Jahr zurückgeht.[12]

Der Weekend-Effekt verdankt die Bezeichnung den Renditen, die kurz vor und nach einem Wochenende erzielt werden können. Überdurchschnittlich hohe Renditen an Freitagen und vor offiziellen Feiertagen sind nachgewiesen, vergleiche ARIEL (1990). Dazu sind die Renditen an Montagen unterdurchschnittlich. Die Montagsrenditen sollten zudem eine höhere Volatilität aufweisen, da an Wochenenden in der Regel kein Wertpapierhandel stattfindet. Eine höhere Rendite-

---

[11] SVEN BOUMAN and BEN JACOBSEN: The Halloween Indicator, "Sell in May and Go Away": Another Puzzle, *American Economic Review* 92 (2002), 1618-1635.

[12] 1. MICHAEL S. ROZEFF und WILLIAM R. KINNEY JR.: Capital Market Seasonality: The Case of Stock Market Returns. *Journal of Financial Economics* 3 (1976), 379-402. 2. SEHA M. TINIC und RICHARD R. WEST: Risk and Return: January and the Rest of the Year. *Journal of Financial Economics* 13 (1984), 561-574. 3. DONALD B. KEIM: Size-Related Anomalies and Stock Return Seasonality. *Journal of Finance* 12 (1983), 13-32. 4. DONALD B. KEIM: Trading Patterns, Bid-Ask Spreads, and Estimated Security Returns: The Case of Common Stocks at Calendar Turning Points. *Journal of Financial Economics* 25 (1989), 75-97.

schwankung an Montagen konnte jedoch nicht nachgewiesen werden. Hinsichtlich der Rendite-differenz zwischen Montagen, Freitagen und dem Rest der Woche weist FRENCH (1980) auf Transaktionskosten hin. Würden diese berücksichtigt, könnten keine profitablen Anlagestrategien verfolgt werden. Hingegen könnten Käufe oder Verkäufe, die ohnehin anstehen, auf Montage oder Freitage gelegt werden.[13]

Ein weiterer zyklischer Einfluss auf Finanzmärkte wird politischen Wahlen und Amtszeiten von bestimmten Parteien attestiert. Da für derartige Untersuchungen lange Zeitreihen erforderlich sind, konzentriert sich die wissenschaftliche Literatur auf die USA. Dabei wird auch analysiert, ob demokratische oder republikanische Präsidentschaften für die Aktieninvestoren besser sind.

> SANTA-CLARA und VALKANOV (2003) verwenden US-Daten seit 1927 und finden Über-renditen (Aktien gegenüber Rendite von 3-Monats Treasury Bills) von 2% jährlich unter republikanischer Administration und von 11% jährlich bei demokratischer Administration.

Diese Zahlen basieren auf einem marktwertgewichteten Index. Wird ein gleichgewichteter Index zu Grunde gelegt, erhöht sich die Differenz sogar noch. Dies deutet darauf hin, dass der Unter-schied bei Small-Caps noch größer ist als bei Large-Caps. Dies wird auch durch andere Studien bestätigt. Weitere Untersuchungen zeigen, dass die Renditen in der zweiten Hälfte der jeweils vierjährigen Zyklen deutlich höher sind als in der ersten Hälfte. Dies gilt sowohl unter republika-nischer als auch unter demokratischer Präsidentschaft.

Warum der US-Aktienmarkt unter demokratischen Präsidenten eine höhere mittlere Rendite er-zielte, ist unklar. SANTA-CLARA UND VALKANOV zeigen verschiedene Möglichkeiten auf, können sich jedoch nicht festlegen. Die Forscher sehen die Ursache eher in unerwarteten Renditen als in einer Entschädigung für höhere Risiken (während der demokratischen Präsidentschaften). Auch lassen die Autoren Data Mining als mögliche Erklärung zu: Trotz des langen Zeitraums ihrer Studie werden nicht sehr viele Amtsperioden untersucht und das gefundene Resultat könnte somit purer Zufall sein.[14]

---

[13] 1. FRANK CROSS: The Behavior of Stock Prices on Fridays and Mondays. *Financial Analysts Journal* 29 (1973) 6, 67-69. 2. KENNETH R. FRENCH: Stock Returns and the Weekend Effect. *Journal of Financial Economics* 8 (1980), 55-69. 3. MICHAEL R. GIBBONS und PATRICK HESS: Day of the Week Effects and Asset Returns. *Journal of Business* 54 1981 (4), 579-596. 4. DONALD B. KEIM und ROBERT F. STAMBAUGH: A Further Investigation of the Week-end Effect in Stock Returns. *Journal of Finance* 39 1984 (3), 819-834. 5. JEFFREY JAFFE und RANDOLPH WESTERFIELD: The Week-End Effect in Common Stock Returns: The International Evidence. *Journal of Finance* 40 1985 (2), 433-454. 6. ROBERT A. ARIEL: High Stock Returns before Holidays: Existence and Evidence on Pos-sible Causes. *Journal of Finance* 45 (1990), 1611-1626.

[14] Gleiches gilt für die „Skirt-Length-Theory", die den aktuellen Trends hinsichtlich Rocklänge Prognosekraft für Aktienrenditen zuschreibt.

2.3 Fundamentalanalyse

2.3.1 Einleitung

Das Ziel der Fundamentalanalyse ist nicht anderes als das der Technischen Analyse. Investoren sollen bei deren Anlagen unterstützt werden. Dazu soll der Drift für die nächste Zeit bestimmt werden, also die Richtung, welche die Kursbewegung (immer überlagert von zufälligen Einflüssen) nehmen sollte.

> Fundamental orientierte Analysten gehen davon aus, dass sich ein „wahrer" oder „innerer" Wert einer Investition bestimmen lässt. Es ist der Geldbetrag, den der Investor bei einem sehr langem Halten realisieren könnte — ungeachtet der Frage, ob zwischendurch gute oder schlechte oder gar keine Verkaufsmöglichkeiten bestehen. Für den Wert einer Unternehmung zu bestimmen, müssen daher Erwartungen hinsichtlich ihrer wirtschaftlichen Ertragskraft gebildet werden. Denn jemand, der eine Anlage (auf Dauer) tätigt, ist an Erträgen orientiert. Die Einschätzung der zukünftigen Erträge wird anhand „fundamentaler" Gegebenheiten vorgenommen. Dazu gehören die Technologie, die Situation im Produktmarkt und die Erlöse, die Kosten für Faktoren und auch die finanzielle Situation, wie sie durch die Bilanz ausgedrückt wird. Bei der Einschätzung wird auf die langfristigen Verhältnisse abgestellt, denn der Wert ist durch die Rückflüsse bestimmt, die sich bei einer sehr langen Haltedauer realisieren lassen. Die aktuelle Situation spielt bei der Bewertung daher nur eine nachrangige Rolle, besonders wenn sie nicht nachhaltig ist.

Ist der Wert bestimmt, dann wird er mit dem augenblicklichen Kurs verglichen. Die Annahme lautet, dass sich die Kurse im Laufe der Zeit dem wahren Wert nähern. Aus einer eventuellen Differenz zwischen Kurs und Wert folgen daher die Empfehlungen. Ist der Kurs beispielsweise tiefer als der Wert, wird eine Empfehlung zum Kauf ausgesprochen. Auch kann der ermittelte Wert als Kursziel ausgedrückt werden.

Die Annahme, dass sich die Kurse den Werten nähern werden, wird durch das Verhalten begründet, das den Investoren unterstellt wird. Es soll sich zu einem überwiegendem Teil um fundamental orientierte Investoren handeln. Sie kaufen eine Aktie, um sie (sehr) langfristig zu halten. Ihre Rendite ist durch Dividenden/Ausschüttungen und eine gewisse Wertentwicklung der Gesellschaft gegeben.

> Diese Investoren spekulieren aber nicht auf Kursänderungen. Sie tätigen keine Transaktionen, weil sie vielleicht auf eine bevorstehende Kursänderung setzen, ohne überhaupt den „Wert" zu kennen. Deshalb treffen fundamental orientierte Investoren ihre Entscheidungen auch mit Ruhe. Sie wollen nicht einem vermeintlichem Trend schnell nachlaufen.

Wie angenommen, sollen die fundamental orientierten Investoren am Kapitalmarkt in der Mehrheit sein. Daher bestimmen ihre Transaktionen den Kurs. Ist der Kurs noch geringer als der Wert, werden immer mehr Investoren dies aufgrund ihrer eigenen Informationsbeschaffung und Bewer-

tung erkennen, und dann, immer mit Ruhe, entscheiden, ob sie die Aktie kaufen, um sie eigentlich für immer zu halten. So kommt es *langsam* zur Kursbewegung in Richtung des wahren Wertes. Die Fundamentalanalyse gibt eine Prognose für die (sehr) lange Frist. Die Ideen der Fundamentalanalyse wurden, wie im ersten Kapitel erwähnt, von GRAHAM (zusammen mit DODD) 1934
in dem Buch *Security Analysis* vorgetragen. BENJAMIN GRAHAM (1894-1976) war Professor an
der New York University, und einer seiner Schüler, WARREN BUFFET (geboren 1930), ist ein
weithin bekannter Investor.

Die Bewertungsmodelle unterstellen bei einer Unternehmung die Fortführung und orientieren
sich an jenen „Erträgen", die mit einem Halten der Anlage auf Dauer verbunden sein dürften. Die
Erträge werden teils ausgeschüttet und zum Teil in der Unternehmung für Investitionen verwendet, aufgrund derer die Unternehmung wächst.

> JOHN BURR WILLIAMS, ein Schüler von SCHUMPETER hat geklärt, was den Wert einer Un-
> ternehmung bestimmt: Es sind die Erträge, die wohl in allen zukünftigen Jahren erzeugt
> werden können. Sie müssen durch Diskontierung auf den heutigen Zeitpunkt bezogen
> werden. Der Unternehmenswert wird so zum Barwert der Erträge, zum Ertragswert. Auf-
> grund der Diskontierung bestimmen bereits die Erträge der nächsten fünfzehn bis zwanzig
> Jahre den größten Teil des Wertes. Es ist daher wichtig, die Erträge besonders für den
> Zeitraum der nächsten beiden Dekaden zu schätzen, eventuell auf der Grundlage einer
> Prognose des Wachstums.

Für die Schätzung der Erträge und ihres Wachstums in den kommenden zwei Dekaden erheben
fundamental orientierte Analysten die wirtschaftliche Situation und ihre mutmaßliche Veränderung. Entscheidend sind jene wirtschaftlichen Eigenheiten der Unternehmung, die Umsatz
und Kosten bestimmen, sowie die Veränderung der Technologie.

> Fundamental orientierte Analysten beurteilen also die Stellung der Unternehmung im Pro-
> duktmarkt, die Macht zur Preissetzung, Bekanntheit und Markennamen, Vertriebswege,
> dabei auch die Konkurrenten im Produktmarkt und die erzielbaren Verkaufsquantitäten.
>
> Für die Weiterentwicklung sind Innovationen bei Produkten, Prozessen und beim Faktor-
> einsatz maßgebend, letztlich gespeist durch Aufwand für Forschung und Entwicklung.
> Weiters ist die Art des Managements ein fundamentaler Faktor, der die zukünftigen Erträ-
> ge beeinflusst.
>
> Wichtig sind ferner Möglichkeiten zur Kontrolle der Kosten, wobei Rohstoffe und Ar-
> beitskosten eine bedeutende Rolle spielen können. Auch müssen die Risiken eingeschätzt
> werden.
>
> Wie sich der Erfolg des Wirtschaftens in Erträge zugunsten der Eigenkapitalgeber um-
> setzt, hängt schließlich von weiteren finanziellen Positionen ab, etwa hinsichtlich des Um-
> fangs einer Finanzierung mit Fremdkapital. Hierüber orientiert die Bilanz. Die Fundamen-
> taldaten und die Bilanz dienen dazu, die Erträge der kommenden Jahre und auch die Risi-
> ken der Unternehmung möglichst gut zu schätzen.

Ähnlich wie in der Anlageberatung haben sich auch bei der Fundamentalanalyse ein Top-Down-Ansatz und ein Bottom-Up-Ansatz herausgebildet.

- Der Top-Down-Ansatz beginnt mit der Analyse makroökonomischer Daten und globaler Trends. Darauf folgt die Untersuchung der Wirkung des gesamtwirtschaftlichen Umfelds auf die nächst tiefere Ebene. Dies ist die Länderebene oder die Branchenebene. Sodann wird analysiert, wie sich die Veränderungen der Länder- oder Branchenebene auf die einzelne Unternehmung auswirken.

- Der Bottom-Up-Ansatz beginnt hingegen mit der Analyse der einzelnen Unternehmung. Welche Produktneuerungen stehen an? Wie wirkt sich dies auf Umsatz und Gewinn aus? Nachdem die unternehmensspezifischen Informationen beschafft und aufbereitet sind, gleicht der Analyst seine Resultate mit Daten der höheren Untersuchungsebenen (Branche als Ganzes, Weltwirtschaft) ab. Diese Daten können oft vom Research übernommen werden.

Der fundamental orientierte Analyst wird oft gefragt, wie lange es dauere, bis sein Kursziel erreicht sein wird. Das hängt natürlich davon ab, wie „schnell" die fundamental orientierten Investoren ihre eigenen Beschaffungen und Aufbereitungen von Fundamentaldaten vornehmen. Wie gesagt, haben sie eigentlich keine Eile, weil ihr Investitionsmotiv nicht die kurzfristige Spekulation ist. Vermutlich denken viele Analysten, ein Kursziel sollte auf ein oder auf zwei Jahre wirken, doch ist unsere Zeit recht kurzlebig geworden und nicht wenige Anleger verlangen Kauflisten, die sich bereits in einem Quartal bewähren.

> Eigentlich sollte der Analyst jenen Personen sagen, dass die Bewertungen nicht für kurzfristig orientierte Anleger gedacht sind, sondern für jene, die Aktien nur kaufen, wenn sie eine Haltedauer von „wenigstens 50 Jahren" (BUFFETT) planen. In der Tat: Wenn eine Aktie heute einen Kurs von €120 hat und einen Wert von vielleicht €200, dann kann sich der Investor für die Bezahlung von €120 einen Einkommensstrom sichern, der über alles gesehen ihm €200 bringen wird — sofern er die Anlage sehr lange hält.
>
> Die Aussage der Fundamentalanalyse ist hingegen *nicht* so zu verstehen: „Angesichts des Wertes von €200 und des Kurses von €120 kann mit einer baldigen Kurserhöhung gerechnet werden und der Investor möge sich bereithalten, um dann schnell zu verkaufen."

An dieser Stelle müssen wir nochmals auf die Markteffizienzthese zurückkommen. Sie unterstellt, dass es hinreichend viele Investoren gibt, die bei neuen Informationen sofort Transaktionen tätigen. Dazu müssen die Märkte sehr liquide sein und es darf keine Transaktionskosten geben. Außerdem muss zweifelsfrei feststehen, welches Bewertungsmodell richtig ist und vor allem, wie man Informationen und neue Nachrichten in jene Eingangsgrößen übersetzt, die ein Bewertungsmodell hat. Hinsichtlich der Fundamentalanalyse wurde auch oft die Kritik vorgebracht, dass sich nach der Effizienzmarktthese alle öffentlich zugänglichen Informationen bereits adequat in Kursen niedergeschlagen haben, weshalb die Empfehlungen der Analysten zwar vielleicht nicht falsch seien, aber zu spät kämen.

Das ist richtig, sofern die Märkte wenigstens in der semi-starken Form informationseffizient sind. Jedoch bleibt die generelle Aufgabe des Analysten, über Fakten und über ökonomische Zusammenhänge zu berichten.

2.3.2 Kennzahlen

Die Jahresrechnung einer Unternehmung umfasst drei Teile. 1. Die Bilanz gibt Auskunft über Bestandsgrößen zu Vermögen und Kapital, gültig für einen Zeitpunkt (Stichtag). 2. Die Erfolgsrechnung (GuV) berichtet über Veränderungen in einer Periode (Geschäftsjahr), so wie beispielsweise über den Umsatz oder den Gewinn. 3. Die Geldflussrechnung weist die Cashflows aus. Diese Teilrechnung korrigiert den Gewinn um nicht geldwirksame Einflüsse.

Seit GRAHAM und DODD (1934) ist die Analyse von Bilanz, Erfolgsrechung und Cashflows ein wichtiger Teil der Fundamentalanalyse.[15] Vor allem um Vergleiche zwischen verschiedenen Unternehmungen oder Vergleiche über die Zeit hinweg zu ermöglichen, werden die Zahlen in Relation zu anderen gesetzt, die beispielsweise die Größe der Unternehmung wiedergeben. Alles in allem wurden hunderte von Kennzahlen vorgeschlagen.[16] Nicht alle Kennzahlen oder Ratios beziehen sich auf Zahlen aus der Jahresrechnung (Bilanz, GuV, Cashflow-Rechnung) allein, einige verbinden sie mit Zahlen aus dem Kapitalmarkt. So werden Buchgrößen und Marktgrößen unterschieden.

Einzelne dieser Kennzahlen haben für sich genommen bereits einen Prognosewert. Empirische Untersuchungen etwa belegen, dass sich einige Kennzahlen für die Einschätzung von Konkursrisiken und sogar für die Vorhersage von Konkursen eignen.[17] Die Kennzahlen haben daher für Eigenkapitalgeber, für Kreditgeber, für Rating-Agenturen und für andere Personen Bedeutung, die Unternehmungen analysieren und bewerten. Andere Kennzahlen vermitteln eine Aussage nur dann, wenn sie in eine Gruppe von Kennzahlen gestellt werden, die sich gegenseitig ergänzen. Deshalb wurden Systematiken und Hierarchien von Kennzahlen entwickelt. Es hat den Anschein, dass sich Analysten durch die Erfindung neuer Kennzahlen Expertise beweisen. Welches Kennzahlensystem bevorzugt wird, hängt dabei deutlich von der Branche ab. Vergleiche über verschiedene Industrien hinweg verlangen daher Vorsicht.[18]

---

[15] Das Buch ist mittlerweile in der 6. Auflage erschienen: BENJAMIN GRAHAM und DAVID L. DODD: *Security Analysis*. McGraw-Hill, 2009.

[16] Hierzu gibt es Sammlungen und Nachschlagewerke wie: CIARAN WALSH: Key Management Ratios, 4th Edition, Prentice Hall, 2008.

[17] 1. WILLIAM H. BEAVER: Financial Ratios as Predictors of Failure. *Journal of Accounting Research* 4 (1966), 71-111. 2. EDWARD I. ALTMAN: Financial Ratios, Discriminant Analysis and the Prediction of Corporate Bankruptcy. *Journal of Finance* 23 (1968), 589-609. 3. JAMES A. OHLSON: Financial Ratios and the Probabilistic Prediction of Bankruptcy. *Journal of Accounting Research* 18 (1980), 109-131.

[18] 1. MANAK C. GUPTA und RONALD J. HUEFNER: A Cluster Analysis of Financial Ratios and Industry Characteristics. *Journal of Accounting Research* 10 (1972), 77-95. 2. KUNG H. CHEN und THOMAS A. SHIMERDA: An Empirical Analysis of Useful Financial Ratios. *Financial Management* 10 (1981), 51-60.

Aussage zu	Ratio	Berechnung
Liquidität	Quick Ratio	Liquid Means / Current Liabilities
	Current Ratio	Current Assets / Current Liabilities
Finanzierung	Debt Ratio	Debt / Total Assets
	Debt to Equity Ratio	Debt / Equity
	Interest Cover	Cash Flow / Interest
Profitabilität	Profit-Margin	EBIT / Sales
	Return on Equity	EAT / Equity Capital
Effizienz	Return on Total Assets	EBIT / Total Assets
	Return on Capital Employed	EBIT / Capital Employed
	Asset Turnover	Sales / Total Assets

Bild 2-3: Ausgewählte Finanzkennzahlen.

2.3.3   Das Du-Pont-Schema

Die Berechnung von Finanzkennzahlen erlaubt zwar einen Vergleich über die Zeit oder mit Wettbewerbern, jedoch ist damit allein wenig über die Ursache von Unterschieden bekannt. Hier helfen Kennzahlensysteme weiter, wenn sie geeignet sind, ein Resultat in Komponenten aufzuspalten. Die Komponenten werden sodann weiter aufgespalten, so dass ein Baum entsteht. Der Baum zeigt die Wirkung enger Bereiche auf das globale Ergebnis.

Ein bekanntes Kennzahlensystem ist das Du-Pont-Schema. Verschiedene Varianten des Kennzahlensystems unterscheiden sich aufgrund des globalen Ergebnisses, das in Komponenten zerlegt wird. Verbreitet sind der Return on Investment (ROI) und der Return on Equity (ROE).

Wir zeigen in Bild 2-4 einen Ausschnitt aus dem Du-Pont-Schema mit ROI als globale Größe. Der ROI ergibt sich aus der Multiplikation der Net-Operating-Profit-After-Taxes-Marge (NOPAT-Margin) multipliziert mit dem Asset Turnover. Auf dieser Stufe lassen sich bereits zwei Rückschlüsse ziehen. Einerseits erhalten wir Informationen zur Profitabilität (NOPAT-Margin) und andererseits sehen wir einen Indikator für die Kapitaleffizienz (Asset Turnover).

Die NOPAT-Margin gibt Auskunft, wie viel vom Umsatz in Prozent als Gewinn (NOPAT in diesem Fall) übrig bleibt. Der Asset Turnover zeigt an, wie viel Umsatz mit dem eingesetzten Kapital erwirtschaftet werden konnte. Folgt man dem Baum weiter hin zu den Eingangsgrößen, erkennen wir, dass die NOPAT-Margin aus der Rechnung NOPAT dividiert durch Sales resultiert. Der Asset Turnover ergibt sich aus Sales dividiert durch Invested Capital. Der NOPAT wiederum besteht aus der Summe von Earnings After Taxes (EAT) und Interest, das heißt, Zinszahlungen an Fremdkapitalgeber.

In der Praxis wird heute vermehrt die Wertorientierung als globales Ziel angesehen. Sie verlangt eine Ausrichtung der Kalkulation und der Investitionsrechnung, so dass eine marktgerechte Rendite für das Kapital erwartet werden kann.

				EAT
		NOPAT	⇐ Addition	
	NOPAT-Margin ⇐	Division	Interest	
		Sales		
ROI ⇐ Multiplikation				
		Sales		
	Asset Turnover ⇐	Division		
		Invested Capital		

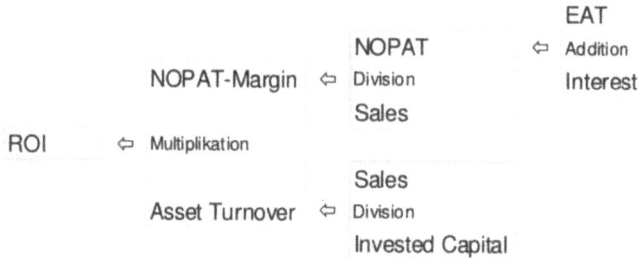

Bild 2-4: Ausschnitt aus dem Du-Pont-Schema.

Die marktgerechte Renditeerwartung erscheint in der Kalkulation als *Kapitalkosten*. Nun werden bei der Gewinnermittlung nicht sämtliche Kapitalkosten berücksichtigt. Zwar werden Fremdkapitalkosten als Aufwand behandelt, sie schmälern den Gewinn. Doch die Erwartungen der Eigenkapitalgeber werden nicht als Eigenkapitalkosten in Ansatz gebracht, wenn der Gewinn errechnet wird.

Folglich gibt der Gewinn keine Auskunft darüber, ob der Einsatz des Eigenkapitals marktgerecht vergütet wurde. Auch wenn der Gewinn Jahr für Jahr positiv ist, kann der Fall vorliegen, dass er gemessen an der Höhe des eingesetzten Eigenkapitals und an einer marktüblichen Rentabilität des Eigenkapitals zu gering ist. Um diesen Fehlschluss zu vermeiden, zu dem ein positiver Gewinn verleiten könnte, empfiehlt sich die Betrachtung des so genannten ökonomischen Gewinns.

> Der ökonomische Gewinn oder Economic Profit ist der noch verbleibende Gewinn, nachdem die Eigenkapitalgeber marktgerecht entschädigt wurden, oder anders ausgedrückt: Es ist der Gewinn abzüglich der totalen Eigenkapitalkosten. Letztere sind das Produkt aus Eigenkapital und der marktgerechten Rendite des Eigenkapitals.

Ist der ökonomische Gewinn positiv, dann wurde über Erwartung gut gewirtschaftet oder es gab Glück. Ist der ökonomische Gewinn negativ, dann wurde schlecht gewirtschaftet oder es ist Pech eingetreten. Das Konzept geht auf ROBERT HAMILTON (1743-1829) zurück. HAMILTON war ein Professor aus Aberdeen, der in seinem Buch *An Introduction to Merchandize* einen positiven ökonomischen Gewinn als eine überdurchschnittliche Leistung des Managements interpretierte.[19]

Verschiedene Synonyme deuten auf die Bedeutung des Begriffs hin. Anstelle von ökonomischer Gewinn oder von Economic Profit wird von Added Value (nicht „value added") gesprochen oder von Residualgewinn beziehungsweise Residualeinkommen.

---

[19] MICHAEL J. MEPHAM: Robert Hamilton's Contribution to Accounting, *Accounting Review* 58 (1983), 43-57.

ROI

Spread   ⇦ Subtraktion

Added Value   ⇦ Multiplikation   WACC   ⇦   Diverse

Invested Capital

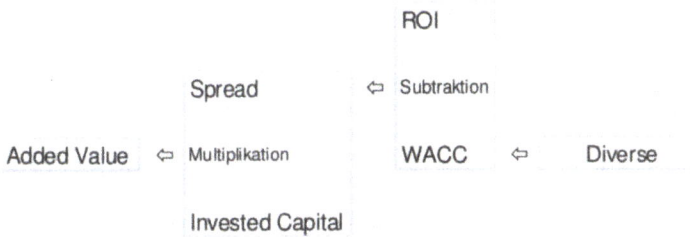

Bild 2-5: Erweiterung des Du-Pont-Schemas mit dem *Added Value* als globale Zielgröße

Der Begriff wurde im Consulting aufgegriffen (und dort teils modifiziert). Während McKinsey & Company ohne eigene Namensgebung vom *Economic Profit* spricht, hat die Beratungsfirma Stern Stewart & Co. den Added Value in Economic Value Added übersetzt, wohl um ihn mit EVA abkürzen zu können. Die Boston Consulting Group variiert EVA in CVA, das für Cash Value Added steht.[20] Der Residualgewinn eignet sich auch für die Unternehmensbewertung. Bei geeigneter Kalibrierung liefert die Summe der diskontierten Residualeinkommen den Goodwill, also den Unterschied zwischen Marktwert und Buchwert.

- Weiter kann der ökonomische Gewinn gut in das Du-Pont-Schema integriert werden. Anstatt der ROI dient dann der Residualgewinn als globale Zielgröße. Durch die Berücksichtigung der Kapitalkosten wird eine Beziehung zwischen Gewinn und dem Kapitalmarkt hergestellt.

Eine Betrachtung des Du-Pont-Schemas mit dem ökonomischen Gewinn als zentrale Grösse ist in Abbildung 2-5 gezeigt. Beginnen wir beim ROI, wie in Bild 2-4 dargestellt. Von diesem wird der gewichtete Kapitalkostensatz abgezogen, gemessen durch die Weighted-Average-Cost-of-Capital (WACC). Der ROI ist ein Performance-Maß, dass die Rendite des Gesamtkapitals abbildet. Die WACC sind die Kosten dieses Gesamtkapitals.

> Die Differenz (Spread) aus ROI und WACC gibt somit Auskunft, ob die Rendite auf dem investierten Kapital höher oder tiefer als die Kosten des investierten Kapitals ausfiel.

Die Multiplikation des Unterschieds mit dem Invested Capital ergibt sodann den Added Value. Dieser widerspiegelt die Differenz zwischen Rendite und Kostensatz als absolute Grösse. Mit den WACC hält die Marktperspektive Einzug in das Du-Pont-Schema. Die WACC wiederum hängen vom Verhältnis von Fremdkapital zu Eigenkapital ab sowie von den Kostensätzen für Fremd- und Eigenkapital.

---

[20] JEFFREY M. BACIDORE, JOHN A. BOQUIST, TODD T. MILBOURN und ANJAN V. THAKOR: The Search for the Best Financial Performance Measure, Financial Analysts Journal 53 (1997), 11-20. ROBERT FERGUSON AND DEAN LEISTIKOW: Search for the Best Financial Performance Measure: Basics Are Better. *Financial Analysts Journal* 54 (1998), 81-85. JOHN O'HANLON und KEN PEASNELL: Residual Income and Value-Creation: The Missing Link. *Review of Accounting Studies* 7 (2002), 229-245.

2.4 Ergänzungen und Fragen

2.4.1 Wann soll der Anleger einsteigen?

Dass die Frage immer wieder gestellt wird, ist verständlich. Denn jeder Analyst gibt eine andere Antwort. Unser schottischer Freund gibt die humorvollste: „Nur der Narr denkt, die Glocken würden läuten, wenn an der Börse die Zeit gekommen ist, ein- oder auszusteigen.". Die gängigsten Antworten lassen sich in drei Kategorien einteilen.

- Gruppe 1 folgt dem Bankgründer CARL MEYER VON ROTHSCHILD (1788-1855): „Kaufen, wenn die Kanonen donnern, verkaufen, wenn die Violinen spielen"

- Gruppe 2 besagt, man kann immer noch aufspringen, auch wenn der Zug schon fährt, sofern erkennbar wird, dass er immer mehr Fahrt aufnimmt.

- Gruppe 3 besagt, es spiele keine Rolle, jeder Zeitpunkt ist gleich gut für den Einstieg oder den Ausstieg, man muss nur Geduld haben. Entsprechend besagt eine Börsenweisheit, man brauche für die Aktienanlage weder einen Kopf noch einen Bauch, sondern statt dessen einen guten Hintern mit gutem Sitzfleisch.

Noch zwei Sprüche zu den Antworten 1 und 2: „Make the trend to be your friend" empfiehlt, Momentum zu erkennen und aufzuspringen. Doch „Nur tote Fische schwimmen mit dem Strom" empfiehlt das Gegenteil: Der erfolgreiche Aktionär ist ein Contrarian. Die empirische Evidenz favorisiert die Antwort 1 auf eine Sicht von 5 bis 8 *Monaten*, die Antwort 2 auf eine Sicht von 5 bis 8 *Jahren*.

Jüngst ist der Economist sehr langen Wellen nachgegangen (27.02.2010, p. 74). Britische Aktien haben einen Kursgipfel 1906, 1936, 1968 und 1999 gehabt, US-Aktien hatten Maximalkurse (in Relation zum CPI) in den Jahren 1928, 1968, 1999. Für die Schweiz können wir mit dem Rätzer-Pictet-Index ergänzen: Ein Ausstieg 1928, 1960 oder 1999 wäre rechtzeitig gewesen.

> Es hat den Anschein, als ob alle 30 Jahre ein ideales Jahr für den Ausstieg kommt und es zwischendrin Gelegenheit gibt, einzusteigen, so etwa 1946, 1976 und jetzt (???). Nach dieser Perspektive müßte der jetzt einsteigende Investor zwanzig Jahre warten und dann den Absprung schaffen. Wer zu einem ungünstigen Zeitpunkt einstieg, muss jedenfalls recht lange warten, bis wenigstens Verluste wieder ausgeglichen sind. Wer zu einem Kursgipfel um 1970 Aktien gekauft hat, hat bis heute vielleicht Dividenden vereinnahmt, aber kaum (reale) Kursgewinne.

Der Economist verweist zur Erklärung auf eine Arbeit von TIM BOND zur Demographie: Das Kursniveau an Wall Street entspricht dem relativen Anteil der 35-54 Jährigen an der Gesamtbevölkerung, das sind die Anleger. Eine ähnliche lange Welle wird übrigens für Anleihen gesehen — der nächste Zinsgipfel (Tief der Bondkurse) soll 2020 bevorstehen.

Banken und der überwiegende Teil der akademischen Forscher geben jedoch die Antwort 3: Es spielt keine Rolle, wann man ein- und aussteigt, doch für Aktien sollte der Anlagehorizont „wenigstens 5 bis 8 Jahre" dauern. Da werden dann die Analysten gefragt, ob es ganz einfache Regeln gibt, deren „rein mechanische" Anwendung dazu führt, dass der Anleger dennoch besser abschneidet als mit Buy-and-Hold.

> Eine einfache Regel, die dann zur Antwort gegeben wird, verweist auf das so genannte Dollar Cost Averaging. Der Investor sollte danach einen anzulegenden Betrag in mehrere gleich grosse Tranchen zerlegen und gestaffelt investieren. Zur Erklärung wird gesagt, dass der Investor so eine höhere Stückzahl kauft, wenn der Kurs einmal geringer sei, und wenn der Kurs höher ist, kauft er eine geringere Stückzahl. So müsse sich der Anleger keine Gedanken darüber machen, ob der Kurs nun eher hoch oder tief sei.

BRENNAN, LI und TOROUS untersuchten 2005 den Erfolg des gestaffelten Investierens im Vergleich zur einmaligen Anlage. Sie unterscheiden drei Fälle:

1. Der Investor steht vor einer Investition in das Marktportfolio. Bei hoher Risikoaversion führt ein gestaffeltes Investieren zu einem höheren Nutzen. Dies rührt jedoch daher, dass diese Anleger nicht ihr ganzes Vermögen in Aktien investieren sollten. Das heißt, der Nutzengewinn gegenüber der einmaligen Anlage kommt von einer „verspäteten" Investition in Aktien. Wenn es nicht optimal ist, alles in Aktien anzulegen, dann ist es besser, dies später zu tun als früher.

2. Der Anleger kauft nur eine einzelne Aktie. Unter dieser Annahme ist *Dollar Cost Averaging* überlegen. Der höhere Nutzen ist auf die Ineffizienz eines nicht diversifizierten Portfolios zurückzuführen, die durch das *Averaging* etwas verringert wird.

3. Es besteht ein gut diversifiziertes Portfolio und es soll eine zusätzliche Aktie aufgenommen werden. Dieser Fall ist der günstigste für gestaffeltes Investieren. Nur für sehr tiefe Risikoaversionen ist der Nutzen einer einmaligen Investition höher.

> Die Resultate von BRENNAN, LI und TOROUS deuten auf Nutzen von *Dollar Cost Averaging* hin, falls die Risikoaversion des Anlegers hoch ist. Von daher erklärt sich, dass der Effekt besonders kleinen Anlegern nahe gebracht wird, die oft eine nur geringe Risikotoleranz haben.

2.4.2   Drei Rezepte für die Arbeit

- Kennzahlen erlauben bereits gewisse Prognosen! Eine stets akzeptierte Vorgehensweise besteht darin, Argumente auf Kennzahlen zu stützen, weil sie noch mehr als Charts, selbst als vergleichende Kursentwicklungen, eine gewisse wissenschaftliche Überlegung, das Arbeiten mit quantitativen Daten, sowie eine wissenschaftlichen Hintergrund signalisieren. Der technische Analyst wird die relative Stärke in den Vordergrund rücken, der fundamental orientierte Analyst das KGV sowie das KBV.

- Kennzahlen erlauben eine Klassifikation! Kennzahlen dienen auch dazu, Gruppen zu definieren, so beispielsweise Value-Stocks und Glamour-Stocks. Sie sind daher geeignet, Vergleichsmöglichkeiten zu schaffen und dabei kleinere Unterschiede festzustellen. Beispielsweise kann ein technisch arbeitender Analyst eine Auswahl von Aktien erzeugen, die hinsichtlich der relativen Stärke vergleichbar sind, und dann für die Gruppenmitglieder weitere Kursinformationen geben (wie etwa bisher erreichte Höchstkurse). Ein fundamental arbeitender Analyst kann beispielsweise eine Gruppe von Aktien mit ähnlich geringem KBV bilden, also aus Value-Stocks bestehend, und dann die Gruppenmitglieder nach dem KGV vergleichen.

- Börsensprüche nur dann gebrauchen, wenn man auch den Zusammenhang ihrer Herkunft und ihrer Gültigkeit im Kopf hat! Alle Börsenweisheiten tragen etwas Wahres in sich. Doch die Wahrheit ist nur in einem gewissen Kontext gültig. So ist die Empfehlung auf Momentum zu setzen (Make the trend to be your friend) richtig auf eine Sicht von 5 bis 8 Monaten, während die Empfehlung, sich als Contrarian zu verhalten (Nur tote Fische schwimmen mit dem Strom) auf eine Sicht von 5 bis 8 Jahren bestätigt wurde.[21] Jeder Anleger hat Börsensprüche parat. Der Analyst sollte die Börsenweisheiten nicht abtun, doch er sollte die Weisheiten *zusammen* mit dem Kontext ihrer Gültigkeit kennen.

2.4.3   Fragen und Aufgaben

1. a) Was ist eine Formation?

2. a) Wie lautet der Sell-in-May-Effekt ausführlich? b) Was besagt er? c) Geben Sie zwei Erklärungen. d) welche anderen Kalendereffekte wurden angesprochen?

3. In den letzten 90 Tagen ist eine Aktie 50 mal im Kurs gestiegen, 40 mal gefallen. Die Kurssteigerungen insgesamt haben 60% ausgemacht, die Kursrückgänge 48%. Insgesamt ist die Aktie (ziemlich genau) im Zeitraum 12% gestiegen. Wie lautet Ihre Prognose?

4. Nennen Sie zwei Kennzahlen zur Profitabilität!

5. Warum sollten die Kurse in Richtung des Wertes tendieren?

6. a) Wie sind der ökonomische Gewinn (beziehungsweise synonym dazu das Residualeinkommen) definiert? b) Wie heißen die dem ökonomischen Gewinn entsprechenden Begriffe, die von Consultingfirmen gebraucht werden?

7. Macht es Sinn, das Dollar Cost Averaging den „kleinen Leuten" zu empfehlen?

---

[21] 1. NARASIMHAN JAGADEESH und SHERIDAN TITMAN: Returns to Buying Winners and Selling Loosers: Implications for Stock Market Efficiency. *Journal of Finance* 48 (1993), 65-91. 2. NARASIMHAN JAGADEESH und SHERIDAN TITMAN: Overreaction, delayed reaction, and contrarian profits. *Review of Financial Studies* 8 (1995) 4: 973–993.

8. Peter hat sich in Chinatown einen Würfel gekauft. Die Empfehlung lautet, zweimal hintereinander zu würfeln und ihn dann wieder wegzulegen. Peter meint, der Würfel habe etwas magisches an sich, und er hat inzwischen schon ein entsprechendes „Theorem" aufgestellt: Die Augenzahl des zweiten Wurfs erreicht die des ersten Wurfs oder übertrifft sie sogar. Mary lacht und sagt: Es könnte auch ein ganz fairer Würfel sein, weil die Wahrscheinlichkeit für dieses Ergebnis bei zweimaligem Würfeln gar nicht so gering ist. Berechnen Sie die Wahrscheinlichkeit, von der Mary spricht!

2.4.4   Antworten und Lösungen

1. a) Eines der Muster von Kursverläufen der jüngsten Zeit, die in der Technischen Analyse betrachtet werden.

2. a) „*Sell in May and go away, but remember to come back in September*". b) Die Renditen von Spätherbst bis Frühjahr sind höher als die über den Sommer. c) Eine Ursache könnte in erhöhten Risiken während der Wintermonate liegen, die mit höheren Renditen einhergehen. Die klarste Beziehung zum Sell-in-May-Effekt finden BOUMAN und JACOBSEN in der Länge und dem Zeitpunkt der Ferien. Je länger die Ferien sind und je mehr diese in die Monate Mai bis Oktober fallen, desto ausgeprägter ist der Sell-in-May-Effekt. Das ist in Europa deutlicher als in den USA der Fall. d) Januar-Effekt, Weekend-Effekt und der Einfluss des Wahlzyklus.

3. Die Definitionen aus 2.1.3 liefern $\bar{u} = 60/50 = 0,8$ Prozent und $\bar{d} = 48/40 = 1,2$ Prozent. Formel (2-1) führt auf $RSI = 0,8/(1,2+0,8) = 40\%$. Die Aktie ist nicht überverkauft, weshalb nicht mit einer Änderung der Situation zu rechnen ist, dass es doch auch weiterhin immer wieder zu Kursrückgängen kommt. Die relative Stärke ist mit 40% gering, weshalb der Investor besser nach Alternativen sucht, die versprechender sind.

4. Die Profit-Margin, definiert als EBIT in Relation zum Jahresumsatz sowie der Return on Equity, definiert als Gewinn (nach Unternehmenssteuern) geteilt durch den Buchwert des Eigenkapitals, vergleiche die in Bild 2-3 gezeigte Tabelle.

5. Die Annahme, dass sich die Kurse den Werten nähern, folgt aus dem unterstellten Investitionsverhalten. Es soll sich überwiegend um fundamental orientierte Investoren handeln. Sie kaufen eine Aktie, um sie langfristig zu halten. Solange sie bei ihren Bewertungen erkennen, dass der Kurs (immer noch) den Wert nicht erreicht hat, sind sie auf der Käuferseite. Ähnlich kann argumentiert werden, wenn die Kurse über den Werten liegen. Dann werden immer mehr fundamental eingestellte Investoren verkaufen.

6. a) Der ökonomische Gewinn ist jener Rest-Gewinn, der bleibt, nachdem die Eigenkapitalgeber marktgerecht entschädigt wurden. Das Konzept geht auf ROBERT HAMILTON (1743-1829) zurück. b) Economic Value Added (Stern Stewart & Co.), Economic Profit (McKinsey & Company), Cash Value Added (Boston Consulting Group).

7. Oft sind diese Investoren besonders wenig risikotolerant. BRENNAN, LI und TOROUS
    (2005) zeigen, dass diese Personen mit einem Dollar Cost Averaging langsamer in den
    Markt gehen und daher insgesamt ein geringeres Exposure tragen, was ihren Nutzen er-
    höht.

8. Unter den 36 Ergebnissen entsprechen diese Peters Beobachtung: 6-6, 5-5, 5-6, 4-4, 4-5,
    4-6, ..., 1-1, 1-2, 1-3, 1-4, 1-5, 1-6. Das sind 21 von 36 Ergebnissen, und die Wahr-
    scheinlichkeit dafür ist $21/36 = 58\%$.

3. Wert und Unternehmenswachstum

KGV und KBV, externes und organisches Wachstum der Unternehmung, das Gordonsche Wachstumsmodell und wie das KGV von der Wachstumsrate abhängt. Zur Ergänzung nochmals ein Blick auf Kennzahlen: a) wie sie zusammenhängen, b) wie sie neu gebildet werden, und c) wie sie Interesse wecken.

3.1 KGV, KBV und Wert

3.1.1 Multiples als Kennzahl

Kennzahlen sind Verhältnisgrößen: Eine quantitative Größe wird ins Verhältnis zu einer anderen gesetzt. Aus dem Rechnungswesen sind Kennzahlen wie der Liquiditätsgrad (kurzfristige Aktiven im Verhältnis zu kurzfristigem Fremdkapital), der Anlagedeckungsgrad (Eigenkapital plus langfristiges Fremdkapital im Verhältnis zum Anlagevermögen) oder der Eigenfinanzierungsgrad (Eigenmittel im Verhältnis zum Gesamtkapital) bekannt. Für die Leser von Analyseberichten sind *Kennzahlen* oder *Ratios* insofern hilfreich, als sie Informationen verdichten und so die Informationsaufnahme vereinfachen. Kennzahlen vermitteln einen raschen Überblick, und daran sind die Nutzer von Finanzanalyse interessiert. Da ein Finanzanalyst mit sehr vielen Informationen konfrontiert wird, muss er Inputgrößen und die Ergebnisse seiner Analyse zusammenfassen.

In erster Linie wird man nun daran denken, Zahlen aus dem Jahresabschluss zueinander in Beziehung zu setzen, um das Lesen der Bilanz, der Gewinn- und Verlustrechnung und der Cashflow-Berechnung zu erleichtern. Für den (fundamental orientierten) Investor stehen jedoch Kennzahlen, die allein aus Zahlen des Rechnungswesens gebildet sind, nicht im Vordergrund. Denn Zahlen aus dem Rechnungswesen bieten trotz der Weiterentwicklung der Standards der Rechnungslegung immer noch eine Innensicht. So zeigt beispielsweise der Liquiditätsgrad zwar, wie es um die flüssigen Mittel einer Unternehmung steht, nicht aber, ob die Finanzinvestoren diese Situation als gut einschätzen. Vielleicht deuten die Finanzinvestoren eine hohe Liquidität als Unfähigkeit des Managements, rentable Investitionen zu finden, oder sie denken, das Management plane insgeheim eine Akquisition.

Für Anleger und somit auch für den Analysten sind daher Kennzahlen interessant, die stärker berücksichtigen, wie der Kapitalmarkt die Situation einschätzt. So gelangt man zu Kennzahlen, die Buchgrößen und Marktgrößen miteinander verknüpfen.

Die bekannteste Kennzahl hierzu ist das Kurs-Gewinn-Verhältnis (KGV) oder das Price-Earnings-Ratio, kurz P/E. Das KGV setzt den Kurs (eine Marktgröße) einer Aktie ins Verhältnis zum Gewinn pro Aktie (eine Buchgröße). Selbstverständlich kann das KGV ebenso als Relation des gesamten Gewinns einer Unternehmung und ihrer Marktkapitalisierung ME definiert werden. Sie ist das Produkt aus Aktienkurs und der Anzahl ausgegebener Aktien:

$$(3\text{-}1) \qquad KGV \;=\; \frac{Aktienkurs}{Gewinn\ pro\ Aktie} \;=\; \frac{ME}{Gewinn\ der\ Unternehmung}$$

Der Kehrwert dieser Kennzahl ist die Gewinnrendite, der Earnings-Yield (oft mit EYD bezeichnet), $EYD = Gewinn / ME$. Das KGV liegt typischerweise zwischen 8 und 30, der langjährige Durchschnitt über alle Aktien hinweg liegt zwischen 12 und 16, je nach Zeitfenster und Messmethode. Es hat den Anschein, als habe sich das KGV seit 1870, natürlich unter Schwankungen, eher etwas nach oben bewegt. Die Kennzahl wird auch mit Modifikationen gegenüber (3-1) verwendet.

Oft wird im Nenner nicht der Gewinn des abgeschlossenen Geschäftsjahres genommen, sondern der für ein kommendes Jahr geschätzte Gewinn. GRAHAM und DODD haben vorgeschlagen, im Nenner den über die acht letzten Jahre gebildeten *Gewinndurchschnitt* zu verwenden. Die entsprechende Kennzahl wird mit KGV8 bezeichnet. Üblich ist auch KGV10, bei dem im Nenner der über die letzten 10 Jahre gebildete Durchschnitt der Jahresgewinne steht.

> ROBERT SHILLER hat gezeigt, dass das KGV10 von Aktien sich gut dazu eignet, Unterschiede im Durchschnitt der Renditen *der kommenden 20 Jahre* zu prognostizieren. Je höher der KGV10 ist, desto geringer sind die Renditen der Aktienanlage in den kommenden zwanzig Jahren. Jedenfalls darf *bei langfristiger Haltedauer* gesagt werden, dass Aktien mit einem hohen KGV10 „teuer" sind. Bei kürzeren Anlagehorizont gibt es natürlich auch bei Aktien Chancen, die langfristig gesehen teuer sind.

Der negative Zusammenhang zwischen KGV und nachfolgenden Renditen wird durch eine Untersuchung für den Earnings-Yield bestätigt, die R. SIEGEL durchgeführt hat. Danach ist der Earnings-Yield EYD ein kraftvoller Indikator für die *langfristige* Performance einer Anlage in die betreffende Aktie.[1]

---

[1] ROBERT J. SHILLER: *Irrational Exuberance*, 2. Auflage. *Princeton University Press*, Figure 10.1. JEREMY J. SIEGEL: *Stocks for the Long Run*, 4. Auflage. McGraw-Hill, New York 2007.

Die erwähnten Untersuchungen zeigen allerdings nicht, dass auch bei einer kürzeren Anlagedauer es vorteilhaft sein könnte, beim Kauf auf Aktien mit geringem KGV zu achten. Es könnte durchaus der Fall sein, dass etwa bei einer einjährigen Haltedauer es günstiger ist, auf Aktien mit einem hohen KGV zu setzen.

Zudem gibt es auch einen Einfluss der Dekade. In manchen Zeitabschnitten (wie 1930-1950) erwiesen sich Aktien mit einem hohen KGV als rentabler als Aktien mit einem geringen KGV aus einer anderen Phase (1970-1990).

Das KGV kann für mehrere Aktien (einer Branche, eines Landes, einer Peer Group) gleichzeitig gebildet werden. Durch Mittelung findet man ein „typisches" KGV für die Vergleichsgruppe und den Zeitpunkt. Meistens wird dazu der *Median* der Kurs-Gewinn-Verhältnisse der Aktien gewählt. Wenn dann für eine neue Aktie, die mit denen der Gruppe vergleichbar ist, der Gewinn bekannt ist, dann kann diese Größe mit dem mittleren KGV der Vergleichsgruppe *multipliziert* werden. Man erhält so eine Schätzung der Marktkapitalisierung der neu betrachteten Aktie.

Ein Zahlenbeispiel: In einer Gruppe von 5 Aktien findet man als KGV 10, 11, 12, 16, 22; der Median ist 12. Eine weitere Aktie hat für das abgelaufene Geschäftsjahr einen Gewinn von €5 ausgewiesen. Der Aktienkurs sollte aufgrund des Vergleichs und aufgrund der gegenwärtigen Marktsituation €60 betragen. ■

In dieser Rolle wird das KGV als ein Multiplikator verwendet, als ein Multiple. In der Tat sollen Kennzahlen oftmals als Multiple fungieren und zum Beispiel einen Preis für das Eigenkapital ME liefern. Studien zeigen indessen: das KGV ist als Multiplikator am kraftvollsten zur Schätzung der Marktkapitalisierung, sofern als Bezugsgröße der für das kommende Jahr erwartete Gewinn gewählt wird. Noch genauere Schätzungen liefert KGV8.

Wenn in einer Peer Group in der letzten Zeit bei Akquisitionen beispielsweise ein KGV von 10 bezahlt wurde, dann könnte als Preisvorschlag bei einer konkreten Unternehmung das zehnfache ihres Gewinns vorgeschlagen werden. Dieser Preisvorschlag aufgrund eines Multiples wird dann noch an die spezifischen Umstände angepaßt, besonders wenn sie von denen der Unternehmungen aus der Peer Group abweichen.

> Ein über ein Multiple bestimmter Preis muss indessen vom Wert unterschieden werden. Der Wert soll den langfristigen Verhältnissen entsprechen, denn er wurde als jene Ertragsgröße definiert, die einem Finanzinvestor zufließen, wenn er das Objekt gleichsam für immer hält. Der mit einem Multiple angesprochene Preis bezieht sich hingegen auf die derzeitige Situation im Kapitalmarkt. WARREN BUFFETT (*1930), erfolgreicher Manager des Berkshire Fonds, erklärt: „The Value is what you get, the price is what you have to pay for it."

Die Idee des Multiples kann leicht übertragen werden. Zum einen können die Multiples so gewählt werden, dass sie wie beim KGV die Marktkapitalisierung ME schätzen. Sie können indes auch so konstruiert werden, dass sie sich für die Schätzung des Gesamtwerts EV (Enterprise Va-

lue) eignen, EV = MV + Marktpreis des Fremdkapitals. Zum anderen kann als Bezugsgröße anstelle des Gewinns eine andere Größe gewählt werden. Dabei kann man Flußgrößen (auf das Geschäftsjahr oder eine Periode anderer Länge bezogene Größen) von Bestandesgrößen (auf einen
Stichtag bezogen) unterschieden. In Bild 3-1 sind gängige Multiples tabelliert.

Wie gut diese Kennzahlen sind, wird so untersucht: Man ordnet eine jede Aktie einer Gruppe zu,
bestimmt den mittleren Kennzahlenwert für die Gruppenmitglieder, multipliziert damit die Bezugsgröße bei der Aktie und vergleicht den Preisvorschlag mit der aus dem Börsenhandel stam-
menden Größe ME beziehungsweise EV.

	Multiples mit Flussgrößen	Multiples mit Bestandesgrößen
Equity Multiples	ME / Gewinn	ME / Total Assets
	ME / Umsatz	ME / Invested Capital
	ME / EBIT	ME / Book Equity
	ME / EBITDA	
	ME / Cashflow	
Entity Multiples	EV / Umsatz	EV / Total Assets
	EV / EBITDA	EV / Invested Capital
	EV / EBIT	

Bild 3-1: Übersicht zu Multiples, mit denen ME oder EV geschätzt wird.

Eine zweite Kennzahl, die eine Marktgröße und eine Buchgröße verbindet, ist das Kurs-
Buchwert-Verhältnis KBV:

$$(3\text{-}2) \qquad KBV \; = \; \frac{Kurs}{Buchwert\ pro\ Aktie} \; = \; \frac{ME}{Buchwert\ des\ Eigenkapitals} \; = \; \frac{ME}{BE}$$

Der in der Bilanz erscheinende Buchwert des Eigenkapitals ist mit BE bezeichnet. Im Angelsäch-
sischen wird die Kennzahl ME/BE oder noch kürzer M/B als Market-to-Book-Ratio bezeichnet.
Oft wird auch ihr Kehrwert *Book to Market* betrachtet, also B/M.

> Das KBV liegt bei vielen Gesellschaften zwischen 1 und 3. Dass die Aktionäre in der Re-
> gel mehr zu bezahlen bereit sind als in den Büchern steht, hat viele Gründe.
>
> Die (positive) Differenz $ME - BE$ wird als Goodwill bezeichnet.
>
> Aktien mit einem geringen KBV werden auch als Value-Stocks, solche mit einem hohen
> KBV als Growth-Stocks oder Glamour-Stocks bezeichnet.

Auch die Kennzahl KBV kann dazu dienen, „interessante" von „uninteressanten" Aktien zu trennen. Aktien mit einem geringen KBV (Value-Stocks) haben tendenziell eine höhere Rendite als solche mit einem hohen KBV (Glamour-Stocks). Dieser Value-Effekt wurde erstmals von S. BASU und von D. STATTMAN nachgewiesen und wurde seither öfters bestätigt.[2] Allerdings könnte es sein, dass Aktien mit einem geringeren KBV (Value-Stocks) eventuell zusätzliche Risiken mit sich bringen und einfach deshalb eine höhere Rendite erwarten lassen.

3.1.2   Trading, Transaction, Valuation

Wird die Preisfindung auf das Börsengeschehen abgestützt, dann wird von Trading Multiples gesprochen. Wird der Preis (für das Eigenkapital einer Unternehmung) hingegen aufgrund kürzlich durchgeführter Käufe / Verkäufe ganzer Unternehmen oder größerer Aktienpakete vorgeschlagen, dann wird von Transaction Multiples gesprochen. Trading Multiples eignen sich für Vergleiche, wie sie in Analystenberichten für Gesellschaften angestellt werden, deren Aktien gehandelt werden. Transaction Multiples kommen bei Fusionen und Übernahmen zur Anwendung. Bei Transaction Multiples wird die Marktkapitalisierung durch den tatsächlich bezahlten Preis ersetzt. Wird ein KGV als ein Trading Multiple behandelt, dann ist es eher geringer als bei einem Transaction Multiple. Denn es gibt einen Paketzuschlag, eine Prämie für die Übernahme der Kontrolle.

Seltener wird über so genannte *Intrinsic Multiples* berichtet. Sie beziehen sich auf den Wert, nicht auf die Marktkapitalisierung. Nach der Bewertung (aufgrund angenommener, langfristiger Verhältnisse) dient der Wert zur Ermittlung der Kennzahlen beziehungsweise der Multiples. Intrinsic Multiples werden oft in wissenschaftlichen Darstellungen verwendet, die ohnehin von einem „idealen" Markt ausgehen und nicht die augenblicklichen Umstände an einer konkreten Börse betrachten. In wissenschaftlichen Untersuchungen können beispielsweise jene Faktoren aufgezeigt werden, die das KGV bestimmen. Wir betrachten eine Herleitung, bei der das KGV als Verhältnis von Wert und Gewinn (Earnings) definiert ist, also nicht als Verhältnis von Marktkapitalisierung und Gewinn.

Eine einfache und zentrale Formel für den Unternehmenswert liefert das Gordon Growth Modell (GGM). Das GGM versteht den Wert des Eigenkapitals als Summe der Barwerte aller Dividenden $D_1, D_2, D_3, \ldots$ (und sonstiger Ausschüttungen), die bis in die unendliche Zukunft ausgezahlt werden:

$$(3\text{-}3) \qquad W^{equity} \quad = \quad \frac{D_1}{1+r^{equity}} + \frac{D_2}{(1+r^{equity})^2} + \frac{D_3}{(1+r^{equity})^3} + \ldots$$

---

[2] 1. S. BASU: Investment Performance of Common Stocks in Relation to Their Price-Earnings Ratios. *Journal of Finance* 32 (1977), 663-682. 2. S. BASU: The Relationship between Earnings Yield, Market Value and Return for NYSE Common Stocks: Further Evidence. *Journal of Financial Economics* 12 (1983), 129-156. 3. DENNIS STATTMAN: *Book values and expected stock returns.* University of Chicago, 1980.

Die Diskontrate ist mit r^{equity} bezeichnet und stellt eine Vergleichsrendite dar. Das GGM unterstellt, dass die Dividenden mit einer gleichförmigen Rate wachsen. Sie ist nachstehend mit g^D bezeichnet:

$$(3\text{-}4) \qquad D_{t+1} \;=\; D_t \cdot (1+g^D) \;=\; D_1 \cdot (1+g^D)^t$$

Wird (3-4) in (3-3) eingesetzt und die bekannte Formel für den Wert einer unendlichen Reihe verwendet, so folgt als Formel für den Unternehmenswert W^{equity}:

$$(3\text{-}5) \qquad W^{equity} \;=\; \frac{D_1}{r^{equity} - g^D}\,.$$

Dabei ist D_1 die nächst folgende, in einem Jahr gezahlte Dividende.

Ein Zahlenbeispiel: Auf eine Aktie bezogen dürfte die Unternehmung in 12 Monaten €20 ausschütten (ungeachtet der Frage, ob sie für den Fiskus gleich eine Quellensteuer als Vorwegnahme zu zahlender Einkommensteuer abzieht). Als risikogerechte Renditeerwartung, Diskontrate oder Kapitalkostensatz soll mit $r^{equity} = 10\%$ gerechnet werden. Die Unternehmung schüttet nur einen Teil ihrer Gewinne aus, der Rest wird einbehalten und dient zu weiteren Investitionen. Deshalb kann die Unternehmung durchaus mit $g^D = 6\%$ wachsen, weshalb auch die Dividende mit dieser Rate über die Jahre hinweg zunehmen sollte. Der Wert einer Aktie ist $W^{equity} = 20/(0{,}10 - 0{,}06) = 500$ Euro. ■

Das GGM (3-5) kann leicht zu $r^{equity} - g^D = D_1/W^{equity}$ umgeformt werden. Das bedeutet $r^{equity} - g^D = DYD$ oder

$$(3\text{-}6) \qquad r^{equity} \;=\; DYD + g^D$$

> In Worten: Die Rendite r^{equity}, mit der diskontiert wird, ist die Summe aus der Dividendenrendite DYD und der Wachstumsrate g^D. Der Finanzinvestor erhält die Rendite einerseits direkt ausbezahlt, andererseits in der Form des Wachstums.

Abschließend soll die Wertformel (3-5) noch in die Bestimmungsgleichung für das KGV eingesetzt werden. Die im GGM benötigte Dividende kann aus dem letzten Gewinn E_0 und der (über die Zeit hinweg wohl konstanten) Ausschüttungsquote, der Payout-Ratio PR, ermittelt werden: $D_1 = E_0 \cdot PR \cdot (1+g^D)$. Dies in das GGM (3-5) eingesetzt liefert $W^{equity} = E_0 \cdot PR \cdot (1+g^D)/(r^{equity} - g^D)$. Werden beide Seiten durch den Gewinn geteilt, folgt:

$$(3\text{-}7) \qquad KGV \; = \; \frac{W^{equity}}{E_0} \; = \; \frac{PR \cdot (1+g)}{r^{equity} - g}$$

Die Ausschüttungsquote PR wollen wir als konstant ansehen. Dann nimmt das KGV erstens zu, wenn die Wachstumsrate höher wird. Das KGV nimmt zweitens zu, wenn die Unternehmung das Risiko verringern kann, so dass die Eigenkapitalkosten sinken. Das KGV wird geringer, wenn sich das Wachstum verlangsamt oder das Risiko zunimmt.

Ein Zahlenbeispiel: $g^D = 5\%$, $PR = 40\%$, $r^{equity} = 9\%$; $KGV = 0,4 \cdot 1,05 / (0,09 - 0,05) = 10,5$. Erhöhen sich die Eigenkapitalkosten auf $r^{equity} = 10\%$, dann fällt das Kurs-Gewinn-Verhältnis auf $KGV = 0,4 \cdot 1,05 / (0,19 - 0,05) = 8,4$. ■

> Unternehmungen haben ein geringes KGV, wenn sie nur langsam wachsen, gleichwohl hohe Risiken aufweisen und wenig ausschütten.
>
> Unternehmungen haben ein hohes KGV, wenn sie schnell wachsen, dabei vergleichsweise geringe Risiken haben und vielleicht noch hohe Ausschüttungen realisieren können.
>
> Unternehmungen haben ein mittleres KGV, wenn sie eher langsam wachsen und dabei recht sicher sind oder wenn sie eher schnell wachsen und dabei riskant sind.

3.2 Wachstum der Unternehmung

3.2.1 Unternehmenswachstum

Wenn die Öffentlichkeit vom Wachstum einer Unternehmung spricht, dann weil sie über die Zeit hinweg mehr Produkte und mehr Betriebsstätten sehen und vielleicht auch, weil die Unternehmung mehr Mitarbeitende hat. Wer Jahresabschlüsse vergleicht, erkennt Wachstum vermutlich an der Zunahme des Jahresumsatzes, des Gewinns oder der Bilanzsumme (Vermögen oder Kapital). Finanzanalysten und Finanzinvestoren wählen als Indikator für das Wachstum den Wert der Unternehmung. Eine Unternehmung mit höherem Wert erwirtschaftet in der Regel höhere Gewinne, kann mehr ausschütten und auch beim Verkauf von Anteilen ist der Erlös höher. Wachstum ist für den Finanzanalysten Wertwachstum.

Unternehmen können auf verschiedenen Wegen wachsen.

1. Menge: Sie können mehr Mitarbeitende einstellen und Produktion wie Absatz ausweiten. Sie können selbst Finanzanlagen tätigen und so ihre Bilanzsumme ausweiten. Dieser Weg führt zu mehr Vermögenspositionen. Da sollten auch die Erträge wachsen können.

2. Marge: Ein zweiter Weg weist als Richtung die Erhöhung der Ertragskraft der vorhandenen Vermögenspositionen. Die Unternehmung könnte sich fokussieren, beispielsweise auf wenige rentable Produkte und auf Key Clients. Sie könnte die Prozesse optimieren und Ineffizienzen beseitigen. Sie könnte verstärkt auf Innovationen setzen und dadurch die Marge erhöhen.

3. Kapitalkosten: Ein dritter Weg zur Werterhöhung geht über die Risikoreduktion. Die Unternehmung könnte — vielleicht sogar ohne besonders hohen Aufwand — die operationelle Sicherheit erhöhen. Sie könnte auch die Kapitalkosten dadurch senken, dass sie (das steuerlich begünstigte) Fremdkapital einsetzt. Geringere Risiken laufen auf eine geringere Rendite hinaus. Die Diskontierung ist weniger stark und die Barwerte zukünftiger Ausschüttungen nehmen zu.

4. Rückenwind: Die Unternehmung könnte ihre Positionierung mehr oder minder stark neu ausrichten, um von externen Trends besser zu profitieren.

Selbstverständlich sind Kombinationen möglich. Ein CEO wird beispielsweise eine Akquisition (erster Weg) damit rechtfertigen, dass dadurch Synergien möglich werden sollten (zweiter Weg), wobei insgesamt die Unternehmung sicherer werde (dritter Weg) und sie in neue Geschäftsfelder vordringen kann (vierter Weg). Jeweils für sich betrachtet, verlangt jeder Weg Investitionen, die dann auch finanziert werden müssen.

Doch es gibt sicherlich Unterschiede. Wachstum auf dem ersten Weg dürfte das größte Finanzierungsvolumen verlangen. Wachstum auf dem zweiten Weg verlangt offensichtlich Einverständnis und Bereitschaft seitens der Mitarbeitenden, die „mehr geben" sollen. Der vierte Weg verlangt oftmals eine grundlegende Neuausrichtung, die noch tiefer greift und Unterstützung von allen Parteien verlangt. Es gibt indes Beispiele der Neupositionierung, bei denen nicht einmal besondere Finanzmittel erforderlich waren. Die Unternehmung hat die den Abschreibungen entsprechenden Teile der Umsatzerlöse nicht für Ersatzbeschaffungen verwendet, sondern für den Aufbau der neuen Position. Es ist üblich geworden, die vier genannten Wege des Wachstums auf zwei zu verdichten: Beim *externen Wachstum* wird der Weg des „mehr" über Akquisitionen eingeschlagen oder auch über die Ausweitung von Produktion und Absatz durch neue Betriebsstätten, Anlagen und Betriebsmittel. Beim *organischen Wachstum* wird auf das „besser und effizienter" abgestellt, dass sich in den drei anderen Wegen findet.[3]

> Die Wege zu Wachstum werden in zwei Gruppen eingeteilt. Externes Wachstum wird durch Zukauf von ganzen Unternehmungen bewerkstelligt oder durch die Ausweitung von Produktionsanlagen beziehungsweise Produktionsmitteln. Organisches Wachstum vollzieht sich durch Verbesserungen bei der Nutzung vorhandener Ressourcen, bei der Verbesserung der Sicherheit und bei Veränderungen der Position der Unternehmung.

---

[3] In einer anderen Definition wird organisches Wachstum als *Wachstum ohne Akquisitionen* beschrieben. Bei dieser Definition verlassen Investitionen in Produktionsmittel nicht den Rahmen organischen Wachstums.

> Externes Wachstum verlangt hohe Finanzmittel. Organisches Wachstum ist mit deutlich geringerem Einsatz finanzieller Mittel zu bewerkstelligen. Steigerungen von Effizienz und Produktivität setzen aber eine deutliche Unterstützung seitens der Mitarbeitenden voraus.

Finanzinvestoren haben eine besondere Präferenz für das organische Wachstum, und zwar aus zwei Gründen. Erstens zeigen Studien, dass Akquisitionen im Nachhinein weniger rentabel sind als das Management (der kaufenden Unternehmung) im vorhinein denkt. Die Gründe: Die Integration gelingt doch nicht oder die Synergien wurden schlichtweg überschätzt. Zweitens sehen Finanzinvestoren deutlich, dass letztlich sie die Finanzmittel für das externe Wachstum aufbringen müssen (Außenfinanzierung). Vielleicht hätten die Finanzinvestoren sogar die Mittel für externes Wachstum, doch sie wollen selbst entscheiden, welche Komponenten ihrer Portfolios ausgeweitet werden sollen. Hingegen ist organisches Wachstum oft mit Innenfinanzierung allein möglich, wenngleich die Mitarbeiterschaft die Effizienzsteigerung unterstützen muss.

Wachstumsart	Extern	Organisch
Hauptidee:	Mehr Ressourcen	Effizientere Nutzung vorhandener Ressourcen
Wie?	Übernahme, Kauf von Anlagen oder Produktionsmitteln	Verbesserung der Abläufe, Verbesserung der Positionierung in den Trends der Zeit
Finanzierung	Durch Außenfinanzierung	Meistens nur geringe Finanzmittel, aber viel Wissen und Engagement verlangt
Voraussetzung für Erfolg	Angestrebte Synergien müssen sich realisieren	Mitarbeiterschaft unterstützt Bemühen nach Effizienzsteigerungen

Bild 3-2: Wachstumsmöglichkeiten. Unternehmungen müssen immer wieder entscheiden, ob sie durch Erweiterung oder durch Verbesserung wachsen sollen, also extern oder organisch.

3.2.2 Organisches Wachstum

Wir konzentrieren uns nachstehend auf eine finanztechnisch formulierte Definition des organischen Wachstums.

> Organisches Wachstum ist jenes Wachstum, das noch erzielt werden könnte, wenn Jahr für Jahr der gesamte Gewinn (Earnings) ausgeschüttet würde. Die Rate des organischen Wachstums sei mit g^E bezeichnet.

Es wird also in der Betrachtung kein Gewinnteil einbehalten, der für neue, eben dann innenfinanzierte Investitionen zur Verfügung stünde. Andererseits kann die Unternehmung auf Ersatzinvestitionen bestehender Anlagen und vorhandener Technologien verzichten und die entsprechenden

Teile der Umsatzerlöse in Neues investieren. Dadurch können technologische Neuerungen aufgegriffen (qualitatives Wachstum) oder ganz andere Positionierungen erreicht werden. Das so erzielbare organische Wachstum findet eine Erklärung in diesen Punkten:

- Die *Marge* wird gesteigert, weil Verbesserungen bei den Prozesse verwirklicht werden und die Produktivität gesteigert wird.

- Die Erträge werden *stabilisiert*, indem Maßnahmen zur Erhöhung der operationellen und finanziellen Sicherheit eingerichtet werden.

- Die in Schritten ermöglichte *Neupositionierung* führt zu Geschäftsfeldern und Kundengruppen, die aufgrund von Trends ertragsstärker sind.

Zwei besondere Punkte beim organischen Wachstum sind die Aufwendungen für Forschung und Entwicklung sowie die Inflation beziehungsweise das Wachstum der die Unternehmung umgebenden Wirtschaft. Forschungen und Entwicklung sind zweifellos Investitionen, die sich irgendwann einmal auszahlen sollten, das heißt, den Wert der Unternehmung erhöhen. Indessen werden Forschung und Entwicklung nur zum Teil aktiviert, so dass der Gewinn geringer ausfällt, als wenn alles aktiviert würde. Ein Unternehmung, die den gesamten Gewinn ausschüttet, würde dennoch wachsen. Diese Überlegungen gelten für die Forschung mehr als für die Entwicklung, doch auch Ergebnisse von Entwicklungsarbeiten werden nicht immer mit ihrem ökonomischen Wert dem Gewinn zugeschlagen.

> Das organische Wachstum ist somit höher, wenn mehr Möglichkeiten bestehen, Investitionen als Aufwand zu erfassen. Es kann dann so erscheinen, als ob die Unternehmung ein hohes organisches Wachstum aufweist. Faktisch wird jedoch der Gewinn nach unten korrigiert.

Sodann wächst der nominal ausgedrückte Unternehmenswert durch die Geldentwertung, eventuell sogar durch das reale Wachstum der Wirtschaft.

3.2.3   Wie organisches Wachstum ermitteln?

Die Rate des organischen Wachstums — jenes Wachstum, das eine Unternehmung noch hat oder haben kann, sofern die gesamten Gewinne Jahr für Jahr ausgeschüttet werden — ist eine fiktive Größe, weil die Unternehmung in Wirklichkeit nur einen Teil der Gewinne ausschüttet. Das tatsächliche Wachstum ist daher größer als das (nicht direkt beobachtbare) organische Wachstum. Indessen kann die Rate des organischen Wachstums errechnet werden. Die Gesamtrendite r^{equity} zerlegt sich in jedem Fall in einen Teil der ausgeschüttet wird und einen Teil, der das weitere Wachstum bestimmt, siehe (3-6). Diese Gleichung gilt ungeachtet der Höhe der Ausschüttung, also unabhängig davon, ob nur die Dividenden oder der gesamte Gewinn ausgeschüttet wird:

$$(3\text{-}8) \qquad r^{equity} \;=\; \frac{Dividend}{W^{equity}} + g^{D} \;=\; \frac{Earnings}{W^{equity}} + g^{E}$$

Auch die Summe aus Gewinnrendite $EYD = Earnings / W^{equity} = 1 / KGV$ und der Wachstumsrate (die möglich ist, wenn die Gewinne ausgeschüttet werden) ist gleich der Rendite r^{equity}.

Die Gleichung kann leicht nach der gesuchten Rate des organischen Wachstums aufgelöst werden:

$$(3\text{-}9) \qquad r^{equity} \; - \; \frac{1}{KGV} \; = \; g^{E}$$

In Worten: Wird von den Kapitalkosten die Gewinnrendite $1 / KGV$ abgezogen, so folgt eine Wachstumsrate, die der Markt offensichtlich erwartet, wenn Jahr um Jahr die Gewinne voll ausgeschüttet werden. Das ist die Rate des organischen Wachstums.

Zahlenbeispiel: Eine Unternehmung hat ein KGV von 12 und den Kapitalkostensatz 10%. Aus diesen Marktgrößen ergibt sich, dass die Finanzinvestoren die Rate des organischen Wachstums mit $g^{E} = 0{,}10 - 0{,}085 = 0{,}025$ veranschlagen. Selbst wenn die Unternehmung Jahr für Jahr ihre Gewinne voll ausschütten *würde*, hätte sie immer noch ein Wachstum von 2,5%. ■

Noch ein Zahlenbeispiel. Eine Unternehmung hat hohen Aufwand für Forschungen und Entwicklungen, die nicht aktiviert werden, weshalb der Gewinn „künstlich" gering gehalten wird. Das KGV ist 20, die Vergleichsrendite beträgt 8%. Die Rate des organischen Wachstums sollte daher 3% betragen. Jedoch urteilt ein Analyst, dass sie deutlich über 3% ausmachen sollte. Entsprechend wäre der Kurs zu gering. Der Analyst spricht eine klare Kaufempfehlung aus. ■

3.3   Ergänzungen und Fragen

3.3.1   Nochmals die Kennzahl

Wir ergänzen drei Punkte. Im ersten wenden wir uns den Zusammenhängen zwischen Kennzahlen zu und gehen als Beispiel auf den Zusammenhang zwischen KGV, KBV und ROE ein. Im zweiten Punkt tragen wir die Definition der PEG-Ratio nach, der Price/Earnings to Growth Ratio. Im dritten Punkt zeigen wir, wie neue Beziehungen Interesse wecken. Das wird am Beispiel von Immobilienpreisen vorgeführt.

1. Wie immer gibt es gewisse Abhängigkeiten zwischen den Kennzahlen; so ist zum Beispiel das Produkt aus KGV und KBV gleich dem ROE, der Relation von Buchgewinn und Buchwert des Eigenkapitals, $KGV \cdot KBV = ROE$. Anders ausgedrückt:

$$(3\text{-}10) \qquad KGV \;\; = \;\; \frac{ROE}{KBV}$$

Zahlenbeispiel: Ein CEO in einer Industrie, in der typischerweise $KBV = 2$ vorherrscht, kündigt an, den ROE auf 20% steigern zu wollen. Diese „Rendite" wirkt hoch, doch läuft sie letztlich auf $KGV = 10$ hinaus. ■

2. Die PEG-Ratio, als ein Nachtrag. Formel (3-7) zeigt: KGV nimmt zu, wenn die Wachstumsrate zunimmt. Denn dann wird der Nenner kleiner. Wird das KGV als Indikator dafür genommen, ob die Aktie „günstig" oder „teuer" ist, dann wirken Unternehmungen mit starkem Wachstum „teuer" und sie könnten leicht auf eine Verkaufsliste kommen. Wenn das KGV in Relation zur Wachstumsrate gesetzt wird, entsteht eine Kennzahl, die diesen Effekt herausrechnet. Sie heißt Price/Earnings to Growth Ratio, kurz **PEG-Ratio:**

$$(3\text{-}11) \qquad PEG \;\; = \;\; \frac{KGV}{g}$$

Das Wachstum g wird dabei üblicherweise über das Wachstum der Gewinne pro Aktie (Earnings per Share, EPS) bestimmt, etwa durch den Ansatz $EPS_1 = (1+g) \cdot EPS_0$. Meistens wird die mittlere Wachstumsrate der EPS über mehrere Jahre geschätzt.

Zahlenbeispiel: Eine Unternehmung hatte in den zurückliegenden drei Jahren EPS in Höhe von €20,00, von €21,00 und von €22,50. Die Wachstumsraten betrugen 5,00% und 7,14%, im Mittel also 6,07%. Das KGV liegt bei 8. Also PEG = 1,3 . ■

Die PEG-Ratio soll also das KGV zwischen Unternehmen vergleichbar machen, die unterschiedlich stark wachsen. PETER LYNCH machte die PEG-Ratio populär und postulierte, dass ein PEG von 1 zeigt, dass die Aktie ausgesprochen günstig ist. Praktiker sehen einen Kurs als marktgerecht an, falls $1 < PEG < 2$. Aktien mit einer PEG-Ratio über 2 gelten als teuer.

3. Im Jahr 2009 sind die Immobilienpreise in Singapur gestiegen, denn die Finanz- und Wirtschaftskrise wurde immer mehr als überwunden dargestellt. Immer wieder wurde die Frage gestellt, ob das Preisniveau nicht zu hoch sei und bereits eine neue „Bubble" entstanden wäre. Immerhin argumentiert R. SHILLER, man müsse das Preisniveau für Immobilien real ausdrücken, das heißt im Verhältnis zum *Consumer Price Index* (CPI). Nach seinen Forschungen ist der reale Preis für US-Immobilien von 100 (im Jahr 1890) auf lediglich 110 (im Jahr 1999) gestiegen, während er dann von dort in wenigen Jahren auf 199 bis zum Platzen der Immobilien-Preisblase im Jahr 2006 gestiegen war.

Zwei Forscher der National University of Singapore, Tu Yong und Yu Shi Ming, haben mit einer Finanzanalyse mit einer leichten Variation des Nenners Aufmerksamkeit erregt. Sie dividierten die Preise für Immobilien nicht durch den CPI sondern durch den Median der Monatseinkünfte der Haushalte. Statt im Längsschnitt US-Immobilien zu betrachten, vergleichen sie im Quer-

schnitt Immobilien in Singapur mit zwei anderen Weltstädten, die der Bevölkerung der Löwen-
stadt besonders interessant scheinen: Hong Kong (HK) und die Greater London Area (GLA).
Hier der Befund: a) Die Zentren sind vergleichbar, insofern als die *Bevölkerungsdichte* ähnlich
ist: Singapore 6.814 Personen pro Quadratkilometer, HK 6.460, GLA 4.761. b) der Median der
Haushaltseinkommen pro Monat beträgt (auf Euro umgerechnet): S €2.475, HK €1.575, GLA
€3.575. c) Nun die Kennzahl: Median der Wohnungspreise geteilt durch den Median des Jah-
reseinkommen der Haushalte: Singapur 5,8, HK 19,8, GLA 7,1. Da ist Singapore noch nicht teurer als die Peers. d) noch zwei Nachträge: Der Wohnraum (Quadratmeter pro Person): Singapur
27, HK 12,5, GLA 31,9. Daten aus Straits Times vom 27.02.2010, p. A20.

3.3.2 Drei Rezepte für die Arbeit

- Das KGV nicht als zu „simpel" unterschätzen! Das Kurs-Gewinn-Verhältnis ist ein
  kraftvoller Indikator. Das KGV ist geeignet, Vergleichspreise zu finden, es verweist auf
  das Wachstum, und es wird dazu verwendet, Aktienkategorien zu definieren. SHILLER
  hat zudem dies gezeigt: Je höher das KGV10 ist, desto geringer sind die Renditen der
  Aktienanlage in den kommenden 20 Jahren — bei langfristiger Haltedauer darf gesagt
  werden, dass Aktien mit einem hohen KGV10 „teuer" sind. Schließlich ist auch der
  Kehrwert interessant, die Gewinnrendite EYD

- Bei der Burteilung einer Unternehmung stets die zwei Wachstumsmöglichkeiten hinterfragen: externes versus organisches Wachstum! Unternehmen, denen hohes organisches
  Wachstum zugebilligt wird — die Rate ist gleich der Differenz von Rendite und EYD —
  sind so positioniert, dass sie einen guten Rückenwind haben. Das erleichtert es, das
  Wachstumsziel zu erreichen.

- Eine Gleichung muss immer aufgehen — Die Gesamtrendite ist stets die Summe aus Dividendenrendite und Wachstumsrate!

3.3.3 Fragen und Aufgaben

1. Jemand legt ein Kapital von €100,000 mit 3% Zins an und möchte Zins und Kapital bei
   möglichst hohen, konstanten Entnahmen über 25 Jahre hinweg aufbrauchen. Wieviel
   kann der Berechtigte jährlich entnehmen (wenn Steuern unberücksichtigt bleiben)?

2. Wie werden üblicherweise Value-Stocks definiert, wie Glamour-Stocks?

3. Hängen KGV, KBV und ROI zusammen? Und wenn ja, wie?

4. Worin bestehen die Unterschiede zwischen Vergleichspreis und Wert?

5. Eine Unternehmung möchte wachsen und dazu die Marge erhöhen. Ein erster Plan lautet,
   sich stärker im Bereich einzuschränken und dadurch zu fokussieren. Ein zweiter Plan
   sieht vor, die Fertigungstiefe reduzieren. Führen beide Wege zu mehr Wachstum?

6. Als Finanzanalyst der Good Luck Bank sollen Sie den Sektor Chemie beobachten. Für eine Studie benötigen Sie das „mittlere" KGV der Branche. Sie möchten dazu den Median der Kurs-Gewinn-Verhältnisse der Unternehmungen bestimmen. Ermitteln Sie den Median mit Excel aus folgenden Daten:

Unternehmung	KGV
Akzo Nobel	12.57
BASF	13.57
Dow Chemicals	19.29
Du Pont	14.51
PPG Industries	16.09
Reliance Industries	19.07

3.3.4   Antworten und Lösungen

1. Für eine Faustformel würde man so vorgehen: Ohne Verzinsung könnten jährlich $100000 / 25 = 4000$ entnommen werden. Da sich das Kapital abbaut, hat es in der Mitte der Zeit etwa nur die halbe Höhe, vorher ist es mehr, nachher weniger. Diese Hälfte von €50.000 mit 3% verzinst gibt 1.500 Euro, die jährlich entnommen werden können. Insgesamt können 5.500 Euro jährlich entnommen werden. Eine Rechnung mit Excel zeigt, dass bei dieser Verzinsung und Entnahme das Kapital sogar 38 Jahre halten würde, doch zum Schluss geht der Wertzerfall schnell. Indessen gibt es auch explizite Formeln zur Beantwortung der Frage.

2. Value-Stocks haben ein geringes KBV, Glamour-Stocks ein hohes KBV.

3. ROI = KBV / KGV.

4. Der Vergleichspreis nimmt Bezug auf die gegenwärtigen Marktverhältnisse, der Wert auf die Situation, wie sie sich sehr langfristig entfalten dürfte, denn der Wert errechnet sich aus Erträgen, die einem Investor zukommen, der die Kapitalanlage für immer hält.

5. Es kommt darauf an welcher Plan zur Erhöhung der Ertragskraft der nach Umsetzung noch vorhandenen Vermögenspositionen führt.

6. Der Median ist 15,30 und kann über die Excel-Funktion *Median( )* ermittelt werden.

4. Konjunktur, Zinsen und Inflation

Wer eine Einzelunternehmung beurteilt, sollte das volkswirtschaftliche Umfeld nicht vergessen. Wir betrachten den Konjunkturzyklus und im Anschluss zwei volkswirtschaftliche Größen: die Währungsparitäten und die Inflation.

4.1 Der Konjunkturzyklus

4.1.1   Der Konjunkturzyklus gestern und heute

Uns ist bewusst, dass sich gute und schlechte Zeiten ablösen. In der Genesis (1. Buch Mose, Kapitel 41, 1-8) erfahren wir von dem Pharao, dem im Traum sieben fette wie sieben magere Kühe und Ähren erschienen waren. Moses interpretiert den Traum und sieht, dass auf sieben Jahre voller Fülle sieben Jahre der Hungersnot folgen werden.

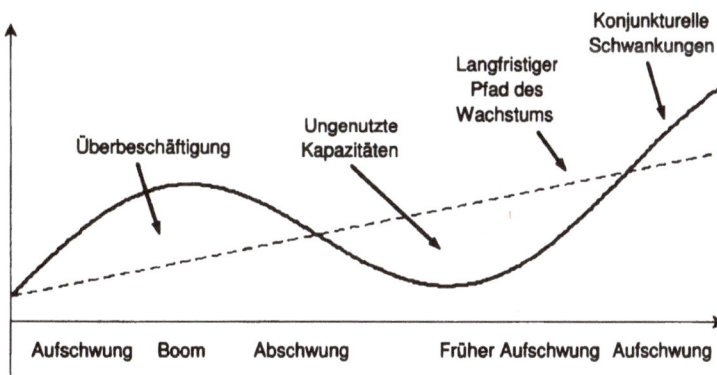

Bild 4-1: Phasen im stilisierten Konjunkturzyklus: 1. Früher Aufschwung, 2. Aufschwung als konjunkturelles Wachstum, 3. Boomphase (Überhitzung), 4. Abschwung / Kontraktion. Dann setzt das Tief (Trough) ein, die Rezession.

Der Pharao entscheidet, Vorsorge treffen zu lassen, Josef wird belohnt und erhält seine Freiheit. Der moderne Finanzanalyst sieht im Auf und Ab der Wirtschaft ein ebenso wiederkehrendes Grundmuster, wenngleich die Zykluslänge deutlich kürzer als 14 Jahre ist und es seit 1933 nicht mehr zur biblischen Symmetrie zwischen Auf und Ab kommt.

VICTOR ZARNOWITZ (1929-2009), der viele Jahre dem Business Cycle Dating Committee des National Bureau of Economic Research (NBER) angehörte, untersuchte in mehreren Arbeiten die Merkmale von Konjunkturzyklen und deren Veränderung über die Zeit.[1]

- In den USA dauert der typische Konjunkturzyklus — gemessen über den Zeitraum 1854 bis 1982 und jeweils von Tiefpunkt (Trough) zu Tiefpunkt — zwischen 4 und 5 Jahre. Die Dauer des gesamten Zyklus veränderte sich kaum über die letzten hundert Jahre. In Europa dauern Konjunkturzyklen eher etwas länger.

- Die Konjunkturzyklen sind heute von längeren Expansionsphasen und kürzeren Kontraktionen. Bis 1933 dauerten die beiden Phasen im Schnitt beinahe gleich lange. Nach 1933 war dagegen eine Verschiebung zu beobachten. Expansionsabschnitte wurden länger und Abschnitte der Kontraktion kürzer.

- Bis 1938 ereignen sich die wirtschaftlichen Wendepunkte in allen Ländern gleichzeitig. Von 1938 bis 1970 verliefen die Konjunkturzyklen nicht mehr synchron. Dies dürfte auf die Nachkriegszeit zurückzuführen sein, die in einzelnen Ländern mit einem besonders lang andauernden Aufschwung einherging. Seit 1970 zeigt sich wieder eine gleichläufige Entwicklung. Auch D. BACKUS und P. KEHOE (1992) finden, dass trotz der grossen internationalen Unterschiede der nationalen Geld- und Fiskalpolitik die Konjunkturverläufe erstaunlich übereinstimmen.[2]

Wie wird der Zyklus erzeugt? Volkswirtschaftliche Größen, wie Produktion, Beschäftigung, Zinssatz und Preise sind miteineinander verbunden — Konjunktur kommt vom lateinischen *coniungere* (vereinigen, verbinden) — und haben dabei zeitliche Verzögerungen. Dadurch entstehen zyklische Schwankungen der gesamtwirtschaftlichen Aktivität (Produktion, Kapazitätsauslastung, Inlandsprodukt, Konsum). In großen geschlossenen Volkswirtschaften werden die Konjunkturzyklen vermutlich durch Schwankungen bei den Ausgaben für dauerhafte Güter verursacht. Über die Importe übertragen sich diese Schwankungen auf andere Länder. Für kleinere und offene Volkswirtschaften sind die Exporte eine dominante Grösse für die Konjunktur. Die Ausprägung von Zyklen in solchen Ländern verschärft sich, wenn die landeseigenen, internen Zyklen mit jenen der großen Handelspartner zusammenfallen.

---

[1] 1. VICTOR ZARNOWITZ: Recent Work on Business Cycles in Historical Perspective: A Review of Theories and Evidence. JOURNAL OF ECONOMIC LITERATURE 23 (1985), 523-580. 2. VICTOR ZARNOWITZ: A guide to what is known about business cycles. BUSINESS ECONOMICS 25 (1990), 9-14. 3. VICTOR ZARNOWITZ: Theory and History Behind Business Cycles: Are the 1990s the Onset of a Golden Age? *Journal of Economic Perspectives* 13 (1999), 69-90.

[2] DAVID K. BACKUS and PATRICK J. KEHOE: International Evidence on the Historical Properties of Business Cycles. *American Economic Review* 82 (1992), 864-888.

Inflations-
erwartungen

Massnahmen
der Zentralbank

Rohstoffpreise

Produktion

Konsum
zyklischer
(dauerhafter)
Güter

Lager

Erweiterungs-
investitionen

Ersatzinve-
stitionen

Konsumenten-
stimmung

Katastrophen,
usw.

Beschäftigungs-
lage

Aktienmarkt-
niveau

Gewinne der
Unternehmen

Lohnsumme

Dividenden

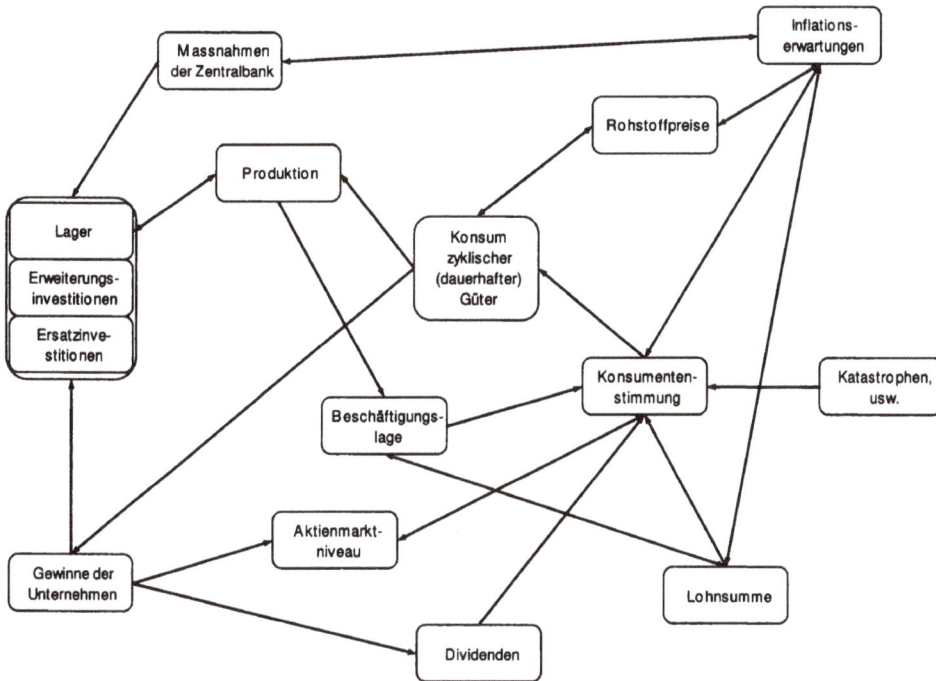

Bild 4-2: Zusammenhänge mit Zeitverzögerungen erzeugen Schwingungen der gesamten Wirtschaftsleistung.

Die Verbindungen zwischen einzelnen Volkswirtschaften kommen nicht nur durch den Export und Import von Gütern und Dienstleistungen zustande. Denn die internationalen Kapitalflüsse haben stark zugenommen und die zunehmende Integration der Kapitalmärkte bewirkt die Verstärkung der Synchronisation von Zyklen.

4.1.2 Leads und Lags

Die über die Zeit beobachteten Konjunkturzyklen unterscheiden sich etwas hinsichtlich ihrer Länge und stark hinsichtlich des Ausmasses. Über das vergangene Jahrhundert scheint eine Entwicklung zu *längeren Expansionsphasen* und *kürzeren Abschnitten der Kontraktionen* stattgefunden zu haben. J. M. KEYNES postulierte die Politik des Gegensteuerns: der Staat solle Aufträge erteilen, wenn die private Nachfrage einbricht. Die globale Finanz- und Wirtschaftskrise 2008 hat gezeigt, dass in die Regierungen in einer Krise durchaus bereit sind, Unternehmungen zu retten. In einer Rezession, die sich nicht zu einer Krise ausweitet, wird das Keynesiansiche Steuern und Gegensteuern heute zwar nicht mehr als Lösung angesehen, doch die Zentralbanken versuchen regelmäßig, Rezessionen mit einer Politik des leichten Geldes zu verkürzen. Mit der Politik des leichten Geldes sollen die Privaten dazu veranlasst werden, ihren Konsum nicht zu reduzieren und gleichzeitig sollen die Unternehmungen Investitionsgüter ordern. Doch die Wirkungen greifen nur zeitverzögert. Es gibt noch kein allgemein gültiges Rezept für die Feinsteuerung.

Leading	Roughly Coincident	Lagging
A: Investment in Fixed Capital and Inventories		
New building permits, Housing starts,	Production of business equipment	Backlog of capital appropriations
Residential fixed investment	Machinery and equipment sales	(manufacturing)
Net business formation		Business expenditures for new plant
New capital appropriations		and equipment
(manufacturing), Contracts and		Manufacturing and trade inventories
orders for plant and equipment		
Change in business inventories		
B: Consumption, Trade, Orders, and Deliveries		
New orders for consumer goods	Production of consumer goods	
and materials	Manufacturing and trade sales	
Change in unfilled orders		
(durable goods)		
Vendor performance		
(speed of deliveries)		
Index of consumer sentiment		
C: Employment, Production, and Income		
Average workweek, Overtime hours	Nonagricultural employment	Average duration of unemployment
(manufacturing)	Unemployment rate	Long-term unemployment
Accession rate, Layoff rate	GNP, Personal income	
(manufacturing)	Industrial production	
New unemployment insurance claims		
Productivity (output per hour)		
Rate of capacity utilization		
(manufacturing, materials)		
D: Prices, Costs, and Profits		
Bond prices, Stock prices		Unit labor costs
Sensitive materials prices		Labor share in national income
Price to unit labor cost (ratio)		
Profit margins		
Total corporate profits,		
Net cash flows		
E: Money, Credits, and Interest		
Monetary growth rates	Velocity of money	Short-term interest rates
Change in liquid assets		Bond yields
Change in consumer credit		Consumer credit outstanding
Total private borrowing		Commercial and industrial loans
Real money supply		outstanding

Bild 4-3: Vorlaufende, gleichlaufende und nachlaufende Konjunkturindikatoren. Quelle: ZARNOWITZ (1985).

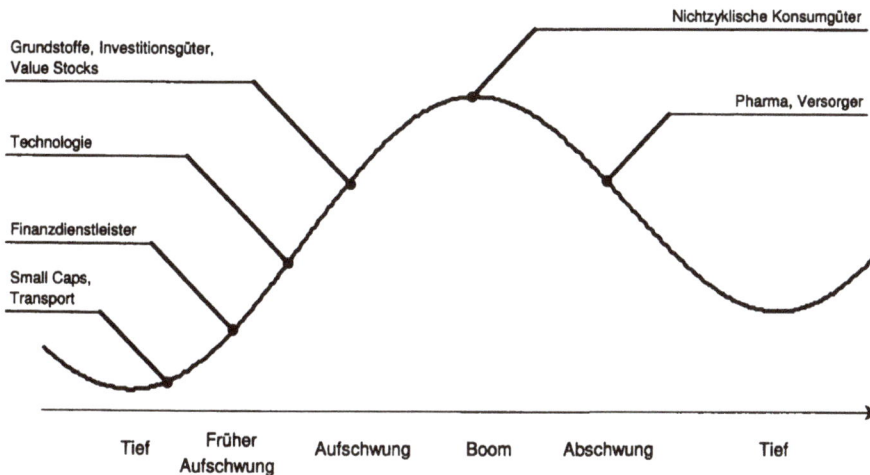

Bild 4-4: Phasenverschiebung zwischen Konjunktur und Aktien verschiedener Typen oder Branchen.

Die Analyse vergangener Konjunkturzyklen hilft jedoch, den „Mechanismus" zu verstehen. Trotz der Unterschiede in den einzelnen Zyklen wurden einige Gemeinsamkeiten identifiziert.

Eine Erkenntnis ist, dass nicht alle wirtschaftlichen Größen zum selben Zeitpunkt ihr Maximum (Peak) oder ihr Minimum (Trough) erreichen. So gibt es Größen, die ihr relatives Maximum im Zyklus erreichen, bevor die gesamtwirtschaftliche Leistung (BIP) ihr relatives Maximum erreicht. Ebenso gibt es Größen, die erst nach dem relativen Maximum von Produktion und Konsum ihren eigenen Maximalwert erreichen. Diese makroökonomischen Größen dienen als Indikatoren, und je nach Phasenverschiebung wird von Leading Indicators und von Lagging Indicators gesprochen. Daneben gibt es auch Indikatoren, die mit dem gesamtwirtschaftlichen Niveau von Produktion und Konsum synchron verlaufen. Diese Coinciding Indicators werden vom NBER dazu verwendet, die augenblickliche Phase zu bestimmen.[3]

- Bereits vor einem Abschwung reagieren Grössen, die frühe Investitionen beschreiben. Dazu gehören die Anzahl der Gründung neuer Firmen, der Auftragseingang für Maschinen und Ausrüstung, die Ausgabe von neuen Anleihen und die Kapitalerhöhung durch Ausgabe von Aktien. Früh im Aufschwung reagieren auch die Kurse von Aktien. Die Kurse von Unternehmensanleihen zeigen sogar eine noch frühere Reaktion als die Aktien.[4] Voranlaufend sind auch die Indikatoren der Konsumentenstimmung.

---

[3] Das NBER dokumentiert die Konjunkturzyklen der USA. Auf der Webseite von NBER (http://www.nber.org) sind die Zeiträume und Zeitpunkte aller Expansionsphasen, Kontraktionen, Peaks und Troughs seit 1854 abrufbar.

[4] Die Renditen der Festverzinslichen werden einmal als vorlaufend, einmal als nachlaufend angesehen. Beim vorlaufenden Indikator handelt es sich um die Kurse von Unternehmensanleihen. Sie steigen, wenn die Risikoprämien (Credit Spread) zurückgehen, weil Konkurse nach Ende der Rezession weniger wahrscheinlich sind. Beim nachlaufenden Indikator handelt es sich um die Renditen von Staatsanleihen. Sie steigen, wenn die Zinsen fallen.

- Des weiteren sind Margen und Unternehmensgewinne vorlaufende Indikatoren. Während einer Kontraktion sind Unternehmen dazu gezwungen, ihre Kostenstruktur anzupassen, es werden Entlassungen ausgesprochen und überall wird gespart.[5] Sind dann nach einiger Zeit die Kosten verringert, dürften Unternehmen bereits wieder Gewinne schreiben auch wenn sich die gesamtwirtschaftliche Lage noch nicht aufgehellt hat.

- Synchron mit dem Konjunkturzyklus verändern sich die industrielle Produktion, die Beschäftigung und das Volkseinkommen. Gleichlaufend mit der Konjunktur entwickeln sich auch die Produktion von Konsumgütern sowie der Verkauf von Maschinen.

- Die *Realisation* von Investitionen erfolgt noch lange nach einem konjunkturellen Hoch, weshalb diese Grösse tendenziell als *nachlaufender* Indikator eingestuft wird. In dieselbe Kategorie fallen Lagerbestände (nicht aber die Veränderung der Lagerbestände), Zinsen sowie von den Arbeitskosten abhängige Indikatoren.

4.1.3 Ausprägung der Zyklizität

Die Beschäftigung und die Fertigstellung (Output) von Investitionsgütern und von haltbaren Konsumgütern unterliegen verhältnismässig hohen Schwankungen. Die Schwankungen bei nicht dauerhaften Gütern sind deutlich geringer und noch kleineren Schwankungen sind (nicht lagerbare) Dienstleistungen unterworfen, die zumindest über kürzere und mildere Rezessionen hinweg einem relativ stabilen Wachstumspfad folgen.

Die Bestellungseingänge – in Branchen in denen auf Bestellung produziert wird – unterliegen beachtlichen Schwankungen. Die Fluktuation der Bestellungseingänge ist zudem höher als jene der Fertigung (Output). Dies führt zu einer prozyklischen Veränderung der durchschnittlichen Lieferzeit. Zwischen Bestellungseingang und dem Zeitpunkt des Verkaufs liegt der Abschnitt der Produktion. Die Produktion schwankt in vielen Sektoren stärker als die Verkäufe, was sich aus einem prozyklischen Lageraufbau (von Materialien und Halbfabrikaten) erklärt. Die in Bild 4-5 gezeigten Änderungsraten illustrieren die starken Schwankungen der Industrieproduktion im Vergleich zu jenen des Sozialprodukts. Bei den Verkäufen wurde festgestellt, dass jene der Hersteller stärker schwanken die im Großhandel. Die Verkäufe des Großhandels schwanken wiederum stärker als die im Einzelhandel. Die (aggregierten) Gewinne von Unternehmen schwanken ebenfalls beträchtlich. Einkommen aus unternehmerischer Tätigkeit unterliegen daher weitaus höheren konjunkturellen Abhängigkeiten und Schwankungen als alle anderen Arten von Einkommen in der Volkswirtschaft wie Löhne und Mieteinnahmen.

---

[5] Eine Anmerkung zur Arbeitslosenrate: Die obigen Indikatoren wurden anhand von US-Daten identifiziert. Der Arbeitsmarkt in den USA ist im Vergleich mit Europa äusserst flexibel. Lange Kündigungsfristen oder andere Rigiditäten auf dem Arbeitsmarkt können das Timing dieses Indikators daher stark beeinflussen.

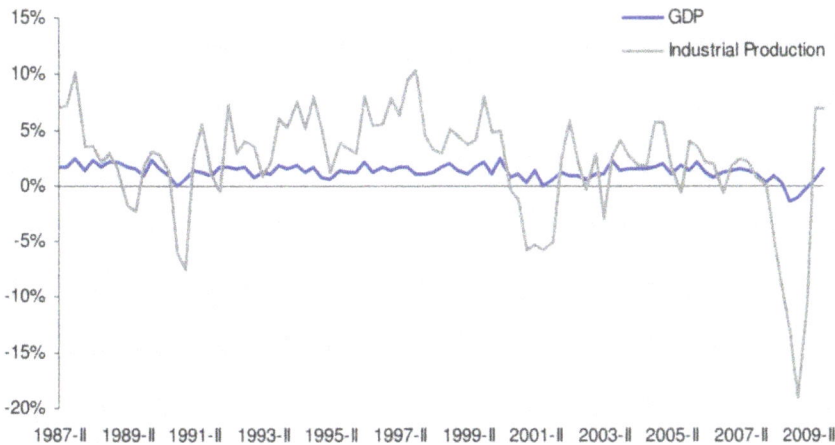

Bild 4-5: US-BIP und Industrieproduktion im Vergleich, gezeigt für jedes Quartal der letzten 24 Jahre anhand der prozentualen Veränderungen gegenüber dem Vorquartal.

Die kurzfristigen Zinsen sind prozyklisch — sie steigen im Aufschwung, sinken im Abschwung und sind in der Rezession im Tiefpunkt. Über einen Konjunkturzyklus hinweg zeigt das Zinsniveau grosse Abweichungen vom mittleren Zinssatz. Die langfristigen Zinssätze schwanken bereits weniger stark. Daraus ergibt sich, dass kurz vor konjunkturellen Höhepunkten die kurzfristigen Zinsen etwas höher liegen als die langfristigen (inverse Zinsstruktur). Vor gesamtwirtschaftlichen Tiefs sind die kurzfristigen Zinsen dagegen tiefer als die langfristigen Zinssätze (normale Zinsstruktur). Noch etwas anders verhalten sich die Renditen für Anleihen, da sie zu einem guten Teil durch Zinsänderungen getrieben werden. Steigt das Zinsniveau, gehen die Renditen zurück. Fällt das Zinsniveau, kommt es zu Kurssteigerungen und zu hohen Renditen bei den Anleihen.

4.2 Devisenkurse, Zinsen und Inflation

Zwar verlaufen mittlerweile die Konjunkturzyklen in den Währungsräumen fast synchron, weil die Wirtschaften durch Güter, Dienstleistungen und Kapitalströme verbunden sind. Dennoch gibt es Unterschiede in den Zinssätzen, auch in Inflationsraten, und folglich auch in den Währungsparitäten. Sie werden in der Volkswirtschaftslehre und in der International Finance behandelt. Dieses große Gebiet können wir nicht behandeln. Dennoch sollen, ausgesprochen selektiv, zwei Punkte herausgegriffen werden, die in der Finanzanalyse beziehungsweise im Research besonders oft angesprochen werden: Die Währungsparitäten und die Inflation, bei der wir insbesondere der Frage nachgehen, ob Aktien als Inflationsschutz taugen.

4.2.1 Währungsparitäten

Die großen börsennotierten Unternehmungen wie VW, Siemens, Holcim oder ABB sind international verflochten. Einzelteile für die Produktion werden an verschiedenen Standorten auf der Welt hergestellt, in wiederum anderen Ländern zu Komponenten zusammengeführt und schließlich als Produkte in der ganzen Welt vertrieben und in den Absatzländern mit Services verbunden. Die Zahlungsströme beziehen sich auf verschiedenste Währungen und Wirtschaftsräume, was den Finanzanalysten zu besonderen Fragestellungen führt. Bilanz und Erfolgsrechung werden in einer bestimmten Währung präsentiert (bei ABB mit Sitz in der Schweiz ist das der USD). Zahlen von ausländischen Tochtergesellschaften müssen umgerechnet werden. In Analyseberichten werden dann Währungseffekte erwähnt, die das Ergebnis beeinflusst haben können. Zur Bewertung müssen die künftigen Gewinne oder, parallel dazu, die Cashflows prognostiziert werden. Es stellt sich so die Frage, wie sich die mehrere Jahre in der Zukunft liegenden Währungsparitäten einstellen werden. Änderungen der Währungsparitäten können zudem die Konkurrenzfähigkeit der in einem bestimmten Land oder Währungsraum hergestellten Güter und Dienstleistungen beeinträchtigen (oder auch begünstigen). Viele Unternehmen haben daher Strategien entwickelt, wie sie die Effekte von Schwankungen der Währungsparitäten besser kontrollieren können.[6]

Devisenkurse, Zinssätze und Inflation sind miteinander verknüpft. Die Kenntnis dieser theoretisch begründeten und teilweise auch empirisch belegten Zusammenhänge sollte den Finanzanalysten unterstützen. Die Verknüpfungen zwischen den genannten Größen werden als bezeichnet. Es sind dies die Zinsparität, die Erwartungstheorie der Devisenkurse, die Kaufkraftparität, der Fisher-Effekt und der internationale Fisher-Effekt. Bild 4-6 illustriert die Zusammenhänge, die sie vermitteln.

> Der nach IRVING FISHER (1867-1947) benannte Fisher-Effekt unterstellt einen Zusammenhang zwischen *Inflationsunterschieden* zwischen zwei Ländern und den *Zinsdifferenzen*. Das Postulat beginnt mit der Definition, dass der nominale Zinssatz gleich dem realen Zinssatz plus der Inflationsrate ist. Gemeint ist die erwartete Inflation, die zu Beginn der Periode, für die der Zins gilt, durch Experten geäußert wird. Das Postulat von FISHER ist, dass die realen Zinssätze in allen Ländern dieselben sein sollten, zum Beispiel 3%. Folglich entsprechen die Unterschiede der nominalen Zinssätze zwischen zwei Ländern den Unterschieden in den Inflationsraten.

Der Fisher-Effekt beschreibt einigermaßen die Realität, besonders für längere Fristen. Auch wenn immer wieder Abweichungen zu beobachten sind, konnte er nicht statistisch widerlegt werden.[7]

---

[6] GEORGE ALLAYANNIS, JANE IHRIG und JAMES P. WESTON: Exchange-Rate Hedging: Financial versus Operational Strategies. *American Economic Review* 91 (2001), 391-395.

[7] 1. G. THOMAS WOODWARD: Evidence of the Fisher Effect From U.K. Indexed Bonds. *Review of Economics and Statistics* 74 (1992), 315-320. 2. ZISIMOS KOUSTAS und APOSTOLOS SERLETIS: On the Fisher effect. *Journal of Monetary Economics* 44 (1999), 105-130. 3. YASSER A.F. FAHMY und MAGDA KANDIL: The Fisher effect: new evidence and implications. *International Review of Economics and Finance* 12 (2003), 451-465. 4. FRANCIS E. LAATSCH und DANIEL P. KLEIN: Nominal rates, real rates, and expected inflation: Results from a study of U.S. Treasury Inflation-Protected Securities. *Quarterly Review of Economics and Finance* 43 (2003), 405-417.

Zinsunterschied

$$\frac{1+i_h}{1+i_f}$$

Fisher-Effekt

Inflationsunterschied

$$\frac{1+inf_h}{1+inf_f}$$

Zins-parität

Internationaler
Fisher-Effekt

Kaufkraft-parität

Forward und Spotrate

$$\frac{k_0}{s_0}$$

Erwartungstheorie
der Devisenkurse

Erwartete künftige
Spotrate und heutige
Spotrate

$$\frac{E\left[\tilde{s}_1\right]}{s_0}$$

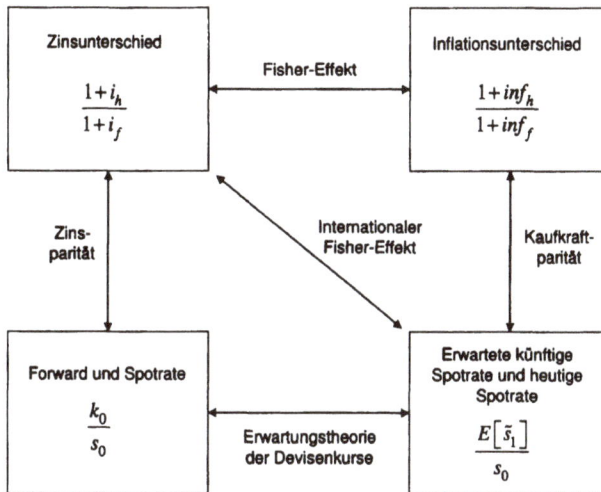

Bild 4-6: Paritäten.

Allerdings sind in einigen Währungsgebieten die nominalen Zinssätze hoch, nicht weil es dort notorisch Inflation gibt, sondern weil vielleicht die Zentralbank schon beim ersten Anzeichen der Möglichkeit einer Überhitzung die Wirtschaft dämpft. Ebenso gibt es Länder, die Zinsinseln darstellen, weil aufgrund von Stabilität und Sicherheit immer mehr Geld aus Nachbarländern dorthin fliesst — ungeachtet der Inflationsrate. Wenn sich die erwartete Inflation ändert, sollten sich jedenfalls nach dem Fisher-Effekt auch die nominalen Zinssätze ändern.

Die Inflationsrate bringt uns zur Diskussion der Kaufkraftparität (Purchasing Power Parity, PPP), oft veranschaulicht durch den Big-Mac-Index, den der Economist publiziert.[8] Die Kaufkraftparität wurde in einer starken und in einer schwachen Version formuliert.

- Die starke Form der PPP besagt, dass es zwischen den Ländern keine Preisunterschiede für Güter gibt. Nach Umrechnung *mit der Währungsparität* kostet ein Mikrochip in den USA gleich viel wie in Deutschland oder in Singapur. IKEA, verkauft ungeachtet lokaler Bedingungen Möbel und Teppiche nach diesem Prinzip in allen Ländern der Welt. Das Prinzip sollte deshalb auch für Industrieanlagen gelten, egal wo sie das Konsortium errichtet, und selbstverständlich für Übernachtungen und das Abendessen im Hilton.

- Die schwache Form der PPP postuliert, dass es vielleicht doch gewisse Preisunterschiede gibt. Eine Lagerhalle kann in Bayreuth einen anderen Preis haben als in Kaohsiung. Indessen sollten sich die Preise der Lagerhalle in Bayreuth und in Kaohsiung nach einem Gesetz weiterentwickeln. Die in Bayreuth nach der Inflationsrate in Deutschland, die in Kaohsiung nach der Inflationsrate in Taiwan.

---

[8] Der Big-Mac-Index gibt an, wie viel ein Hamburger der Sorte Big Mac in verschiedenen Ländern der Welt kostet, wenn der lokale Preis nach der Währungsparität in USD umgerechnet wird. So kostet ein Big Mac in der Schweiz beispielsweise 5,98 Dollar, in den USA 3,57 und in Singapur 2,88 Dollar.

Die starke Form der PPP lässt sich nur für ganz gewisse Güter bestätigen. In der schwachen Form gilt die PPP ziemlich genau, wenn gleich es immer wieder zu Abweichungen kommt, die dann nach einiger Zeit wieder ausgeglichen sind. Dafür wurden sogar Halbwertszeiten bestimmt. Ein makrokonomisches Modell von BALASSA und SAMUELSON (1964) erklärt zudem, warum beispielsweise Dienstleistungen (Arbeit, Honorare, Gasthausbesuch) in „reicheren" Ländern andere Preise haben als in „ärmeren" Ländern. Der Balassa-Samuelson-Effekt betrachtet zunächst den Industriebereich, der weltweit gehandelte Güter herstellt. Hier ist der Wettbewerb stark und der Druck zu Kostensenkungen und Innovation hoch. Es kommt zu Steigungen der Produktivität in einzelnen Ländern (Software in den USA, Autos in Deutschland), die auch zu Lohnsteigerungen führt. Die höheren Löhne strahlen auf den Dienstleistungsbereich (Reinigung, Restaurant) in jenen Ländern aus, der weniger international kompetitiv ist. Auch dort kommt es erst zu Lohnerhöhungen und dann zu Preissteigerungen bei den Dienstleistungen. Obwohl sich die Produktivität für Dienstleistungen etwa zwischen Deutschland und der Türkei letztlich nicht so stark unterscheidet, sind Dienstleitungen in Deutschland wesentlich teurer als in der Türkei, weil die Produktivität der Autoherstellung in Deutschland höher ist als die in der Türkei.

Länder, die generell ärmer sind oder sich auf einer frühen Stufe der Aufwärtsentwicklung stehen, wie beispielsweise China, haben überwiegend Preise, die über weite Bereiche niedriger sind als die Europas oder der USA. Finanzanalysten weisen darauf hin, dass die Umrechnung von Wirtschaftsleistungen nach der Währungsparität kein korrektes Bild über der Realität vermittelt. Sie schlagen vor, die Wirtschaftsleistung den Kaufkraftparitäten entsprechend zu übersetzen.

> Beispielsweise beträgt der Anteil Asiens (einschließlich China und Japan) am Welt GDP für 2010, wenn nach den Währungsparitäten umgerechnet wird 27%. Doch der Anteil beträgt 35%, wenn die Beträge Amerikas, Europas und Asiens nach den Kaufkraftparitäten zusammen geführt werden.[9]

4.2.2   Der internationale Fisher-Effekt

Werfen wir noch einen Blick auf den internationalen Fisher-Effekt, der in Abbildung 4-6 in der Diagonalen von links oben nach rechts unten eingezeichnet ist. Er ist eine Kombination von Fisher-Effekt und Kaufkraftparität.

> Der Internationale Fisher-Effekt besagt, dass die für die Zukunft erwartete Währungsparität durch die Zinsunterschiede bestimmt ist.

Der Internationale Fisher-Effekt hat Bedeutung für die Analyse von Portfolios aus Fremdwährungsanleihen. Private Anleger spielen oft mit dem Gedanken, in Fremdwährungsanleihen anzulegen, wenn diese eine höhere Rendite versprechen. Nach dem Internationalen Fisher-Effekt entsprechen jedoch die nominalen Zinsunterschiede genau der zu erwartenden Änderung der Wäh-

---

[9] Die Marktkapitalisierungen der börsennotierten Firmen in den drei Weltregionen sind 2010 33% (Amerika), 27% (Europa) und 34% (Asien), siehe *The Economist* vom 27.02.10, p. 71.

rungsparitäten. Mit anderen Worten: Wenn in der heimischen Währung die Zinsen geringer (höher) sind als die Zinsen in einem Fremdwährungsgebiet, ist mit einer Abwertung (Aufwertung) der Fremdwährung zu rechnen.

> Folglich kann nicht erwartet werden, durch Anlagen in Fremdwährungen zu gewinnen — Zinsunterschiede entsprechen genau den erwarteten Veränderungen der Währungsparitäten.

Natürlich gibt es noch Unsicherheiten, weil die Ab- oder Aufwertungen nicht genauso eintreten werden, wie sie zu erwarten sind. Deshalb können Anleger in Fremdwährungsanleihen *Glück* haben, weil die nach dem Internationalen Fisher-Effekt zu erwartende Abwertung der Fremdwährung vielleicht (noch) nicht eingetreten ist. Ebenso gibt es Anleger, die das *Pech* haben, dass eine Abwertung früher oder über das vom Fisher-Effekt prognostizierte Maß eintritt. Trotz des Internationalen Fisher-Effekts kann sich eine Anlage in Fremdwährungsanleihen lohnen, und zwar aus drei Gründen. Sie sind überschrieben mit Steuer, Diversifikation, Zentralbank:

1. Steuer: Anleger, die in Währungsgebieten mit hohen Zinsen leben, und die ihre Zinseinkünfte *versteuern*, sollten Anleihen aus „stabilen Währungsgebieten" (geringe Inflation, geringer Zins) wählen. Sie haben einen geringeren Zins (Steuerbelastung), und als Ausgleich können sie Währungsaufwertungen erwarten. Nicht zuletzt aus diesen Gründen haben Anleger bei ihren Bondportfolios stets den Schweizerfranken und den Yen stärker berücksichtigt.

2. Risiko und Diversifikation: Bond-Investoren tragen auch Zinsrisiken, weil sich überraschende Änderungen der Zinssätze in Kursänderungen niederschlagen[10].

3. Prognosen der Entscheidungen der Zentralbank: Wer Fremdwährungsanleihen hält, könnte darauf spekulieren, dass sich die Änderung der Währungsparitäten anders realisieren wird, als vom Internationalen Fisher-Effekt prognostiziert wird. Attraktiv sind Währungsgebiete, in denen augenblicklich eine *im langjährigen Vergleich hohe Inflationsrate* besteht oder zu kommen droht und in denen *die Zentralbank die Inflation mit hohem Zinsniveau bekämpft*.[11]

---

[10] 1. H. LEVY und M. SARNAT: International diversification of investment portfolios. *American Economic Review* 60 (1970) 4, 668-675. 2. H. LEVY und M. SARNAT: Devaluation risk and the portfolio analysis of international investment; in E. J. ELTON und M. J. GRUBER (eds.): *International capital markets*. North-Holland Publishing Company, Amsterdam 1975, 177-206. 3. KLAUS SPREMANN und PASCAL GANTENBEIN: *Zinsen, Anleihen, Kredite*, 4. Auflage, Oldenbourg Verlag, München 2009, Kapitel 4.

[11] 1. CHARLES ENGEL: The Forward Discount Anomaly and the Risk Premium: A Survey of Recent Evidence. *Journal of Empirical Finance* 3 (1996), pp. 123-192. 2. JOHN H. COCHRANE (University of Chicago) bemerkt in seinem Arbeitspaper *New Facts in Finance* vom Juni 1999: "I emphasize that the puzzle does *not* say that one earns more by holding bonds from countries with higher interest rates than others. Average inflation, depreciation, and interest rate differentials line up as they should. The puzzle *does* say that one earns more by holding bonds from countries whose interest rates are *higher than usual* relative to U.S. interest rates (and vice versa)."

Wer auf Verletzungen der Aussage des Internationalen-Fisher-Effektes hin spekulieren
möchte, sollte nicht darauf achten, in welchen Ländern es üblicherweise hohe Nominalzinsen gibt. Man sollte die einzelnen Währungsgebiete dahingehend prüfen, ob für die
dortigen Verhältnisse die Nominalzinsen *derzeit* unüblich hoch sind.

4.2.3   Aktienrenditen und Inflation

Inflation behindert das Wirtschaftsgeschehen, vor allem weil es die Preise in einen Nebel taucht.
Niemand kann Preise vergleichen. Bei einigen heißt es, sie seien gerade erhöht worden, während
die der Konkurrenz wohl auch in Kürze steigen würden. Inflation nimmt der Wirtschaft die Effizienz der Allokation, Berechenbarkeit (und dadurch auch Gerechtigkeit). Die Zentralbanken sind
daher bemüht, Inflation erst gar nicht aufkommen zu lassen. Dabei gibt es verschiedene Effekte,
weshalb eine Teuerungsrate von bis zu 2% als unschädlich angesehen wird. Bei einer höheren Inflationsrate versuchen die statistischen Ämter in einigen Ländern noch, die Wahrheit zu beschö-
nigen. Es wird dann die Inflation für Güter mit Ausnahme von Importen (Öl) betrachtet oder eine
Inflation für „Kerngüter" eventuell ohne Mieten berechnet. Gelegentlich diskutiert und immer
wieder verworfen: Wenn die Preise für Assets (Aktien, Anleihen) steigen, dann wird dies nicht in
der Teuerungsrate berücksichtigt.

Über die Inflation einer beginnenden Periode orientieren die Wirtschaftsinstitute. Ihre Schätzungen sind eigentlich treffend, doch dann und wann setzt überraschende, unerwartete Inflation ein.
Die unerwartete Inflation kann nicht durch die Paritäten erklärt werden, doch wirkt sie sich nach
ihrem Eintritt dahingehend aus, dass sich die anderen volkswirtschaftlichen Grössen ändern, so
beispielsweise die Währungsparität.

Viele Anleger denken, dass sich Aktien gut als Absicherung gegen Inflationsrisiken eignen sollten, weil sie „Substanzwerte" und nicht nur „Papierwerte" darstellen. Richtig ist, dass Unternehmen meistens in der Lage sind, eine höhere Inflation über Preiserhöhungen an die Konsumenten
weitergeben zu können.

E.F. FAMA und G.W. SCHWERT (1977) führten eine empirische Untersuchung für verschiedene
Assetklassen durch, darunter auch Aktien, um die Eignung hinsichtlich Inflationsschutz herauszu-
finden.[12] Mit Hilfe der Zinssätze von kurzfristigen Staatspapieren (und dem Fisher-Effekt) kann
die Inflationsrate in einen erwarteten Teil und einen unerwarteten Teil zerlegt werden. Wenn wir
der Annahme folgen, wonach der nominale Zinssatz der Summe aus einem (konstanten) realen
Zinssatz und der erwarteten Inflationsrate entspricht, dann kann der nominale Zinssatz kurzfristiger Staatsanleihen (z.B. Treasury Bills in den USA) als Näherung (Proxy) für die erwartete Inflationsrate verwendet werden. Der nominale Zinssatz kann auch dann als Proxy für die Inflationsrate dienen, wenn der reale Zinssatz nicht konstant ist. In diesem Fall müssen für die Test jedoch

---

[12] EUGENE F. FAMA und G. WILLIAM SCHWERT: Asset returns and inflation. *Journal of Financial Economics* 5
(1977), 115-146.

die Veränderungen des realen Zinssatzes und Veränderungen der Inflationsrate unabhängig voneinander sein.

Dabei bezieht sich die Rate der erwarteten Inflation auf die Laufzeit der Staatspapiere, also beispielsweise auf 1, 3 oder 6 Monate. Die erwartete Inflation wird zu Beginn der Periode gemessen. Das Ausmass der unerwarteten Inflation kann am Ende einer Periode als Differenz $\Delta_t = C_t - B_t$ aus der realisierten Inflation C_t und der erwarteten Inflation B_t ermittelt werden. Die realisierte Inflation wird anhand des Konsumentenpreisindex und die erwartete Inflation anhand des Zinssatzes für kurzfristige Staatsanleihen gemessen. FAMA und SCHWERT rechnen Regressionen der Form (4-1), um den Zusammenhang zwischen Inflation und Rendite verschiedener Instrumente zu ermitteln:

$$(4\text{-}1) \qquad r_{j,t} = a_j + b_j \cdot B_t + c_j \cdot \Delta_t + \varepsilon_{j,t}$$

Die Renditen $r_{j,t}$ einer Kapitalanlage j werden durch eine Konstante a_j und zwei Faktoren erklärt. Die beiden Faktoren sind die zu Beginn der Periode erwartete Inflation B_t und die zu Ende der Periode ermittelte unerwartete Inflation Δ_t. Hinzu kommt $\varepsilon_{j,t}$ als Fehler.

Die mit der Regression geschätzten Koeffizienten b_j und c_j geben Auskunft über das Exposure gegenüber erwarteter und unerwarteter Inflation.

- Ein b_j von ungefähr 1 zeigt: Das Anlageinstrument bietet einen guten Schutz gegenüber erwarteter Inflation. Eine Sensitivität von 1 deutet auf einen engen Zusammenhang zwischen der Rendite und der erwarteten Inflation hin. Die Rendite ist hoch in Zeiten mit hoher erwarteter Inflation und tief in Zeiten mit Tiefer erwarteter Inflation.

- Ähnlich verhält es sich mit c_j. Ist c_j ungefähr 1, so schützt die Kapitalanlage gut gegen unerwartete Inflation. Die Rendite der Kapitalanlage wäre dann hoch in Zeiten mit hoher unerwarteter Inflation und tief in Zeiten mit tiefer unerwarteter Inflation.

Die Resultate zeichnen folgendes Bild:

Gegen die monatliche erwartete Inflation schützen kurzfristige Staatsanleihen, Staatsanleihen im Allgemeinen sowie Wohnimmobilien recht gut.

Etwas weniger gut schützt Humankapital, gemessen an der Veränderung der Löhne.

Schlecht sind Aktien, da sie einen stark negativen Zusammenhang mit der erwarteten Inflation aufweisen. Bei der unerwarteten Inflation sieht das Bild etwas anders. Hier zeigen einzig Wohnimmobilien Schutzwirkung, während alle anderen untersuchten Asset Klassen keinen signifikanten Zusammenhang mit der unerwarteten Inflation aufweisen.

Die Ergebnisse ändern sich auch nur geringfügig, wenn die Analysen auf Basis von Quartalsdaten oder halbjährlichen Grössen durchgeführt werden. Mehrere Untersuchungen bestätigen den *schlechten* Schutz, den Aktien nach FAMA und SCHWERT gegenüber der Inflation bieten.[13]

J. BOUDOUKH, M. RICHARDSON und R.F. WHITELAW (1994) erweitern die bisherigen Arbeiten in zweierlei Hinsicht.[14] 1. Sie stellen auf längerfristige (jährliche) Inflationsraten ab. 2. Sie untersuchen einzelne Branchen und nicht den Aktienmarkt als gesamtes.

> Ihre Resultate zeigen einen mehrheitlich positiven Zusammenhang zwischen *erwarteter* Inflation und Aktienrenditen. Der positive Zusammenhang ist bei wenig zyklischen Industrien besonders deutlich. Aktien von konjunkturresistenten Unternehmen eignen sich demnach besser zur Absicherung gegenüber (erwarteter) Inflation als Aktien von konjunktursensitiven Unternehmen.

Weshalb Aktienrenditen eher negativ mit der Inflation zusammenhängen, ist noch immer Gegenstand von Untersuchungen.

4.3 Ergänzungen und Fragen

4.3.1 Sollte eine Unternehmung überhaupt hedgen?

Finanzanalysten sollen vielfach beurteilen, wie eine Unternehmung mit dem Währungsrisiko umgeht. Wir betrachten fünf Argumente:

- Immer hedgen: Kleinere Privatanleger haben oft den Euro als klare Referenzwährung und wünschen, dass die Unternehmung, deren Aktien sie halten, jede Dollarposition, die sie eingeht, sofort absichert. Einige Publikumsaktiengesellschaften folgen diesem Wunsch: Woche für Woche wird der Saldo neuer Positionen gebildet und mit Termingeschäften abgesichert. Das ist jedoch auch teuer, schon wegen der Transaktionskosten.

- Nie hedgen: Andere Aktionäre (deren Referenzwährung ebenso der Euro ist) sind hingegen bereit, ein gewisses Währungsrisiko zu tragen. Sie wissen, dass der Dollar gegenüber dem Euro mal steigt und mal fällt und sie denken, dass es sich langfristig ohnehin ausgleichen wird. Diese Aktionäre möchten die Transaktionskosten sparen und bevorzugen, dass das Währungsrisiko nicht abgesichert wird.

---

[13] 1. ZVIE BODIE: Common Stocks as a Hedge against Inflation. *Journal of Finance* 31 (1976), 459-470. 2. GAUTAM KAUL: Stock returns and inflation: The role of the monetary sector. *Journal of Financial Economics* 18 (1987), 253-276. 3. DAVID MARSHALL: Inflation and Asset Returns in a Monetary Economy. *Journal of Finance* 47 (1992), 1315-1342.

[14] JACOB BOUDOUKH, MATTHEW RICHARDSON und ROBERT F. WHITELAW: Industry Returns and the Fisher Effect. *Journal of Finance* 49 (1994), 1595-1615.

- Es liegt kein Risiko vor: Dann gibt es schließlich Aktionäre, meist sind es Großaktionäre, die sich zwar bei einer in Euro abrechnenden Unternehmung beteiligt haben, deren Referenzwährung der Dollar ist. Diese Großaktionäre möchten daher aufgrund ihrer eigenen Finanzsituation, dass die Unternehmung Dollarpositionen nicht als „riskant" betrachtet.

- Immer stabilisieren: Sodann ist die Position der Unternehmung selbst zu sehen. Das Management bevorzugt aus vielerlei Gründen eine stabilisierte Finanzsituation. Es möchte nicht, dass aufgrund von Währungspositionen, die sich in einem Jahr unerwartet schlecht entwickeln, Nachteile haben. Die Nachteile können beispielsweise darin bestehen, dass Investitionsopportunitäten auf einmal nicht ergriffen werden können, nur weil sich, in Euro ausgedrückt, das Ergebnis verschlechtert hat.

- Strategisch hedgen: Schließlich kann die Entscheidung, ob abgesichert wird oder nicht, die strategische Position der Unternehmung verändern. Damit ist die Position im Produktmarkt gegenüber Konkurrenten gemeint. Ein Beispiel: Ein Produzent sichert erwartete Dollareinnahmen ab, doch der Dollar steigt. Zwar ist seine Lage stabilisiert. Doch Konkurrenten sichern nicht ab und können die hohen, in Euro getauschten Dollareinnahmen dazu verwenden, ihren Abnehmern Preiszugeständnisse zu machen.[15]

4.3.2   Ursache und Wirkung

Finanzanalysten, die das Geschehen an den Kapitalmärkten kommentieren, neigen dazu, im Rückblick immer „passende Erklärungen" zu finden. Wer ihre Berichte aufnimmt könnte denken, ihnen sei auch zu Beginn bereits alles klar gewesen, nur habe ihnen seinerzeit niemand Gehör geschenkt. Von Finanzmaklern werden immer wieder „Modelle" angepriesen, die aufgrund des Blicks zurück konzipiert wurden und mit historischen Daten kalibriert wurden. Es heißt dann, dass der propagierte Ansatz „zumindest was die historischen Renditen betrifft" auch in Zukunft zu überragenden Ergebnissen führen sollte. Der Forscher ist also versucht, sein Erklärungsmodell anhand der historischen Daten oder der Stichprobe (*in the sample*) in der Rückblende so anpassen und auszubauen, dass am Ende alle aufgetretenen Beobachtungen und Daten genau beschrieben sind. Wird das so angepasste Modell jedoch auf die Zukunft oder ein anderes Marktsegment (*out of sample*) angewendet, versagt es meist kläglich.[16]

---

[15] 1. KLAUS SPREMANN: *Finance*, 4. Auflage. Oldenbourg Verlag, München 2010, Kapitel 9. 2. JEROMY C. STEIN, KENNETH FROOT und DAVID SCHARFSTEIN: A Framework for Risk Management. *Harvard Business Review* 72 (1994), 91-102.

[16] EUGENE F. FAMA meinte in einem Interview, er hätte als junger Student für seinen Professor an der University of Chicago immer wieder „Modelle für erfolgreiche Börsentaktik" mit historischen Kursdaten durchrechnen müssen. Die Modelle hätten in der Vergangenheit stets Hervorragendes geleistet und insofern „gut funktioniert". Wenn man sie dann jedoch am Finanzmarkt für das kommende Jahr eingesetzt hat, so war bald das ganze Geld weg. Ein zweiter Test, nach dem Schritt der Kalibrierung, mit neuen (historischen) Daten hätte die Verletzung der Homomorphie offenbart. Siehe auch WILLIAM STARBUCK: Why I Stopped Trying to Understand the Real World. *Organisational Studies* 25 (2004), 1233-1254.

Hinsichtlich der Wirkungszusammenhänge drängt sich die Frage auf, was *Ursache* und was *Wirkung* ist und was unter *Kausalität* zu verstehen ist. Diese Frage stellt sich immer dann, wenn versucht wird, eine gefundene Korrelation als Kausalität zu deuten. So mancher Zusammenhang erweist sich als eine Spurious Correlation: Die beiden betrachteten Variablen sind nicht kausal verbunden, sondern sie sind beide die Folge einer dritten, unsichtbaren und bislang nicht einbezogenen Variablen. Das Modell ist dann zu partiell. Jeder kennt das Beispiel mit den hohen Geburtenraten im Frühjahr und dem Klappern der Störche. Wenn ein korrelativer oder ein funktionaler Zusammenhang zwischen zwei Größen festgestellt wurde, wird für das bessere Verständnis gefragt, welche Größe die Ursache und welche die Wirkung ist. Was unter Kausalität zu verstehen ist, wird in der Wissenschaftstheorie geklärt, einem Teilgebiet der Philosophie.

Heute wird das *Konzept der kontrafaktischen Implikation* des amerikanischen Philosophen DAVID K. LEWIS (1941-2001) favorisiert. LEWIS beobachtet, dass wir in unserer Sprache und Argumentation oft von *Kontrafaktualen* ausgehen, also von Ereignissen, die auch anders hätten eintreten können (was dann aber letztlich nicht geschehen ist). Beispielsweise sagt der Analyst: „Wenn, wie damals allgemein angenommen wurde, die Zentralbank die Zinsen nicht erhöht hätte (was sich dann aber eben nicht so bewahrheitet hat), dann wäre es so gekommen, wie ich es seinerzeit prognostiziert hatte."

> Die Ausgangsbedingung in dieser Aussage wird als Kontrafaktual bezeichnet, weil sie mit einem Ereignis beginnt, das nicht eingetreten ist.

Finanzanalysten verwenden Kontrafaktuale, um Kausalitäten auszudrücken.

- Sie sagen beispielsweise *nicht*: „Bei Wirtschaftswachstum steigen die Rohstoffpreise," und zwar tun sie das vermutlich aus zwei Gründen nicht: Erstens klingt die Aussage zu bedingungslos und lädt zu Angriffen ein. Zweitens gab es vielleicht kein Wirtschaftswachstum, weshalb die Aussage an eine Bedingung anknüpft, die nicht den Tatsachen entspricht und bei Zuhörern abstrakt erscheint.

- Statt dessen sagen die Analysten: „Wenn die Weltwirtschaft 2008 nicht in eine Krise geraten wäre, dann hätten sich die Rohstoffpreise weiter entwickelt." Hiermit wird dieselbe Ursache-Wirkungs-Beziehung ausgedrückt.

> LEWIS definiert: Das Ereignis A verursacht ein Ereignis B dann, sofern gilt: Wenn A nicht eingetreten wäre, dann wäre auch B nicht eingetreten. Meistens ist A ein „schlechtes" Ereignis und B ein „abträgliches" Ereignis. Um eine Kausalbeziehung auszudrücken, wird daher dies postuliert: „Wenn nicht das schlechte Ereignis A eingetreten wäre, dann hätten wir heute nicht die abträgliche Situation B."

Der Kausalitätsbegriff der Ökonometrie und der Kapitalmarktforschung wird gegenüber dem dargestellten Kausalitätsbegriff der Philosophie eingeschränkt. Dazu wird die *zeitliche* Ordnung der Variablen in den Vordergrund gerückt. Die Pionierleistung ist dem britischen Wirtschaftswissenschaftler CLIVE W. J. GRANGER (*1934) gelungen, der 2003 mit dem Nobelpreis ausgezeichnet und 2005 zum Ritter geschlagen wurde.[17]

> GRANGER postuliert, dass grundsätzlich *die Vergangenheit die Zukunft bestimmt* und nicht umgekehrt: Eine Variable X ist für Y (nach GRANGER) kausal, sofern bei einer gegebenen Information über X bis zum Zeitpunkt $t-1$ die Variable Y zum Zeitpunkt t besser prognostiziert werden kann, als ohne den Einbezug der Variable X.

4.3.3 Drei Rezepte für die Arbeit

- Identifiziere laufen die aktuelle Phase! Wie ein Tachometer beim Autofahren beobachtet wird, so beobachtet der Finanzanalyst laufend I(Indikatoren, anhand derer die aktuelle Phase des Konjunkturzyklus eingeschätzt werden kann. Die Identifikation der Phase gestattet einige Schlussfolgerungen, insbesondere über die Attraktivität von Assetklassen in den kommenden zwei Jahren.

- Anstehende Änderungen aufgrund der Paritäten! Die Paritäten haben teils eine langfristige Gültigkeit, weshalb sie, solange noch keine Adjustierung erfolgte, Potentiale für anstehende Änderungen zeigen. Wo sind derzeit die „Berge", die irgendwann von ungebremsten Wildbächen fortgerissen werden?

- Werde der Logik der Formulierung der Arbeitsergebnisse bewusst! Jeder Analyst formuliert Aussagen. Selten haben sie die unbedingte Formulierung: „Ich kann bestätigen, dass ... eingetreten ist". Meist haben sie die bedingte Form: „wenn ... dann ...". Oft wird die Kausalität auch so formuliert: „Weil nicht ..., ist ... geschehen" oder „obwohl ..., kam es dennoch zu ...". Wie formuliert wird, sollte kein sprachlicher Zufall sein.

4.3.4 Fragen und Aufgaben

1. Sie haben die Möglichkeit, durch Wirtschafts- Fiskal- und Geldpolitik die Konjunktur zu beeinflussen. Wie würden Sie ihre Möglichkeiten einsetzen, um konjunkturelle Schwankungen zu stabilisieren? Unterscheiden Sie a) eine große geschlossene von einer b) kleinen und offenen Volkswirtschaft!

2. Nennen Sie *nachlaufende* Indikatoren für die Konjunktur!

3. In den letzten Jahren haben einige neue Länder in den Randgebieten Europas die EU-Mitgliedschaft gesucht oder den Euro als gesetzliches Zahlungsmittel eingeführt. In der Zeit der Vorbereitung wurden Stabilitätskriterien übernommen, was vereinfacht gespro-

---

[17] 1. CLIVE W. J. GRANGER: Investigating Causal Relations by Econometric Models and Cross-Spectral Models. *Econometrica* 37 (1969), 424-438. 2. C. A. SIMS: Money, Income and Causality. *American Economic Review* 62 (1972), 540-552.

chen hieß, durch hohe Zinsen die Stabilität zu bekämpfen. In der Folge war der Internationale-Fisher-Effekt außer Kraft gesetzt: Die Zinsen waren nicht hoch, weil die Inflation notorisch hoch bleiben würde. Im Gegenteil, weil die Zinsen hoch gesetzt waren, ging die Inflation zurück. In welchen Ländern / Währungen (auch außerhalb Europas) sehen Sie derzeit den Internationalen Fisher-Effekt aufgrund einer Stabilitätspolitik außer Kraft gesetzt?

4. Warum dürfte eine (große) Publikumsgesellschaft eine andere Strategie der Absicherung von Währungsrisiken einschlagen als eine (kleine) Firma mit wenigen Gesellschaftern?

5. Die Schuldenkrise Griechenlands im Jahr 2010 kommentiert ein Analyst so: „Wäre es dort nicht zur Schuldenkrise gekommen, dann wäre der Euro gegenüber dem Dollar weiter gestiegen." Welche Kausalität wird angesprochen, was ist Ursache, was Wirkung?

4.3.5   Antworten und Lösungen

1. a) In großen geschlossenen Volkswirtschaften werden die Konjunkturzyklen durch Schwankungen bei den Ausgaben für dauerhafte Güter verursacht. b) Für kleinere und offene Volkswirtschaften sind die Exporte die dominante Größe für die Konjunktur. Im Fall a) müssen Nachfrage (und Produktion) bei haltbaren Gütern gestützt werden, im Fall b) sollten die Exporte gestärkt werden.

2. Die Realisation von Investitionen erfolgt noch lange nach einem konjunkturellen Hoch, weshalb diese Grösse tendenziell als *nachlaufender* Indikator eingestuft wird. In dieselbe Kategorie fallen Lagerbestände (nicht aber die Veränderung der Lagerbestände), Zinsen sowie von den Arbeitskosten abhängige Indikatoren.

3. Bei solchen Fragen verhilft das regelmäßige Lesen der Wirtschaftspresse zu Antworten.

4. Das Hedging beeinflusst die Position der Aktionäre und Gesellschafter und muss dazu auf deren Wünsche abgestellt und kommuniziert werden. So dürfte ein große Publikumsgesellschaft mit vielen Kleinaktionären den Weg einschlagen, Fremdwährungspositionen regelmäßig abzusichern während eine kleinere Firma mit wenigen Gesellschaftern sogar eine Politik einschlagen kann, fallweise zu hedgen oder nicht zu hedgen um die strategische Position im Produktmarkt eventuell zu verändern.

5. Die Schuldenkrise ist die Ursache für die Schwäche des Euro.

5. Beta und Marktrendite

Zwei Punkte stehen im Mittelpunkt dieses Kapitels. 1. Beta drückt aus, in welchem Ausmass die unsichere Rendite einer Einzelanlage gleichgerichtet wie der Marktindex von der Erwartung abweicht. 2. Die Prämie, die mit dem Halten des Marktindexes oder des Marktportfolios verbunden ist, ändert sich, und zwar aus mehreren Gründen.

5.1   Das Risiko einer Periode

5.1.1   Risikobegriff

Viele Finanzinvestoren werden als wichtigste Merkmale einer Anlage erstens die Rendite nennen, die sie erwarten, zweitens das Risiko, verstanden als Gefahr, dass sich die Anlageergebnisse anders realisieren als erwartet, und drittens die Liquidität, das heißt, die Leichtigkeit und Flexibilität, mit der während der Anlagedauer umdisponiert werden kann. Dieses Kapitel ist dem Risiko gewidmet. Der Investor muss damit rechnen, dass sich das Anlageergebnis anders darstellen wird, als er derzeit erwartet. Es kann schlechter oder auch besser sein als erwartet. Auch Chancen, nicht nur Gefahren, stellen eine Unsicherheit dar. Unsicherheit ist generell nachteilig, weil sie je nachdem, wie sie sich realisiert, Umplanungen verlangt. Überraschende Verbesserungen sind dabei weniger angenehm als die Unannehmlichkeit, die mit Verschlechterungen verbunden ist. Per saldo ist die Unsicherheit nachteilig.

> Allgemein wird unter Risiko die *Unsicherheit* der Ergebnisse wirtschaftlicher Aktivität verstanden. In der Finance sollte man etwas allgemeiner unter Risiko ein *Merkmal einer Geldanlage* verstehen, welches von der Mehrheit der Finanzinvestoren (aus welchen Gründen auch immer) als *abträglich* angesehen werden. Im Vergleich meidet die *Mehrheit* der Investoren Anlagen mit diesen Merkmalen, so dass sie im Kapitalmarkt (im Vergleich mit anderen Anlagen) einen geringeren Preis haben. Sie bieten daher eine vergleichsweise hohe Rendite. Der Renditeunterschied stellt eine Prämie dar, die jene Investoren erwarten können, die dennoch Anlagen mit den besagten Merkmalen tätigen.

In diesem Sinn gibt es verschiedenste Risiken. Die Mehrheit der Investoren wird Aktien meiden, die sehr starke Kursschwankungen haben. Sie wird Aktien von Gesellschaften meiden, bei denen der Board schillernd und wenig seriös wirkt. Sie wird Aktien von Firmen meiden, die sich in einer Umstrukturierung befinden und niemand weiß, ob sie gelingen wird. Sie wird Wertpapiere aus weit entfernten Entwicklungsländern meiden, deren politisches und gesellschaftliches System sie nicht gut kennt. Die Mehrheit wird Strukturierte Produkte meiden, deren Eigenschaften sie nicht versteht. Sie wird Anlagen meiden, bei denen sie einen abträglichen Einfluß von Fremdwährungen vermutet. Die Liste lässt sich fortsetzen.

> **Alle diese Kapitalanlagen werden eher gemieden und haben daher vergleichsweise geringe Preise, also höhere Renditen. In der Minderheit sind Investoren, die aushalten können, was die Mehrheit als abträglich ansieht. Sie können erwarten, die Prämie zu erhalten.**

H. MARKOWITZ hat bei der Schöpfung der Modernen Portfoliotheorie (MPT) eines dieser Risiken herausgegriffen. In der MPT wird die Geldanlage für eine Periode, etwa ein Jahr, thematisiert. Die auf ein Jahr erzielbaren Renditen sind unsicher. Markowitz hat sie als Zufallsvariable beschrieben. Er ging davon aus, dass für die zur Auswahl stehenden Einzelanlagen die Wahrscheinlichkeitsverteilung bekannt ist. Insbesondere sollten die Erwartungswerte und die Standardabweichungen der Renditen bekannt sein, sowie die Koeffizienten der Korrelationen der Renditen untereinander. Vieles spricht dafür, die Jahresrenditen zudem als normalverteilt anzusehen. Das schließt nicht aus, dass es dann und wann „Ziehungen" mit sehr stark negativen Renditen geben kann. Die nachstehende Tabelle geht von einer Renditeerwartung von 10% und einer Standardabweichung von 20% aus. Diese Parameter sind typisch für ein Aktienportfolio. Die Tabelle zeigt die Wahrscheinlichkeit $\Pr\{r < z\}$, mit der nicht einmal eine Zielrendite z erreicht wird.

z	-50%	-25%	-10%	0%	3%	10%
$\Pr\{r < z\}$	1,35%	4,006%	15,867%	30,854%	36.317%	50%

Bild 5-1: Die Wahrscheinlichkeit, mit einem Aktienportfolio in einem Jahr schlechter abzuschneiden als eine Rendite Zielrendite z. Berechnung aufgrund der Annahme, die Rendite sei normalverteilt mit dem Erwartungswert 10% und der Standardabweichung 20%.

Die Wahrscheinlichkeit, am Ende des einjährigen Anlagehorizonts nominal weniger zu haben als zu Jahresbeginn eingesetzt wurde, beträgt immerhin fast ein Drittel. Grob gesprochen muss der Aktionär jedes dritte Jahr damit rechnen, Geld zu verlieren. Man kann die Normalverteilungsannahme auch nicht verwerfen, wenn einmal Kurseinbrüche von 25% oder 50% eintreten. Die Wahrscheinlichkeit von einem Kurseinbruch von 25% beträgt 4%, das heißt: auf lange Sicht liegt ungefähr alle 25 Jahre einmal diese Situation vor.

Sicherlich machen die täglichen Kursschwankungen die Mehrheit der Geldanleger nervös. Die Aktien vieler Gesellschaften werden an einer Börse gehandelt. Die zu Handelszeiten entstehenden Kurse ändern sich laufend, weil immer wieder neue Order eintreffen. Der Marktalgorithmus arbeitet das Orderbuch mit einem doppelten Ziel ab. Erstens soll der Markt geräumt werden, Angebot und Nachfrage sollen durch den Preis zum Ausgleich gebracht werden. Zweitens sollten die eintreffenden Order nicht zu lange gesammelt werden, damit immer wieder Transaktionen erfolgen und der Markt seine Liquidität erhält. Wäre die Liquidität kein Ziel, könnte die Börse die Order auch ein Jahr sammeln und an einem Jahresschlußtag Angebot und Nachfrage ausgleichen.

Für das Eintreffen der Order gibt es drei Gründe:

- Erstens möchten Finanzinvestoren ihre Anlageentscheidung umsetzen, etwa einen persönlichen Finanzplan.

- Zweitens möchten Akteure in der Erwartung von Kursänderungen (spekulative) Positionen eingehen und auflösen.

- Drittens geben Market-Maker Order ein um sich als Gegenpart für gewünschte Käufe oder Verkäufe anzubieten, wodurch die Liquidität des Handels erhöht wird. Die Handelsentscheidungen der ersten Gruppe wird von privaten Aspekten der Verfügbarkeit von Anlagemitteln und benötigter Liquidität bestimmt.

Die zweite Gruppe handelt primär aufgrund neuester Informationen. Sie kommen aus der Technischen Analyse, aus der Fundamentalanalyse oder sind einfach aktuell eintreffende Nachrichten, die für die mutmaßliche Kursbewegung oder den Wert bedeutend sind. So ändern sich die Kurse im Spiegel dieser Nachrichten. Neue Nachrichten überraschen — sonst wären sie nicht neu sondern aus alten Nachrichten erschließbar. Neue Nachrichten sind daher „zufällig". Folglich ändern sich auch die Kurse auf zufällige Weise. Wer heute auf ein Jahr anlegt, kann daher die Jahresrendite als Zufallsgröße betrachten. Mit einigen Informationen und Untersuchungen können die Parameter dieser Zufallsgröße geschätzt werden. Beispielsweise kann man die Renditen vergangener Jahre als eine Stichprobe ansehen und die Parameter statistisch schätzen.

5.1.2 Systematisches Risiko

H. MARKOWITZ hat das Risiko durch die *Standardabweichung der Rendite* gemessen.[1] In der Tat sieht die Mehrheit der Finanzinvestoren die Standardabweichung der Jahresrendite als abträglich an, weil sie die Breite der Abweichungen von der Erwartung wiedergibt. Die Mehrheit meidet daher Anlagen, deren Rendite eine hohe Standardabweichung aufweist. Nun kann aber, wie MARKOWITZ, SHARPE, TOBIN und andere gezeigt haben, das durch die Standardabweichung gemessene Risiko wenigstens *teilweise* durch *Diversifikation* zum Ausgleich gebracht werden.

---

[1] 1. HARRY M. MARKOWITZ: Portfolio Selection. *Journal of Finance* 7 (1952), 77-81. 2. HARRY M. MARKOWITZ: The optimization of a quadratic function subject to linear constraints. *Naval Reserach Logistics Quarterly* 3 (1956), 111-133. 3. HARRY M. MARKOWITZ: *Portfolio Selection: Efficient Diversification of Investment.* Yale University Press, New Haven 1959. 4. HARRY M. MARKOWITZ: Markowitz Revisited. *Financial Analysts Journal* 32 (1976), 47-52.

Nachteilig ist damit nicht das Risiko (Standardabweichung der Rendite) einer jeden Anlage im einzelnen, sondern das im diversifizierten Portfolio noch verbleibende Risiko, die Standardabweichung der Portfoliorendite. Eine risikobehaftete Einzelanlage ist deshalb nur in dem Umfang abträglich, in dem sich das Risiko des Portfolios verändert (meist erhöht), wenn die Anlage dem Portfolio hinzu gefügt wird. MARKOWITZ zeigte, dass dies maßgeblich durch die *Korrelation* bestimmt wird, die zwischen der zufälligen Rendite der Einzelanlage und der zufälligen Rendite des Portfolios besteht. Letztere soll auch als Marktrendite angesprochen werden: Sie wird oft durch einen Marktindex repräsentiert.

Das Risiko einer Einzelanlage setzt sich folglich aus zwei Komponenten zusammen.

- Die erste sind „Schwankungen", die gleichzeitig und gleichgerichtet zu denen des Marktindexes sind. Dieser Teil des Risikos der Einzelanlage überträgt sich direkt auf das Risiko des Portfolios und ist daher abträglich. Er wird als systematisches Risiko der Einzelanlage bezeichnet.

- Die zweite Komponente sind restliche „Schwankungen", die für den Einzeltitel *spezifisch* sind, nichts mit den Schwankungen des Marktindexes zu tun haben und daher durch Diversifikation (weitgehend) verschwinden.

Die Finanzinvestoren betrachten also systematische Risiken als abträglich, während titelspezifische Risiken diversifizierbar sind. Folglich finden alle Finanzinvestoren eine Einzelanlage um so weniger attraktiv, je höher deren systematisches Risiko ist. Die Mehrheit der Finanzinvestoren meidet Wertpapiere mit hohem systematischen Risiko. Diese haben daher vergleichsweise geringe Preise. Wer sie dennoch kauft, kann eine hohe Rendite erwarten, eine Risikoprämie.

Eines der Hauptergebnisse der Modernen Portfoliotheorie ist daher, dass die mit einer Einzelanlage verbundene Renditeerwartung um so höher ist, je größer ihr systematisches Risiko ist. Das ist auch die Grundaussage, die das Capital Asset Pricing Model (CAPM) trifft.

Im CAPM wird die Rendite einer risikobehafteten Anlage in Relation zum Zinssatz gesetzt, es werden also Überrenditen betrachtet. Der Erwartungswert der Überrendite heißt Risikoprämie. Das CAPM besagt: Die Risikoprämie einer jeden Einzelanlage ist proportional zu ihrem systematischen Risiko.

Das systematische Risiko einer Einzelanlage wird durch das so genannte Beta gemessen. Folglich kann das CAPM so geschrieben werden:

(5-1) $Risikoprämie\ der\ Anlage\ k\ =\ p \cdot \beta_k$

Diese Beziehung gilt für alle Einzelanlagen $k = 1, 2, ..., n$. Jede hat ihr eigenes Beta, doch der Proportionalitätsfaktor p ist für alle derselbe. In diesem Modell ist der (langfristige) Drift gleich dem Zinssatz plus der Risikoprämie:

$$(5\text{-}2) \qquad\qquad E[r_k] \;=\; Zinssatz + Risikoprämie \;=\; Zinssatz + p \cdot \beta_k$$

Die Höhe des Erwartungswerts der Rendite wird also wesentlich durch das Beta der Anlage bestimmt. Wir wenden uns gleich dem Beta zu und anschließend auch dem Proportionalitätsfaktor p. Zur Motivation sei betont, dass (4-2) eine höchst praktische Formel darstellt. Expertenwissen zeigt: Das Beta hängt vor allem von der Branche ab, während der Proportionalitätsfaktor p vom Land abhängt. Nachstehend sind aufgrund einer empirischen Schätzung die Risikoprämien (4-1) genannt. Die Schätzungen wurden mit Monatsdaten von 1988 bis 2009 vorgenommen. Addiert man zu den tabellierten Prämien noch den Zinssatz addiert, der wiederum vom Währungsraum und vom Zeitpunkt abhängt, dann folgt die Rendite, die nach dem CAPM zu erwarten ist.

Risikoprämien	Versorger, Nahrungsmittel, Pharma	Grundstoffe, Öl, Chemie Computer	Banken, Services, Technologie, Bauindustrie
Austria	2,7%	4,2%	6,7%
CH	4,4%	6,8%	10,9%
D	0,8%	1,2%	1,9%
USA	3,3%	5,1%	8,2%
	Tiefes Beta (0,5 bis 0,8)	Mittleres Beta (ungefähr 1)	Hohes Beta (1,2 bis 2,0)

Bild 5-2: Risikoprämien für Unternehmen, wobei das Beta mit der Branche assoziiert wird, aufgrund empirischer Schätzung 1988-2009.

Zahlenbeispiele: 1. Eine österreichische Bank möchte für die Bewertung einer Tochtergesellschaft, die im Risiko mit dem Stammhaus vergleichbar ist, die im Markt erwartete Rendite bestimmen. Der Einjahreszinssatz für Euro liege derzeit bei 4%. Aufgrund der Verhältnisse in den letzten 22 Jahren ergibt sich mit dem CAPM die Rendite zu 10,7%. 2. Dieselbe österreichische Bank hält ein Tochterunternehmen in der Schweiz, das als Versorger anzusehen ist. Der Zinssatz für CHF beträgt 2%. Die für diese Beteiligung zu erwartende Rendite liegt bei 6,4%. ■

5.1.3   Beta

Das Beta drückt das systematische Risiko aus, das Risiko also, das mit der zufälligen Bewegung des Marktindexes (im Anlagezeitraum) gleichgerichtet ist. Wir messen, MARKOWITZ folgend, das Risiko einer Einzelanlage k durch die Standardabweichung ihrer Jahresrendite. Sie werde mit σ_k wie üblich durch Sigma bezeichnet. Das systematische Risiko ist $\sigma_k \cdot \rho_{k,M}$, wobei $\rho_{k,M}$ den

Koeffizienten der Korrelation zwischen der Rendite der Einzelanlage k und der Rendite des Marktindexes bezeichnet.

Üblicherweise drückt das Beta dieses systematische Risiko in Relation zum Risiko des Marktindexes aus (das durch σ_M bezeichnet wird):

(5-3) $$\beta_k = \frac{\sigma_k \cdot \rho_{k,M}}{\sigma_M}$$

Aktien mit einem Beta, das größer ist als 1, haben ein relativ hohes systematisches Risiko. Das ist der Fall, wenn die Standardabweichung ihrer Rendite und die Korrelation hoch sind. Diese Aktien gelten als „aggressiv", weil sie zufällige Bewegungen des Marktindexes im Anlagejahr selbst und noch dazu verstärkt zeitigen. Doch nach dem CAPM ist entsprechend eine höhere Rendite zu erwarten. Wer daran denkt, die Anlage (in unabhängiger Weise) Jahr für Jahr aufs neue zu tätigen, kann aufgrund des Gesetztes der großen Zahlen, immer sicherer sein, dass sich die höhere Risikoprämie manifestiert. Anlagen mit einem Beta unter 1 gelten als defensiv. Sie haben entweder selbst ein geringes Risiko σ_k oder der Koeffizient der Korrelation ist gering. Werden Sie dem Portfolio zugefügt, erhöht sich das Risiko des Portfolios nur wenig. Sie sind für die Mehrheit der Investoren nicht besonders abträglich, weshalb diese Aktien oder Wertpapiere nicht sonderlich billig sind. Die mit ihnen verbundene Renditeerwartung liegt deshalb nur wenig über dem Zinssatz, der Rendite einer sicheren Anlage. Banken und Versicherungen haben Betas, die leicht über 1 liegen. Nahrungsmittel und Versorger (Elektrische Engergie, Telekommunikation) haben Betas, die unter 1 liegen. Immobilien wird ein Beta um 0,2 zugesprochen. Recht selten sind Einzelanlagen, die eine negative Korrelation mit dem Marktindex aufweisen. Ihr Beta ist dann negativ. Gold zeigt eine negative Korrelation mit den „sonstigen" Anlagen.

5.1.4   Beta nicht konstant

Für Anwendungen muss das Beta bestimmt werden, wozu eine statistische Regression durchgeführt wird. Wir gehen in Kapitel 6 darauf ein. Dabei haben empirische Untersuchungen immer wieder gezeigt, dass die Schätzungen der Betas sich mit der Zeit verändern. Eine mögliche Ursache kann darin bestehen, dass sich die Korrelation zwischen der betrachteten Einzelanlage und dem Marktindex verändert. In krisenhaften Zeiten etwa werden einige Aktien als „defensiv" angesehen. Ihr Kurse steigen dann, obwohl der Marktindex fällt. Die Korrelation ist dann sogar negativ. Zudem hängen die Schätzungen für Beta von der Länge der Zeitfenster ab. Als Best-Practice gilt, die Renditen der letzten 52 Wochen heranzuziehen.

	Jan99-Dez08	Jan99-Jun04	Jul04-Dez08
Grundstoffe	0.8	0.7	0.9
Industrie	1.1	1.0	1.2
Verbrauchsgüter	0.8	0.7	0.8
Gesundheitswesen	0.8	0.9	0.8
Verbraucherservice	0.8	1.0	0.6
Telekommunikation	0.5	0.5	0.6
Versorger	0.2	0.0	0.4
Finanzdienstleistungen	1.4	1.4	1.4
Technologie	1.2	1.3	1.1

Bild 5-3: Betas für Unternehmungen, die nach neun Sektoren gruppiert sind, für die Zeitabschnitte 1999-2004 sowie 2004 bis 2008. Daten für Unternehmungen mit Sitz in der Schweiz.

M. BLUME entdeckte bestimmte „Muster" nach denen sich Betas im Zeitablauf verändern. Historische Betas, die kleiner als eins sind, werden im Zeitablauf eher größer. Historische Betas, die größer als eins sind, werden mit der Zeit eher kleiner.[2] Die Situation kann gut mit der Schätzung der Temperatur verglichen werden, die in den nächsten drei Monaten wohl vorherrschen werden. Sind die Temperaturen der letzten drei Monate unter dem Jahresmittel gewesen, dann dürfte die Temperatur der kommenden drei Monate darüber liegen. Sind die Temperaturen der letzten drei Monate über dem Jahresmittel gewesen, dann dürfte die Temperatur der kommenden drei Monate darunter liegen. BLUME schlägt eine Korrektur bei der Berechnung von Beta vor, bei der diese Autoregression berücksichtigt wird:

$$(5\text{-}4) \qquad \beta_k^{Blume} \;=\; \frac{1}{3} + \frac{2}{3} \cdot \beta_k$$

In der Finanzanalyse wird es als sinnvoll angesehen, neben dem mit aktuellen Daten geschätzten Beta (letzte 52 Wochen) auch das nach BLUME korrigierte Beta zu nennen — auch wenn dies praktisch im Kopf errechnet werden kann.

> Das historische Beta setzt einen Akzent auf den historischen Untersuchungszeitraum. Das korrigierte Beta zeigt eine auf die Zukunft ausgerichtete Schätzung.

Weiters schlagen Analysten vor, die empirische Schätzung des Betas anhand historischer Renditen mit einer Expertenmeinung darüber zu kombinieren, wie hoch das Beta wohl sei. Wir haben eine solche Verbindung von Statistik und Expertise bereits bei der in Bild 4-1 verwendeten Typologie vorgeführt, bei der das Beta aufgrund einer Branchenzugehörigkeit ermittelt wird.

---

[2] 1. MARSHALL BLUME: Betas and their Regression Tendencies. *Journal of Finance* 30 (1975), 785-795. 2. G. J. ALEXANDER und N. L. CHERVANY: On the Estimation and Stability of Beta. *Journal of Financial and Quantitative Analysis* Vol. 15 (1980), No. 1, 123-137.

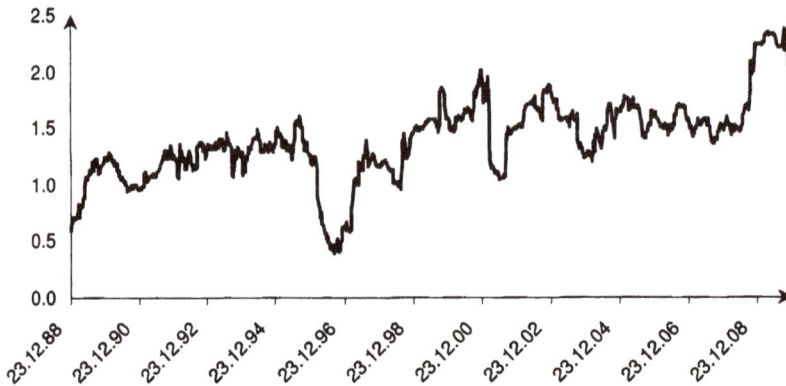

Bild 5-4: Das Beta der Aktie der Credit Suisse, rollierend aufgrund der Renditen der jeweils 52 letzten Wochen berechnet, für jede Woche von 1988 bis zur 52. Woche des Jahres 2009.

Weil bestätigt ist, dass sich das Beta einer Unternehmung ändert, sollte — Gültigkeit des CAPM vorausgesetzt — sich auch die Renditeerwartung und damit der Drift der Kursbewegung ändern. Von daher wird der Finanzanalyst Änderungen des Betas große Aufmerksamkeit schenken und auch den möglichen Ursachen nachgehen. Wir nennen drei Punkte:

1. Das Beta bezieht sich auf Parameter der Eigenkapitalrendite, so wie sie im Kapitalmarkt gesehen werden und errechnet sich für eine Aktie k unter anderem aus σ_k und $\rho_{k,M}$.

   Die Eigenkapitalrendite und die Wahrnehmung ihrer Parameter ergibt sich letztlich aus der Rendite, zu der das unternehmerische Vermögen eingesetzt wird. Das ist die so genannten Assetrendite. Wenn die Unternehmung teils fremdfinanziert ist, dann hängt es vom augenblicklichen Verschuldungsgrad ab, wie sich die Assetrendite in die Eigenkapitalrendite transformiert. Die Umrechnung der Parameter der Assetrendite in die Parameter der Eigenkapitalrendite heißt Leveraging. Durch den Einsatz von Fremdkapital wird das Beta der Eigenkapitalrendite größer als das Beta der Assetrendite. Nimmt die Unternehmung neues Fremdkapital auf, oder tilgt sie Verpflichtungen, oder tätigt sie Finanzanlagen, dann ändert sich das Beta der Eigenkapitalrendite. Zwar streben Unternehmungen langfristig eine gewisse Kapitalstruktur als Ziel an, doch kurzfristig gibt es durch die genannten Maßnahmen der Finanzierung und Thesaurierung Änderungen beim Beta.

2. Das systematische Risiko der Assetrendite ändert sich mit den Investitionen. Informationen über bevorstehende, investive Maßnahmen liefern daher Indizien, ob und wie sich das Beta der Unternehmung und damit (über das CAPM) die erwartete Eigenkapitalrendite ändert. Insbesondere ändert sich das Beta, wenn Finanzanlagen getätigt oder aufgelöst werden. Kauft die Unternehmung festverzinsliche Wertpapiere, reduziert sich das

Beta. Verkauft sie festverzinsliche Wertpapiere um die Mittel mit Risiko zu investieren, erhöht sich das Beta.

3. Über die Standardabweichung der Marktrendite σ_M und die Standardabweichung σ_k der Eigenkapitalrendite liegen aktuelle Informationen vor, weil über die im Optionshandel entstehenden Preise für Optionen implizite Volatilitäten errechnet und bekannt werden. Die Korrelation zwischen der Rendite der Unternehmung und der des Marktindexes, die sich auch über die Zeit verändert, $\rho_{k,M}$, wird jedoch nicht durch Finanzinformationen transparent gemacht. Die Auswertung von Berichten des Managements über wirtschaftliche Zusammenhänge und Unabhängigkeiten kann nützlich sein, um die aktuelle Korrelation $\rho_{k,M}$ zu schätzen. Gleiches gilt für die Auswertung von Kursverläufen mit Technischer Analyse, denn auch sie gibt Aufschluß über die aktuelle Korrelation und damit Hinweise, ob und wie sich das Beta ändert.

Ungeachtet dessen ist noch dies zu bemerken: 1. Beta ist informativ, wenn eine Einzelanlage einem bestehenden Portfolio hinzugefügt werden soll. Wird jedoch ohnehin nur ein einziger Titel gehalten, dürften die spezifischen Risiken eine beträchtliche Rolle spielen. Sie bleiben bei Beta völlig außer Acht. 2. Beta ist auf den Marktindex bezogen und daher vom Markt abhängig. Die Aktie einer italienischen Gesellschaft hat bezüglich des Mailänder Börsenindexes Mibtel vielleicht ein Beta von 1 und bezüglich des MSCI World vielleicht ein Beta von 0,6. Deshalb sollte der für die Berechnungen verwendete Marktindex im Bericht genannt werden.

5.2   Die Marktprämie

5.2.1   Die Risikoprämie des Marktes

Die Anwendung des CAPM (5-1) erfordert es, den Proportionalitätsfaktor p zu kennen. In die Gleichung (5-1) kann als Einzelanlage selbstverständlich auch der Marktindex eingesetzt werden. Nach Formel (5-3) hat der Marktindex das Beta $\beta_M = \sigma_M \cdot \rho_{M,M} / \sigma_M = 1$, weshalb (5-1) diese Aussage liefert:

(5-5)   *Risikoprämie des Marktindexes   =   p*

Der Proportionalitätsfaktor p ist also gleich der mit dem Marktindex erwarteten Rendite abzüglich Zinssatz. Zur Schätzung wird der (arithmetische) Durchschnitt historischer Jahresrenditen herangezogen. Entsprechende deskriptive Statistiken sind inzwischen für praktisch alle Länder verfügbar.

> Wird der Marktindex als Index eines Aktienportfolios aufgefasst, dann zeigen die Statisti-
> ken (praktisch übereinstimmend für alle Länder) $p \approx 5\%$. Beispielsweise beträgt der
> Mittelwert der Jahresrenditen 1926-2009 für Aktien Schweiz (Pictet-Rätzer-Aktienindex)
> 9,77%. Im langfristigen Durchschnitt lag der Zinssatz auf Franken etwas unter 5%, was
> auf die genannte Prämie $p \approx 5\%$ führt.

Schätzungen für 100 Jahre, ausgeführt für 16 Länder, bieten DIMSON, MARSH und STAUNTON.[3]

Zahlen aus den USA: Die mittlere jährliche *reale* Rendite von kurzfristigen risikofreien Anlagen
betrug von 1889 bis 1978 etwa 1%. Die entsprechende *reale* Jahresrendite des S&P 500 Aktienindex war in dieser Zeit knapp 7%. Die Risikoprämie von Aktien gegenüber einer risikofreien
Anlage betrug demnach fast 6% pro Jahr. Zu Ergänzung: Das durchschnittliche jährliche *reale*
pro Kopf Konsumwachstum zwischen 1889 und 1978 betrug rund 2%.

Neben solchen *Längsschnitten* wurden auch *Querschnitte* über die Länder erstellt. Eine immer
wieder formulierte Hypothese lautet, dass Länder mit hohen Wachstumsraten ihrer Realwirtschaft
auch Aktienmärkte mit hohen Renditen haben sollten, während der Tendenz nach Länder mit geringem Wirtschaftswachstum nur geringere Aktienrenditen zeigen sollten. In einem Vergleich
über verschiedene Länder hinweg wäre demnach eine positive Korrelation zwischen (nominaler,
realer) Aktienrendite und dem (nominalen, realen) Wachstum des Bruttosozialprodukts zu vermuten. Die empirische Forschung indessen belegt, dass diese Korrelation negativ ist. Man kann
also nicht sagen, dass es in Ländern mit hohem Wachstum auch p groß sei und es hohe Aktienrenditen gäbe. Tendenziell ist das Gegenteil der Fall.[4]

5.2.2   Verändert sich die Prämie?

Selbstverständlich ist man in der Finanzanalyse versucht, „aktuelle" Schätzungen für die Risikoprämie p zu finden und sich nicht auf Durchschnitte über das vergangene Jahrhundert zu verlassen. Das ist wichtig, wenn es Evidenz gibt, dass die mit einem Aktienportfolio zu erwartende
Rendite oder die Risikoprämie p nicht konstant sind. Arbeiten, die darauf hindeuten, dass *nicht-
konstante Renditeerwartungen* realitätsnäher sind, untersuchten den Einfluss der *Inflation* auf die
Renditen und die Kurse von Aktien. In diesen Arbeiten wurden Besonderheiten der Reaktion der
Aktienkurse auf die sich ändernde Inflation erkannt, aus denen hervorgeht, dass die Renditeerwartungen bei den Aktien *nicht konstant* sind.[5]

---

[3] ELROY DIMSON, PAUL MARSH und MIKE STAUNTON: *Triumph of the Optimists — 101 Years of Global Investment
Returns*, Princeton University Press 2002.

[4] JAY R. RITTER: Economic Growth and Equity Returns. Working Paper, University of Florida, Gainesville FL 2004.

[5] 1. EUGENE F. FAMA und KENNETH R. FRENCH: Business Conditions and Expected Returns on Stocks and Bonds.
Journal of Financial Economics 25 (1989), 23-49. 2. JOHN Y. CAMPBELL: Asset Pricing at the Millenium. *Journal
of Finance* LV (2000) 4, 1515-1557. 3. EUGENE F. FAMA und G. WILLIAM SCHWERT: Asset Returns and Inflation.
Journal of Financial Economics 5 (1977), 115-146. 4. EUGENE F. FAMA und MICHAEL R. GIBBONS: Inflation, Real
Returns and Capital Investment. *Journal of Monetary Economics* 9 (1982), 297-323.

In der Folge wurden diverse Argumente und Modellvorstellungen entwickelt, um die Frage zu klären, von welchen Faktoren die historische Risikoprämie $p \approx 5\%$ abhängen dürfte und mit welcher Risikoprämie in den kommenden Jahren oder Dekaden zu rechnen sei.

> Einige Modelle deuten darauf hin, dass die gefundene Prämie $p \approx 5\%$ ungewöhnlich hoch ist, andere Argumente lauten, dass die vergangenen Jahrzehnte 1980-2000 oder sogar 1950-2000 eine ungewöhnlich gute Zeit für Aktienanlagen gewesen sind.

Es ist daher ausgesprochen fraglich, ob sich die historische Risikoprämie von $p \approx 5\%$ fortsetzen wird. Fünf Argumente seien genannt:

1. Widerspruch zu anderen ökonomischen Modellen: Die als langfristiges Mittel gefundenen 5% erscheinen hoch, wenn sie im Licht anderer ökonomischer Modelle beurteilt wird. Diese Modelle betrachten als wichtigste Aufgabe von Geldanlagen, den Konsumstrom der Investoren über Schwankungen des (individuellen und des volkswirtschaftlichen Einkommens) zu glätten. Die Investoren können das recht gut mit festverzinslichen Wertpapieren tun sowie mit Aktien, jedoch nur weniger gut. Von daher ist erklärbar, dass die Rendite von Festverzinslichen geringer ist als die von Aktien. Doch die Risikoprämie darf nur dann 5% betragen, wenn die Risikoaversion der Investoren extrem groß wäre, was nicht der Fall ist. Hier tut sich ein Rätsel auf, das Equity-Premium-Puzzle. Die Beachtung dieses Rätsels geht vor allem auf MEHRA und PRESCOTT 1985 zurück.[6]

2. Resultat unerwartet stabiler Zeiten: In der Zeit 1950-2000 hat es weniger große Krisen gegeben als zuvor. Die Aktienrenditen waren vielleicht deshalb in der zweiten Hälfte des letzten Jahrhunderts hoch, weil die Investoren zwar Krisen erwartet hatten, und des öfteren angenehm überrascht wurden, insofern als es doch weniger schwere Krisen gab. Denn in den fünfzig Jahren davor gab es die beiden Weltkriege 1914-1918 und 1939-1945 sowie die Weltwirtschaftskrise 1929. In vielen Ländern gab es Währungsreformen, in Deutschland und anderen Ländern Hyperinflation, abgewechselt von Jahren tiefer Deflation. So erwarteten die Investoren um 1950 weiterhin Krisen. Doch es kam dann doch nicht zu so schwerwiegenden Krisen: Der Koreakrieg hat sich nicht zu einem Weltkrieg mit Atombombeneinsatz ausgeweitet. Auch die weiteren Kriege und Krisen blieben lokal begrenzt (Vietnam, Kuba). Selbst die jüngste Finanz- und Wirtschaftskrise 2008 hat nicht zu so hoher Arbeitslosigkeit geführt, wie es sie in der Weltwirtschaftskrise noch gab. Die immer positiven Überraschungen bewirkten, dass Eigentum an *zukünftigen* Geldströmen (Dividenden) höher bewertet wurde, was hohe Aktienrenditen bedeutete.[7]

---

[6] RAJNISH MEHRA und EDWARD C. PRESCOTT: The Equity Premium: A Puzzle. *Journal of Monetary Economics* 15 (1985) 2, 145-161.

[7] 1. THOMAS A. RIETZ: The equity risk premium: A solution. *Journal of Monetary Economics* 22 (1988), 117-131. 2. RAJNISH MEHRA und EDWARD C. PRESCOTT: The equity risk premium: A solution? *Journal of Monetary Economics* 22 (1988), 133-136. 3. ROBERT J. BARRO: Rare disasters and asset markets in the twentieth century. *Quarterly Journal of Economics* 121 (2006), 823-866.

3. Entfaltung der Kapitalmärkte: Besonders seit 1950 sind die Aktienrenditen im Vergleich zum tatsächlichen Wachstum der Gewinne und der Dividenden, das die Realwirtschaft widerspiegelt, immer höher geworden. Die Kurs-Gewinn-Verhältnisse haben tendenziell zugenommen. Offensichtlich begann mit der Entfaltung der Kapitalmärkte ein Megatrend, Geld in Wertpapieren anzulegen und sich nicht direkt in Unternehmungen zu beteiligen. Die Kursniveaus sind immer weiter gestiegen. Wenn dieser Megatrend sich jedoch einmal beruhigen sollte, dann dürfte das Wachstum der Kurse nicht weiter gegenüber dem realen Wachstum der Unternehmungen zunehmen. Das hieße, die Risikoprämie, die 1950-2000 zu verzeichnen war, würde für die kommende Zeit geringer werden.

4. Innovationsschübe: In der Zeit 1950-2000, waren die Aktienrenditen vielleicht aus dem Grund besonders hoch, dass die Investoren positiv überrascht wurden, insofern als es unerwarteten wirtschaftlichen Auftrieb gab. In den Nachkriegsjahren kam es in vielen Ländern zu einem Wirtschaftswunder. Der Welthandel intensiviert sich. Immer mehr Dienste wurden durch Produkte ersetzt, die günstiger produziert werden konnten. Von 1980 bis 2000 bewirkte die Computerisierung unerwartete Produktivitätssteigerungen. Alle diese Innovationen fanden ihren Niederschlag in Wertzuwächsen und in besonders hohen Renditen.

5. Langfristige Zyklen: Es gibt langfristige Zinszyklen, nach denen die letzten Dekaden aufgrund fallender Zinsen hohe Aktienrenditen hervorgebracht haben (während für die kommenden Dekaden vielleicht geringere Renditen eintreten könnten). Die Zinshöhe dürfte wiederum eine Wirkung auf die Risikoprämie haben. Nach Aufzeichnungen (für England) dauerten die neueren Zinszyklen 60 Jahre. Zinsgipfel gab es in den Jahren 1712, 1814, 1862, 1921, 1981.[8] Zwei Erklärungen werden genannt: Eine Parallelität mit Kontradjew-Zyklen sowie der Behaviorismus zwischen Generationen.

6. Die Zinszyklen sind mit langfristigen Veränderungen assoziierbar, wie sie von NIKOLAI D. KONDRATJEW (1892-1938) beschrieben wurden.[9] Bei einem Innovationsschub wird zunächst Kapital benötigt (Zinsen steigen) und anschließend bewirkt die Innovation höhere Rentabilität. Später entsteht Überkapazität, weshalb Zinsen und Renditen fallen. So wundert nicht, dass die Zinszyklen ähnlich wie die Kontratjew-Zyklen ungefähr 60 Jahre dauerten, wobei ein Zinsgipfel jeweils in der Mitte eines Kontratjew-Zyklus liegt.

> Die Erforschung langfristiger Zyklen in Zeitreihen beginnt mit Tests, ob die Stationarität (keine Veränderung des Mittels im Zeitverlauf) verworfen werden kann. In der wissenschaftlichen Literatur werden dazu Unit-Root-Tests verwendet.

---

[8] SIDNEY HOMER und RICHARD SYLLA: A history of interest rates. 4. Auflage Wiley, New York 2005

[9] Die 40 bis 60 Jahre dauernden Zyklen sind so beschrieben: 1. Dampfmaschine (1793-1847), 2. Eisenbahn und Stahl (bis 1893), 3. Elektrizität und Chemie (bis 1939), 4. Auto, Öl, Elektronik (bis 1984), 5. Information, Wissen, Ökologie (bis 2039). Der Innovationsforscher G. MENSCH hat 1975 die Zyklen so beschrieben: Alte Produktionsstrukturen, deren Entwicklungsmöglichkeiten erschöpft sind, führen zu Wirtschaftskrisen und lösen dann einen Innovationsschub aus, der auf einen grundsätzlichen Bedarf der Menschheit neue Antworten gibt.

Im Fazit darf gesagt dies gesagt werden:

Die Aktienrenditen der Vergangenheit (Risikoprämie um 5%) könnten sich weiterhin fortsetzen. Das ist zu vermuten, sofern neue Technologien und breite Innovationen aufkommen sollten, die hohen Finanzierungsbedarf haben, und wenn gleichzeitig die in der Welt erreichte politische und gesellschaftliche Stabilität sich fortsetzt und diese hohen Renditen nicht gefährdet.

Die aufgrund der Vergangenheit gewohnten Aktienrenditen könnten in den nächsten Dekaden auch verfehlt werden (wie für Aktien das verlorene Jahrzehnt 2000-2010 zeigt). Das dürfte der Fall sein, wenn keine Technologien einen Grundbedarf auf neue Art lösen und mit Breitenwirkung die Industrielandschaft verändern, oder falls wiederholte oder verlängerte politische, gesellschaftliche und wirtschaftliche Krisen eintreten.

5.2.3 Equity Premium: Krisen

Wir kommen auf die ab 1950 überraschenderweise ausgebliebenen großen Krisen zurück. MEHRA und PRESCOTT haben die jährlichen Schwankungen des Volkseinkommens in den Mittelpunkt gerückt. Nach ihnen besteht die Hauptfunktion einer Aktienanlage darin, einen Rückgang des Einkommens ausgleichen zu können, damit der Konsumstrom weitgehend konstant bleibt, was den höchsten Nutzen bietet. Sie finden allerdings, dass die Risikoaversion der Menschen deutlich höher sein müsste, als sie sich in Experimenten generell erweist, um so hohe Risikoprämien wie $p \approx 5\%$ erklären zu können.

THOMAS RIETZ bemerkt, dass Aktienrenditen auch dann hoch werden, wenn die Investoren sehen, dass ursprünglich erwartete und folglich „eingepreiste" Gefahren doch nicht eintreten. Hierzu verweist RIETZ auf extreme aber seltene realwirtschaftliche Einbrüche. Extreme realwirtschaftliche Rückschläge treffen Aktien besonders hart, während Staatsanleihen besseren Schutz bieten. Unter Berücksichtigung extremer Einbrüche könne nach RIETZ das Equity Premium Puzzle gelöst werden. Dann sind sowohl tiefe Renditen der risikofreien Anlage möglich, denn sie bieten Schutz, wie hohe Renditen von Aktien. Das heißt, die ansonsten als hoch einzustufende Prämie $p \approx 5\%$ wird erklärbar.

Die Erklärung von RIETZ wurde jedoch auch kritisiert. Vor allem wurden die zur Erklärung des Equity-Premium-Puzzles erforderlichen Eintrittswahrscheinlichkeiten und das Ausmass solcher Rückschläge als unrealistisch hoch erachtet. Die Frage nach realistischen Eintretenswahrscheinlichkeiten griff ROBERT BARRO (2006) auf. Der Makroökonom untersuchte die Häufigkeit und das Ausmass von „Desastern" sowie deren Auswirkung auf die realwirtschaftliche Entwicklung und die Preise von Aktien und Anleihen.

Als Desaster klassierte BARRO unter anderem die zwei *Weltkriege*, den spanischen Bürgerkrieg sowie die grosse *Depression* zum Ende der Zwanzigerjahre. Insgesamt identifiziert BARRO in 100 Jahren 60 Ereignisse mit einem Einbruch des BIP von mehr als 15% (eine von ihm festgesetzte

Schwelle). Die 60 Ereignisse verteilen sich auf 35 Länder. Die Wahrscheinlichkeit, dass die wirtschaftliche Leistung *eines* Landes um 15% oder mehr einbricht beträgt demnach rund $60/(100 \cdot 35) = 1,7\%$. Diese Wahrscheinlichkeit ist schon substantiell.

Desaster	Land	GDP in %	Aktien % p.a.	Anleihen % p.a.
World War I	France, 1916-1918 (1914-1918)	-31	-5.7	-9.3
	Germany, 1913-1919 (1914-1918)	-29	-26.4	-15.6
	Sweden, 1913-1918 (1914-1918)	-18	-15.9	-13.1
Great Depression	France, 1929-1932 (1929-1931)	-16	-20.5	1.4
	Germany, 1928-1932 (1928-1931)	-18	-14.8	9.3
	USA, 1929-1933 (1929-1932)	-31	-16.5	9.3
Spanish Civil War	Portugal, 1934-1936 (1934-1936)	-15	13.4	3.8
World War II	France, 1939-1944 (1943-1945)	-49	-29.3	-22.1
	Italy, 1940-1945 (1943-1945)	-45	-33.9	-52.6
	Japan, 1943-1945 (1939-1945)	-52	-2.3	-8.7

Bild 5-5: GDP, Aktien und Anleihen während Desastern. Quelle: BARRO (2006).

Die Tabelle zeigt für ausgewählte Länder die Entwicklung von BIP, Aktien und Anleihen während diesen Desastern. Die Größen für das GDP entsprechen jeweils der gesamten angegebenen Dauer. Die inflationsbereinigten Renditen von Aktien und Obligationen sind in Prozent pro Jahr angegeben und beziehen sich auf den in Klammern angegebenen Zeitraum.

> Unterscheidet man zwischen kriegsbezogenen und rein ökonomischen Desastern, so zeigt sich eine Beziehung zwischen Aktien und Staatsobligationen. In Kriegszeiten sind sowohl Aktien als auch Anleihen stark negativ betroffen. Bezieht sich das Desaster auf die rein wirtschaftliche Entwicklung, so zeigen Anleihen eine bessere Entwicklung als Aktien.

Finanzinvestoren sehen, dass sie bei einer solchen Krise festverzinsliche Wertpapiere leichter als Aktien verkaufen können, weshalb sich Aktien doch weniger gut eignen, den Konsum in Krisenzeiten zu finanzieren. Folglich werden die Menschen Aktien nur halten, wenn die Prämie für sie eine attraktive Höhe hat. Hinsichtlich der Länder gibt es übrigens weitere, erwähnenswerte Unterschiede. Innerhalb der OECD-Länder brach das BIP von Deutschland, Österreich und Frankreich im letzten Jahrhundert *dreimal* zu mehr als 15% ein. Die USA und England hatten *zwei* solche Rückschläge zu verkraften. Japan, Norwegen und viele andere OECD-Länder mussten jeweils *einen* Rückgang des BIP von mehr als 15% verkraften. Die Schweiz hatte als einziges OECD-Land überhaupt *keinen* so starken Einbruch des BIP zu verzeichnen.

5.3   Ergänzungen und Fragen

5.3.1   Hohe Erwartungen bleiben unerfüllt

Sind die Renditeerwartungen nicht konstant, dann tritt eine besondere *Wirkung der Renditeerwartung auf die Rendite* zu Tage. Wir schicken voraus, dass der wahre Wert einer Unternehmung sich aus jenen Geldbeträgen ableitet, den die Unternehmung in Zukunft erwirtschaftet und ausschüttet oder sonstwie in den Verfügungsbereich der Berechtigten Investoren bringt. Der Unternehmenswert ist die Summe der diskontierten Zahlungsüberschüsse. Für die Bewertung muss feststehen, wie stark die Zahlungsüberschüsse diskontiert werden. Maßgeblich ist die Rendite, die Investoren bei vergleichbaren Kapitalanlagen erwarten. Haben die Investoren eine hohe Renditeerwartung, wird stark diskontiert, haben sie eine geringe Renditeerwartung, dann wird nicht so stark diskontiert.

- Haben die Investoren eine hohe Renditeerwartung, dann diskontieren sie also die zukünftigen Zahlungsüberschüsse der Unternehmen stark und kommen auf geringe Unternehmenswerte. Wenn diese sich dann bei der Kursbildung an der Börse durchsetzen, kommt es nur zu geringen Kursavancen oder vielleicht sogar zu Kursrückschlägen. Mit anderen Worten: Hohe Renditeerwartungen bewirken, dass die Rendite in der kommenden Zeit gering sein wird.

- Haben die Investoren hingegen eine geringe Renditeerwartung, dann diskontieren sie die zukünftigen Zahlungsüberschüsse der Unternehmen kaum und gelangen zu hohen Unternehmenswerten. Wenn diese hohen Werte sich bei der Kursbildung an der Börse durchsetzen, kommt es zu deutlichen Kursavancen. Geringe Renditeerwartungen bewirken also, dass die Renditen in der kommenden Zeit hoch sein werden.

Fazit: **Haben die Aktionäre gierige Erwartungen, werden sie nur enttäuscht, haben sie bescheidene Vorstellungen, werden sie positiv überrascht.**

Zur Klärung sollten die „öffentlichen Einstellungen der Mehrheit" von der „rationalen Erwartung" unterschieden werden:

Hat die Aktionärsöffentlichkeit hohe Erwartungen — vielleicht weil sie unbesehen die gute Entwicklung der Vergangenheit als Basis für ihre Erwartungsbildung nimmt — so bedeutet das geringe Unternehmenswerte und in der Folge geringe Kurse und damit geringe Renditen. Der rationale Forscher kann sie durchaus erkennen.

Hat die Aktionärsöffentlichkeit hingegen geringe Erwartungen — vielleicht weil es gerade Jahre mit Einbrüchen an der Börse gab — so bedeutet die geringe Renditeerwartung eine geringe Diskontierung, damit hohe Unternehmenswerte, hohe Kurse und hohe Renditen. Wieder kann sie der rationale Forscher erkennen.

5.3.2   Performance

Das CAPM quantifiziert die Vorstellung, dass eine um so höhere Rendite erwartet werden kann, je höher das Risiko ist. Gleichsam ist es keine besondere Kunst, eine höhere Rendite zu erzielen, wenn mehr Risiko eingegangen wird, denn dann ist die höhere Rendite zu erwarten gewesen. Performancemaße korrigieren dies durch eine Risikoadjustierung. Ein häufig verwendetes Maß ist die Sharpe-Ratio. Sie setzt die in einer Periode — meist ist das ein Jahr — erzielte Überrendite in Relation zum Risiko. Im Zähler der Sharpe-Ratio $SR(P)$ steht die Überrendite des Portfolios P, das beurteilt werden soll. Die Überrendite ist die Differenz zwischen der Rendite r_P des Portfolios und dem Zinssatz r_0. Im Nenner steht das Risiko, gemessen durch die Standardabweichung SD der mit dem Portfolio erzielten Rendite:

$$(5\text{-}6) \qquad SR(P) \;=\; \frac{r_P - r_0}{SD_P}$$

Zahlenbeispiel: In einem normalen Jahr mit einer Überrendite von $+5\%$ wäre die Sharpe-Ratio eines Aktienportfolios gleich 25%, wenn eine Standardabweichung der Rendite von 20% unterstellt wird. Da ein gut diversifiziertes Aktienportfolio in sehr guten Jahren vielleicht 40% und in sehr schlechten Jahren bis zu -30% Überrendite zeitigt, kann die Sharpe-Ratio durchaus Zahlenwerte zwischen -150% und $+200\%$ haben. ■

Ein weiteres Performance-Maß ist das Alpha. Hierbei wird gefragt, ob es eine Mehrrendite gegenüber einer Anlage in den Marktindex mit demselben Beta geschaffen werden konnte. Für die Periode, auf die sich die Beurteilung des Portfolios P bezieht, wird hinsichtlich des Marktindexes zunächst das Beta berechnet, β_P. Hätte der Portfoliomanager eine Anlage in den Marktindex getätigt, die dieses Beta gehabt hätte, so wäre als Überrendite $\beta_P \cdot (r_M - r_0)$ erzielt worden. Der Unterschied zwischen der tatsächlichen Überrendite $r_P - r_0$ und dieser Vergleichsanlage in den Index mit demselben Beta ist das Alpha:

$$(5\text{-}7) \qquad r_p - r_0 \;=\; Alpha \;+\; \beta_P \cdot (r_M - r_0)$$

Die Größen werden mit einer Regression bestimmt: Für das Portfolio hat man die 52 Wochenrenditen des Jahres, $r_{p,t}$, $t = 1, 2, ..., 52$. Außerdem werden die Wochenrenditen des Marktindexes $r_{M,t}$ und der (auf eine Woche umgerechnete) Zinssatz beschafft. Anschließend werden die Überrenditen berechnet: $y_t = r_{P,t} - r_0^{Woche}$, $x_t = r_{M,t} - r_0^{Woche}$. Nun wird eine Regressionsrechnung durchgeführt:

$$(5\text{-}8) \qquad y_t = a + b \cdot x_t + \varepsilon_t \quad \textit{für} \quad t = 1, 2, ..., 52$$

Die Koeffizienten *a* und *b* sind Schätzungen für das (auf Wochenbasis ausgedrückte) Alpha und für das Beta. Das Alpha kann natürlich negativ, gleich null oder auch positiv sein. Falls letzteres der Fall ist, lohnt sich noch der Test, ob Alpha signifikant (von null verschieden) ist. Denn die Regression (5-8) liefert nur einen Schätzwert für das Alpha.

Ein Portfoliomanager oder ein Finanzanalyst, der nach dem Alpha beurteilt wird, ist versucht, hohe Risiken einzugehen, die vom Marktindex unabhängig sind. Einer der Gründe besteht darin, auf Glück zu setzen. Dieses Spiel mit dem Risiko zeigt sich in dem Epsilon in (5-8). Man wird den Erfolg eines positiven Alphas daher um so höher bewerten, je geringer die Standardabweichung des Epsilons ist.

Diese Überlegungen machen den auf TREYNOR und BLACK zurückgehende Information-Ratio als Kennzahl einsichtig.[10] Die Information-Ratio *IR* setzt das Alpha in Relation zur Standardabweichung des Epsilons:

$$(5\text{-}9) \qquad IR \;=\; \frac{a}{\sqrt{Var(\varepsilon_1,...,\varepsilon_{52})}}$$

5.3.3 Drei Rezepte für die Arbeit

- Empirie und Theorie verbinden! Im Jahr 2008, inmitten der Krise, haben viele enttäuschte Inestoren die quantitative Finance verteufelt und ihr Heil im Glauben gesucht, man solle nur nach einem Schwarzen Schwan Ausschau halten. Doch der Black Swan wurde von Popper als Gleichnis für die Grenzen der induktiven Methode gebracht und besagt gerade, dass empirische Beobachtungen allein noch nicht zuverlässige Erkenntnis bringen. Wir brauchen die Verbindung von Theorie und Empirie. Auch wenn die Theorie immer wieder Verbesserungen und Ergänzungen verlangt, sollten die Grunderkenntnisse nicht abgetan werden. Der gute Finanzanalyst ist weder ein reiner Beobachter, noch ein reiner Theoretiker. Gute Finanzanalyse verbindet Empirie und Theorie.

- Berichte über Korrelationen und Zusammenhänge! Verweise auf die aktuelle Volatilität und das aktuelle Beta, erläutere die Korrelation und ihrer Veränderung. Der Analyst sollte an der Möglichkeit, einen Bezug zur Portfoliotheorie herzustellen, nicht vorbeigehen. Sicherlich wollen Anleger keine Vorlesung über das CAPM, doch sie sind interessiert, wenn der Analyst (mit Hilfe dieses Modells) aus einer festgestellten Änderung von Risiko oder Korrelation ableitet, welche Rendite neu zu erwarten ist.

---

[10] 1. JACK L. TREYNOR und FISHER BLACK: How to Use Security Analysis to Improve Portfolio Selection. *Journal of Business* 46 (1973), 66-86. 2. Zum praktischen Einsatz: ROBERT FERGUSON: Performance Measurement Doesn't Make Sense. *Financial Analysts Journal* 36 (1980), 59-69.

- Auch isoliert auf den Kapitalmarkt bezogene Betrachtungen respektieren, selbst wenn sie keinen Bezug zur Realwirtschaft herstellen! Der gegenseitig und offensichtlich recht lose wirkende Zusammenhang zwischen Finanzwirtschaft und Realwirtschaft hat viele Facetten, weshalb ein Techniker, der meist ohne Bezug zur Realwirtschaft dem Geschehen am Kapitalmarkt wie einem isolierten Phänomen beizukommen versucht, zumindest Respekt verdient.

5.3.4   Fragen und Aufgaben

1. Ein Finanzanalyst soll schnell einige „defensive" und ein paar „aggressive" Sektoren nennen. Helfen Sie als Souffleur oder Souffleuse!

2. Jemand sagt, das Beta der Firma Z bezüglich des DAX sei 1. Eine zweite Person meint, man solle die Betas gegenüber dem MSCI World ausdrücken. Denken Sie, das Beta der Firma Z würde dadurch größer oder kleiner werden?

3. Ein besorgter Investor erklärt, das Börsengeschehen 1980-2010 hätte zwar eine Risikoprämie von 5% gebracht, doch sei die Risikoprämie nur so hoch gewesen, weil es in den dreißig Jahren einen Rückgang des Zinsniveaus gab. Kommentieren Sie diese Aussage!

4. Gegeben sind zwei Zeitreihen von wöchentlichen Aktienkursen. Erstens die Kursentwicklung der Aktie der *Credit Suisse* über die letzten 11 Wochen: 49,00, 51,55, 49,30, 52,50, 51,20, 48,80, 48,00, 47,30, 53,60, 54,10, 53,45 Franken. Zweitens die Entwicklung des Swiss Performance Index (SPI) über denselben Zeitraum: 5.552,98, 5.648,14, 5.626,39, 5.709,39, 5.683,31, 5.612,11, 5.570,18, 5.419,16, 5.531,32, 5.761,56, 5.763,27 Punkte. Berechnen Sie mit Hilfe von Excel: a) die einfachen wöchentlichen Renditen der Credit-Suisse-Aktie und des SPI, b) die annualisierten Erwartungswerte, c) Das Beta der Credit Suisse, wobei als Proxy für das Marktportfolio der SPI gewählt werden soll.

5. Zwei Analysten A und B haben den Auftrag, sich im Sellside auf Aktien beziehungsweise auf Bonds zu konzentrieren. Analyst A (Aktien) erzielte mit seinen Vorschlägen im abgelaufenen Jahr eine Rendite von 8%, B (Bonds) von 5%. Alle meinen, A hätte bessere Empfehlungen gehabt, doch B besteht darauf, die höhere Performance gehabt zu haben. Könnte B recht haben? Hinweis: Rechnen Sie mit einem Zinssatz von 3% und unterstellen Sie für die Standardabweichung der Rendite übliche Zahlenwerte.

6. Vor einem Jahr waren die Analysten A und B für einen Fernsehauftritt zusammengekommen. Jeder sollte vier Aktien empfehlen. Heute stellt sich heraus, dass die Empfehlungen gut waren. Wären sie vom angesprochenen Anlegerpublikum verwirklicht worden, hätten sie ein auf das Jahr bezogenes Alpha von 3% (A) beziehungsweise 2% (B) erzeugt. Dabei hat A vier inländische Unternehmungen vorgeschlagen, B vier kleine Firmen aus verschiedenen Emerging Marktes. Bei welchem Analysten war die Information-Ratio größer?

5.3.5   Antworten und Lösungen

1. Die Begriffe „defensiv" und „aggressiv" werden in Bezug auf das Beta gebraucht. Ein geringes Beta findet sich in den Sektoren Versorger, Nahrungsmittel, Pharma. Ein hohes Beta haben Unternehmungen in den Sektoren Banken, Technologie, Bauindustrie.

2. Die Standardabweichung der Rendite des MSCI-World-Indexes ist ungefähr die des DAX, doch die Korrelation zwischen der Rendite der Aktie der Firma Z zu den dort zusammengefassten 1500 Aktien ist sicherlich geringer als zu den im DAX zusammengefassten Unternehmungen. Daher würde das Beta geringer werden.

3. Allgemein wird heute davon ausgegangen, dass die Risikoprämie nicht konstant über alle Zeiten ist. Durchaus können auch langfristige Zinszyklen die Höhe der Risikoprämie bestimmen, denn bei einem über Jahre sich vollziehendem Rückgang des Zinsniveaus steigen die Werte von Unternehmungen, wodurch die mit Aktien erzielbaren Renditen höher werden. Um 1980 und noch einige Jahre danach lag die Zielrendite im Federal Reserve System bei 10% und darüber, um 1995 bei 5%, und heute bei praktisch 0%. Die Aussage des Investors ist korrekt und lässt schlimmes erahnen, sollten sich die Zinsen in den kommenden Jahrzehnten wieder nach oben bewegen.

4. a) Die auf eine Woche bezogenen Renditen der Credit-Suisse Aktie sind gerundet auf 2 Nachkommastellen: 5,20%, -4,36%, 6,49%, -2,48%, -4,69%, -1,64%, -1,46%, 13,32%, 0,93%, -1,20%. Die Wochenrenditen des SPI, ebenfalls gerundet, sind: 1,71%, -0,39%, 1,48%, -0,46%, , 1,25%, -0,75%, -2,71%, 2,07%, 4,16%, 0,03%. b) Aufgrund dieser Daten würden die auf ein Jahr bezogenen Erwartungswerte durch die arithmetischen Mittelwerte geschätzt, wobei die Umrechnung auf Jahresbasis eine Multiplikation mit $\sqrt{52}$ verlangt. Ergebnisse: Credit Suisse 7,3%, Swiss Performance Index 2,81%. c) Das Beta der Credit-Suisse-Aktie ist 1,71. Das Beta wird über eine Regressionsrechnung ermittelt. In Excel stehen dazu zwei Funktionen zur Verfügung. Entweder kann das Beta über die Funktion Steigung() oder über die Analyse-Funktionen aus dem Menü Extras (Analyse-Funktionen → Regression) ermittelt werden. Die Analyse-Funktionen bieten den Vorteil, dass auch gleich der Achsenabschnitt und Test-Statistiken ausgewiesen werden.

5. Die Überrenditen waren 5% beziehungsweise 2%. Übliche Standardabweichungen für ein Aktienportfolio liegen um die 25%, die für ein Bondportfolio um die 10%. Die Sharpe-Ratio für A wäre demnach $0,05 / 0,25 = 20\%$, die für Bonds bei $0,02 / 0,1 = 20\%$. Man müsste jetzt die Standardabweichungen genauer bestimmen, doch im Ergebnis haben beide Portfolios eine ziemlich genau übereinstimmende Performance gezeigt.

6. Klar bei Finanzanalyst A. Seine Empfehlungen hatten mit dem heimischen Marktindex die höhere Korrelation, weshalb in der Regression (5-8) die Standardabweichung der Epsilons sicherlich kleiner und daher die Information-Ratio größer ist.

6. Finanz- und Realwirtschaft, Demographie

Sollen Erwartungen über die Renditen von Wertpapieren, insbesondere von Aktien, aufgrund der realwirtschaftlichen Entwicklung gebildet werden? Wie Konsum und Demographie die Börse bewegen.

6.1   Langfristige Parallelität?

6.1.1   Finanzwirtschaftliche und realwirtschaftliche Rendite

Eine alte Vorstellung lautet, dass die Renditen in der Finanzwirtschaft, insbesondere die Aktienrenditen, ein Spiegelbild dessen abgeben, was in der Realwirtschaft passiert. Die Realwirtschaft ist die Welt der Arbeit, das sind die Betriebe, die Produkte, die Messen und Neuheiten, der Konsum, die Politik. Auf der makroökonomischen Ebene beschreiben Makrozahlen die Realwirtschaft: das Sozialprodukt, die Höhe der Steuern, die Arbeitseinkommen, die Einkommensverteilung und das Preisniveau.

Dass Realwirtschaft und Finanzwirtschaft sich *parallel* entwickeln sollten, ist eine alte Intuition der Volkswirtschaftslehre. Ganz vordergründig gilt das für das Zinsniveau und daher für Anleiherenditen. Ist es nicht so, dass die Zentralbank die Zinspolitik im Hinblick auf die Inflation festlegt und dazu beobachtet, ob ein Konjunkturaufschwung den Preisauftrieb anheizen könnte oder eine mögliche Rezession in eine Deflation münden könnte? Aber auch die Dividenden und die Entwicklung der Aktienkurse, also die finanzwirtschaftliche Rendite, sollte den unternehmerischen Gewinnen und dem realen Wachstum der Unternehmungen entsprechen.[1]

Definieren wir zunächst die Renditen für Aktien in der Finanzwirtschaft und in der Realwirtschaft:

---

[1] 1. ROBERT H. LITZENBERGER und KRISHNA RAMASWAMY: The Effect of Personal Taxes and Dividends on Capital Asset Prices: Theory and Empirical Evidence. *Journal of Financial Economics* (June 1979).

> Die *finanzwirtschaftliche* Rendite für Aktien bestimmt sich als Summe der *Dividenden-rendite* und der prozentualen *Kurssteigerungen* pro Jahr (Total Return).

Wenn eine Aktiengesellschaft, bezogen auf den aktuellen Kurs der Aktie, etwa 3% als Dividende ausschüttet und der Aktionär sich überdies an Kurssteigerungen von im Durchschnitt jährlich 7% freuen kann, dann beträgt die finanzwirtschaftliche Rendite 10%. Selbstverständlich sind die Kurssteigerungen letztlich ein Ergebnis von Angebot und Nachfrage nach Aktien. Gerade was die Kurssteigerungen betrifft, ist die Rendite innerhalb der Finanzwirtschaft *hausgemacht*.

Nun sei eine Unternehmung betrachtet, deren Beteiligungstitel *nicht* an einer Börse gehandelt werden. Dabei kann es sich beispielsweise um einen Unternehmer mit seinem Betrieb handeln, um die Anteilseigner einer Personengesellschaft, oder um die Inhaber der nicht gehandelten Stammanteile einer GmbH. Die Eigenkapitalgeber tätigen *Entnahmen* oder erhalten Jahr um Jahr gewisse Ausschüttungen. Da aber nicht die gesamten Gewinne entnommen oder ausgeschüttet werden, kann ein Teil einbehalten und in der Firma investiert werden. Die Firma wird dadurch wachsen (Wachstum durch Innenfinanzierung). Hinzu kommt ein gewisses *organisches* Wachstum, das die Unternehmung selbst dann noch hätte, wenn sie die gesamten Gewinne ausschütten würde. So steht die Rate des Wachstums der Unternehmung in der Realwirtschaft fest. Es ist zugleich die Wachstumsrate der Entnahmen oder Ausschüttungen. Auch wenn die Beteiligungstitel nicht an einer Börse gehandelt werden, kann die Unternehmung bewertet werden. Ein Standardansatz definiert den Wert der Unternehmung als Barwert aller zukünftigen Entnahmen oder Ausschüttungen und die Formel hierfür ist das Gordonsche Growth-Modell (GGM). Es nimmt an, dass die Unternehmung ihren Eigenkapitalgebern Dividenden zahlt, wobei die erwarteten Dividenden der kommenden Jahre, $D_1, D_2, ...$ mit einer konstanten Wachstumsrate g wachsen. Ist die für die Diskontierung zukünftiger erwarteter Dividenden herangezogene Vergleichsrendite μ über die Jahre hinweg unverändert, dann gilt wie schon in Formel (3-5) angeführt:

$$(6\text{-}1) \qquad W_0 \;=\; \sum_{t=1}^{\infty} \frac{D_t}{(1+r)^t} \;=\; \sum_{t=1}^{\infty} \frac{D_1 \cdot (1+g)^{t-1}}{(1+r)^t} \;=\; \frac{D_1}{r-g}$$

Hier ist r die finanzielle Rendite, die bei vergleichbaren Anlagen im Kapitalmarkt erwartet werden kann.[2] Die Wachstumsrate g ist jene, welche die (erwarteten) Dividenden aus heutiger Sicht langfristig haben. Ist die Unternehmung auf Fortbestand und Wachstum ausgerichtet, so wird sie Dividenden in konstanter Relation zum Unternehmenswert ausschütten. Dann ist g auch die Wachstumsrate des Werts der Unternehmung. Die Wachstumsrate g ist geringer als die erwartete Rendite r, weil die Dividenden tatsächlich abfließen und nur das restliche Wirtschaftsergebnis im Unternehmen verbleibt und dort (zugunsten der bisherigen Eigenkapitalgeber) investiert wird.

---

[2] Wer das CAPM als Denkrahmen verwendet, geht davon aus, dass die Renditeerwartung nur durch einen einzigen Parameter bestimmt wird, dem Beta. Die Vergleichsrendite ist dann jene Rendite, die andere Investitionen mit demselben Beta wie die betrachtete Unternehmung erwarten lassen.

Bei dieser Betrachtung wird Wachstum durch Außenfinanzierung (Einlage neuen Kapitals) aus-
geklammert, weil dies nicht zugunsten der bisherigen Eigenkapitalgeber verläuft, sondern die
neuen Kapitalgeber für ihre Einlage kompensiert.

Mit dem Unternehmenswert steht die Auschüttungsrendite fest. Sie ist ein erster Bestandteil der
Rendite, die Eigenkapitalgeber in der Realwirtschaft erhalten. Ein zweiter Teil der „realwirtschaftlichen" Rendite besteht in den Steigerungen des Unternehmenswerts (nicht des Kurses oder
der Börsenkapitalisierung) im Verlauf der Jahre.

> Die realwirtschaftliche Rentabilität ist gleich der Ausschüttungsrendite plus der Wach-
> stumsrate des Werts der Unternehmung.

Die Wachstumsrate des Werts der Unternehmung kann in Beziehung zum Wachstum der Wirtschaft insgesamt gesetzt werden, wenn eine typische Firma betrachtet wird. Die Wachstumsrate
der Volkswirtschaft ist die des Sozialprodukts oder des Pro-Kopf-Sozialprodukts. Ein Zahlenbeispiel: Ein typische Ausschüttungsrendite kann 4% sein und das (inflationsbereinigte) Wachstum
der Volkswirtschaft liegt vielleicht bei 2%. Bei einer Inflationsrate von 3% wächst die Wirtschaft nominal um 5%. Die *realwirtschaftliche* Rendite beträgt demnach 9%.

6.1.2   Gleichschritt unter Schwankungen

Die realwirtschaftliche und die finanzwirtschaftliche Rendite sind vom Begriff und von der Sache
her verschieden. Die finanzwirtschaftliche Rendite wird letztlich von den Finanzinvestoren gemacht, die realwirtschaftliche von den Produzenten und Konsumenten.

Zudem kann es *in einzelnen Jahren* zu beträchtlichen Unterschieden der numerischen Höhe
kommen. Typischerweise wird es in der Finanzwirtschaft zu *stärkeren* Schwankungen kommen
— besonders weil alle zukünftigen Entwicklungen sofort in Kursen antizipiert werden. Oft wird
gesagt, die Aktionäre seien mit ihren Einschätzungen der Zukunft einmal überschäumend optimistisch, ein andermal pessimistisch. Die Entwicklung der Realwirtschaft zeigt zwar auch Schwankungen, doch sie sind im Vergleich zu denen der Finanzwirtschaft deutlich geringer. Unternehmer sind stets und gleichmäßig zurückhaltend zuversichtlich, jedoch nie optimistisch oder pessimistisch wie die Börsianer. Ob Produzenten, Konsumenten und Politiker im Prinzip erkennbare
Entwicklungen schnellstens und vollständig antizipieren (so wie das die Finanzinvestoren nach
der MEH tun) und in ihren Entscheidungen berücksichtigen, sei dahingestellt.

Doch *langfristig* sollten die realwirtschaftliche und die finanzwirtschaftliche Rendite dieselbe
Höhe haben. Warum? Wenn langfristig die realwirtschaftlichen Renditen geringer wären, würden
alle Unternehmer irgendwann ihre Firma an die Börse bringen und „im anderen Zug weiterfah-
ren" wollen. Wenn hingegen langfristig die realwirtschaftlichen Renditen höher wären, dann
würden sich die Aktionäre zusammenschließen, für ein Delisting sorgen, und die Unternehmungen fern von der Börse weiterführen.

Selbstverständlich gibt es aufgrund temporärer Unterschiede immer Strömungen in die eine oder andere Richtung. Einmal wünschen sich alle einen Gang an die Börse (*Initial Public Offering*, IPO), ein andermal wollen sich die Finanzinvestoren nur in *Private Equity* engagieren. Große Aktionäre nehmen in solchen Zeiten ein Going-Private vor. Doch letztlich ist keine der beiden Transaktionen stets dominant.

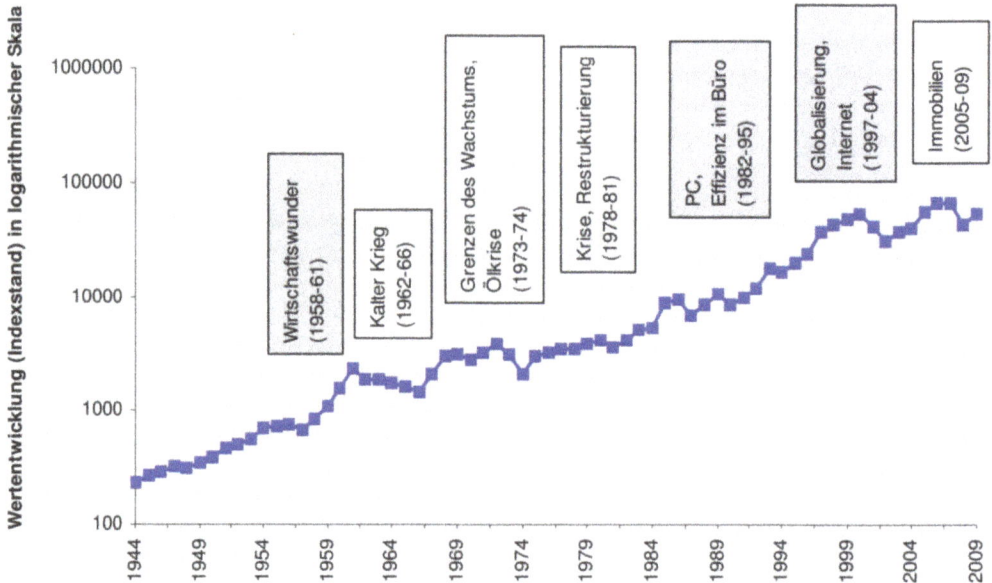

Bild 6-1: Positive und negative Phasen in der Finanzwirtschaft (hier Aktienentwicklung Schweiz 1945 bis 2004), verstanden als monokausale Folge großer realwirtschaftlicher und politischer Strömungen.

Deshalb darf geschlossen werden, dass *langfristig* die realwirtschaftliche und die finanzwirtschaftliche Rendite wohl dieselbe Höhe haben. Den Zusammenhang zwischen Realwirtschaft und Finanzwirtschaft darf man sich aber nicht als starr vorstellen. Vielmehr ist es eine sehr *langfristig gültige Identität* zwischen den beiden Renditen gemeint.

J. SCHUMPETER[3] kleidete den langfristig gültigen Zusammenhang zwischen Realwirtschaft und Finanzwirtschaft in eine schöne Geschichte. A. KOSTOLANY, legendärer Börsenguru, hat sie immer wieder zitiert: Ein Herr (die Realwirtschaft) geht mit seinem Hund (die Finanzwirtschaft) spazieren. Der Herr schreitet behäbigen Schrittes, wenngleich nicht immer mit konstanter Geschwindigkeit voran. Der Hund jedoch springt vor, bleibt zurück, überholt wieder seinen Herren

---

[3] Der große Ökonom JOSEPH A. SCHUMPETER (1883-1950) analysierte die Dynamik des Kapitalismus, die Funktion des Unternehmertums und die Bedeutung der Innovation. Er lehrte in Graz, Bonn und Harvard und war 1919 österreichischer Finanzminister.

und ab und zu folgt er dem eigenen Instinkt mehr als seinem Herrn. Doch am Ende des Spazierganges zeigt sich, dass beide denselben Weg genommen haben und zur gleichen Zeit daheim angekommen sind.

Der Augenschein unterstreicht das Gleichnis von SCHUMPETER. Wenn die historischen Renditen am Aktienmarkt betrachtet werden, so werden längere Abschnitte erkennbar, für die sich (im Rückblick) Erklärungen aufdrängen, mit denen die Kurse als Ergebnis realwirtschaftlicher und politischer Ursachen verstanden werden. Beispielsweise war das Wirtschaftswunder die klare Erklärung für den Börsenaufschwung um 1960. Die Verbindung von Computer und Telekommunikation, sowie die damit bewirkte Steigerung der Effizienz in den Verwaltungen der Unternehmungen, ist die klare Erklärung des langen Börsenaufschwungs von 1980 bis 2000. Es handelt sich um Monokausalität, weil die angeführten Umstände globale, alles überschattende Bedeutung hatten. Niemanden wundert, dass solche, globale Schübe (Wirtschaftswunder der Nachkriegszeit, PC und IT ab 1980) die Aktienkurse beflügelt. Die Realwirtschaft sollte demnach auf die Finanzwirtschaft wirken.

Solche Betrachtungen wurden nicht nur für die ganz großen wirtschaftlichen und politischen Strömungen angestellt, wie in Bild 6-1 genannt. Sie wurden auf Konjunkturzyklen übertragen. Es gibt Evidenz, dass die Aktienkurse zeitlich einem realwirtschaftlichen Aufschwung ebenso wie einem Abschwung vorangehen — wobei damit nichts darüber gesagt wird, auf welcher Seite die Ursache, und auf welcher die Wirkung zu sehen ist, auch wenn nach der Granger-Kausalität die Finanzwirtschaft die Ursache sein sollte. Es bleibt eben anzumerken, dass die Finanzwirtschaft ebenso auf die Realwirtschaft wirkt wie umgekehrt. Um im Gleichnis zu bleiben: Einmal zieht der Hund an der Leine, ein andermal der Herr. Das Gleichnis unterstreicht auch, dass ein Zusammenhang zwischen Realwirtschaft und Finanzwirtschaft nicht bedeutet, dass die Markteffizienzhypothese verletzt ist. Wenn es einen Zusammenhang zwischen Realwirtschaft und Finanzwirtschaft gibt, so bedeutet das nicht, dass es genügen würde, sich die neuesten makroökonomischen Daten zu besorgen um zu wissen, ob es mit der Börse eher nach oben oder nach unten geht. Es kann sein, dass sich unmittelbar nach Realisationen und Bekanntwerden der Makrozahlen die Kurse bereits angepasst haben. Wir können deshalb an der Vorstellung festhalten, dass sich die realwirtschaftliche Entwicklung und die Rendite im Finanzmarkt „gleichzeitig" entfalten und zeigen. Indessen läßt sich der Zusammenhang mit ökonometrischen Modellen aufstellen.[4]

6.1.3 Empirische Evidenz

In jüngster Zeit ist der Zusammenhang zwischen Realwirtschaft und Finanzwirtschaft mehrfach ökonometrisch untersucht worden. Die Forschungen gehen aber in verschiedene Richtungen. Sie sind derzeit noch im Fluss und, wie bereits im letzten Kapitel erwähnt, nicht abgeschlossen.

---

[4] 1. NAI-FU CHEN, RICHARD ROLL und STEPHEN A. ROSS: Economic Forces and the Stock Market. *Journal of Business* 59 (July 1986), 383-403. 2. ARTURO ESTRELLA und GIKAS A. HARDOUVELIS: The Term Structure as a Predictor of Real Economic Activity. *Journal of Finance* 1991 (46) 2, 555-576.

> In den verschiedenen Ansätzen kommt übereinstimmend zum Vorschein, dass im Vergleich zur Realwirtschaft die Aktienrenditen der fünf Jahrzehnte 1950 bis 2000 als "ungewöhnlich hoch" angesehen werden müssen, so dass Rätsel bleiben.

Das bedeutet: Vorsicht, wenn aufgrund der *hohen* Renditen an den Aktienmärkten *in den letzten fünfzig Jahren* ohne weitere Korrektur Erwartungen über die Renditen der kommenden Jahre gebildet werden. Wir erinnern an zwei bereits erwähnte Richtungen dieser Forschungen:

1. Das *Risikoprämien-Puzzle*: Die an Finanzmärkten beobachtbare *Risikoprämie* beträgt rund 5% (wenn sie anhand der historischen Renditen geschätzt wird). Dieser empirische Befund widerspricht aber der etablierten Wirtschaftstheorie. MEHRA und PRESCOTT (1985) zeigen, dass in den akzeptierten Modellen eine unrealistisch hohe Risikoaversion der Investoren vorausgesetzt werden muss, um so hohe Prämien erklären zu können.[5]

2. FAMA und FRENCH (2002) kommen zu diesem Befund: Geht man von den historischen Renditen an den Kapitalmärkten aus, dann ergibt sich für 1872 bis 2000 (und die USA) als Risikoprämie 5,57%. Schätzt man die Risikoprämie aufgrund der Realwirtschaft, dann beträgt sie für denselben Zeitraum jedoch nur 3,54%. Das ist ein großer Unterschied von 2%.[6] Diese Ergebnisse wurden für die europäischen Kapitalmärkte bestätigt.

Durch diese Forschungen wird der postulierte langfristige Zusammenhang zwischen Realwirtschaft und Finanzwirtschaft in Frage gestellt.[7]

Fazit: Zwar könnte es Zusammenhänge zwischen Realwirtschaft und Finanzwirtschaft geben, deren Untersuchung ist jedoch nicht ganz abgeschlossen. Vielleicht haben sich die Kapitalmärkte inzwischen von der realen Wirklichkeit gelöst. Vorsicht sollte walten, wenn aufgrund der, gemessen an der Realwirtschaft recht hohen Aktienrenditen der Vergangenheit eine entsprechend hohe Erwartung für die zukünftigen Renditen gebildet wird. Die Vorstellung, nach der aus der realwirtschaftlichen Entwicklung *viele* und *genaue* Informationen über die kommenden Renditen an den Finanzmärkten abgelesen werden können, bleiben indes unerfüllbare Hoffnung.

---

[5] 1. RAJNISH MEHRA und EDWARD C. PRESCOTT: The Equity Premium: A Puzzle. *Journal of Monetary Economics* 15 (1985) 2, 145-161. 2. IVO WELCH: Views of Financial Economist on the Equity Premium and on Professional Controversies. *Journal of Business* 73 (2000), 501-537. 3. Equity Risk Premium Forum (8. November 2001) www.cfapubs.org/ap/issues/v2002n1/pdf/v2002n1.pdf 4. JOHN H. COCHRANE: Financial Markets and the Real Economy. www.nber.org/papers/w11193 (2005).

[6] EUGENE F. FAMA und KENNETH R. FRENCH: The Equity Premium. *Journal of Finance* 57 (2002), 637-659.

[7] Hinzu kommt die zitierte Beobachtung von Ritter: Bei positivem Zusammenhang wäre zu vermuten, dass Länder mit hohen Wachstumsraten ihrer Realwirtschaft auch Aktienmärkte mit hohen Renditen haben sollten, während der Tendenz nach Länder mit geringem Wirtschaftswachstum auch geringere Aktienrenditen zeigen sollten. In einem Vergleich über verschiedene Länder hinweg wäre demnach eine positive Korrelation zwischen Aktienrendite und dem Wachstum des Bruttosozialprodukts zu vermuten. Die Korrelation ist jedoch negativ (JAY R. RITTER: Economic Growth and Equity Returns. *Pacific-Basin Finance Journal* 13 (2005) 5, 489-503).

FAMA und FRENCH zeigen, dass der Unterschied von 2% zwischen der finanzwirtschaftlichen und der realwirtschaftlichen Rendite *auf die letzten fünfzig Jahre* zurückzuführen
ist. Denn in der Zeit 1872 bis 1950 sind Realwirtschaft (Risikoprämie 4,17%) und Finanzwirtschaft (Risikoprämie 4,40%) ähnlich verlaufen, während für die Zeit von 1951 bis
2000 die Realwirtschaft eine Risikoprämie von nur 2,55% und die Finanzwirtschaft eine
von 7,43% zeigt. Von 1950-2000 sind die Finanzmärkte der Realwirtschaft davon geflo-
gen. Im Gleichnis von SCHUMPETER sind Herr und Hund zwischen 1872 und 1950 noch
zusammen gegangen, doch ab 1950 hat der Herr seinen Schritt eher verlangsamt, während
sich der Hund losgerissen hat und mit schnellem Schritt davongelaufen ist.

Es fehlte also zwischen 1951 bis 2000 zunehmend an Verbindung zwischen Realwirtschaft und Finanzwirtschaft. Deshalb dürfen die hohen Renditen, die mit Aktienanlagen in
den Jahrzehnten 1981-2000 verbunden waren, nicht ohne Korrektur übertragen werden. Es
wäre verfehlt, darauf aufbauend *Erwartungen über die zukünftige Rendite* zu bilden.

Da die Rendite in der Realwirtschaft *geringer* ist, sollten die Aktionäre ihre Erwartungen
hinsichtlich der zukünftigen Aktienrendite eher an der realwirtschaftlichen Rendite orientieren und gegenüber der an den Börsen beobachteten Rendite nach unten korrigieren. Der
Korrekturbedarf liegt bei 2%.

6.2 Zeitvariable Erwartungen

6.2.1 Diskontierung anhand Renditeerwartung

Der Befund, dass *in den letzten fünf Jahrzehnten* die finanzwirtschaftlichen Aktienrenditen deutlich *über* der realwirtschaftlichen Rentabilität der Unternehmen lag, nährt die Vermutung, dass
die Renditen *nicht* so entstehen, als ob sie Jahr für Jahr aus derselben Urne (und noch dazu in unabhängiger Weise) gezogen würden (Urnenmodell), sondern dass sich vielmehr der Erwartungswert der Rendite *ändert*.

Die ersten Arbeiten, die darauf hindeuten, dass *nicht konstante Renditeerwartungen* realitätsnäher
sind, untersuchten den Einfluss der *Inflation* auf die Renditen und die Kurse von Aktien. Hier
wurden Besonderheiten der Reaktion der Aktienkurse auf sich ändernde Inflation erkannt, aus
denen hervorgeht, dass die Renditeerwartungen bei Aktien *nicht konstant* sind.[8] Sind die Renditeerwartungen nicht konstant, dann tritt zudem eine besondere Wirkung der Renditeerwartung auf

---

[8] 1. EUGENE F. FAMA und KENNETH R. FRENCH: Business Conditions and Expected Returns on Stocks and Bonds.
Journal of Financial Economics 25 (1989), 23-49. 2. JOHN Y. CAMPBELL: Asset Pricing at the Millenium. *Journal
of Finance* LV (2000) 4, 1515-1557. 3. EUGENE F. FAMA und G. WILLIAM SCHWERT: Asset Returns and Inflation.
Journal of Financial Economics 5 (1977), 115-146. 4. EUGENE F. FAMA und MICHAEL R. GIBBONS: Inflation, Real
Returns and Capital Investment. *Journal of Monetary Economics* 9 (1982), 297-323.

die Rendite zu Tage. Der Unternehmenswert ist die Summe der diskontierten Zahlungsüberschüsse. Für die Bewertung muss feststehen, wie stark die Zahlungsüberschüsse diskontiert werden. Maßgeblich ist die Rendite, die Investoren bei vergleichbaren Kapitalanlagen erwarten. Haben die Investoren hohe Renditeerwartungen, wird stark diskontiert, haben sie geringe Renditeerwartungen, dann wird nicht so stark diskontiert.[9] Das klingt paradox: Haben die Aktionäre gierige Erwartungen, werden sie nur enttäuscht, sind sie bescheiden, werden sie positiv überrascht.

6.2.2 Asset-Pricing

Ein gemeinsamer Kern der Arbeiten zu nicht konstanten Erwartungen ist das *Asset-Pricing*, also die Bewertung der Unternehmen, die hinter den Finanztiteln stehen. Es wird (aufgrund einer ökonomischen Theorie) ein Unternehmenswert ermittelt — wir erwähnten, dass der Wert gleich der Summe der diskontierten Zahlungsüberschüsse ist, die in den Verfügungsbereich der Investoren kommen. Auf diese Weise können Vergleiche zwischen den theoretischen Werten und den augenblicklichen Kursen vorgenommen werden. Liegen die theoretischen Werte *über* den augenblicklichen Kursen, vielleicht weil aufgrund einer geringen Renditeerwartung nur schwach diskontiert wird, dann sind für die Zukunft eher Kurssteigerungen, also höhere Renditen zu erwarten. Vergleichsweise geringe heutige Kurse gehen darauf zurück, dass die Renditen in der Vergangenheit gering waren. Die Überlegung führt demnach auf die Beziehung:

> Geringe Renditen in der Vergangenheit = Vergleichsweise geringes Kursniveau heute = Höhere Renditen in der Zukunft.

Liegen die im Asset-Pricing ermittelten theoretischen Werte *unter* den augenblicklichen Kursen, dann ist für die Zukunft eher mit einer langsameren Kursentwicklung zu rechen oder sogar mit fallenden Kursen. So sind geringere Renditen zu erwarten. Über den Werten liegende heutige Kurse gehen darauf zurück, dass die Renditen in der Vergangenheit schon recht hoch waren.

Der Weg über das Asset-Pricing und der Vergleich mit den theoretischen Werten führt damit auf eine *ganz andere Erwartungsbildung* als der Stichproben-Ansatz, der geeignet ist, falls die Erwartungen konstant sind. Denn beim Stichproben-Ansatz ist es gerade so, dass aufgrund geringer vergangener Renditen auf eine geringere Renditeerwartung (auch für die Zukunft) geschlossen wird, während höhere historische Renditen in der Vergangenheit bedeutet, dass die Renditeerwartung generell als höher eingeschätzt wird.

---

[9] Haben die Investoren eine hohe Renditeerwartung, dann diskontieren sie also die zukünftigen Zahlungsüberschüsse stark und kommen auf geringe Unternehmenswerte. Wenn diese sich bei der Kursbildung an der Börse durchsetzen, kommt es zu geringen Kursavancen oder vielleicht sogar zu Kursrückschlägen. Mit anderen Worten: Hohe Renditeerwartungen bewirken, dass die Rendite in der kommenden Zeit gering sein wird. Haben die Investoren hingegen eine geringe Renditeerwartung, dann diskontieren sie die zukünftigen Zahlungsüberschüsse der Unternehmen kaum und gelangen zu hohen Unternehmenswerten. Wenn diese hohen Werte sich bei der Kursbildung an der Börse durchsetzen, kommt es zu deutlichen Kursavancen. Geringe Renditeerwartungen bewirken also, dass die Renditen in der kommenden Zeit eher hoch sein werden.

> Wer mit seiner Vorstellung dem Urnenmodell folgt, der schätzt die zukünftige Aktienrendite als Mittelwert der historischen Aktienrenditen. Hohe Aktienrenditen in der Vergangenheit bedeuten daher ebenso *hohe* erwartete Renditen für die Zukunft. Wer von nicht-konstanten Erwartungen ausgeht, erwartet hingegen *geringere* Renditen in der Zukunft, weil die Aktienrenditen der Vergangenheit hoch waren.

Der Einbruch der Jahre 2000-2002 an den Börsen sowie die globale Finanz- und Wirtschaftskrise 2008 hat viele Investoren zu der Frage geführt, ob sie nicht als Strukturbruch zu sehen sind.

- Wer der Modellvorstellung konstanter Erwartungen folgt, also dem Urnenmodell, der wird die Ereignisse der Jahre 2000 bis 2002 und die Krise 2008 als extrem unwahrscheinlich einstufen und deshalb einen *Strukturbruch* erkennen.

- Wer hingegen der Modellvorstellung folgt, die Erwartungen sind nicht konstant, der wird für die Zeit vor 2000 eine Zunahme der allgemeinen Renditeerwartung feststellen. Zuhauf gab es Publikationen, man solle nur in Aktien investieren, und in den US-Medien wurde von Renditen in Höhe von 12% gesprochen, die zu erwarten wären und sich „auf lange Sicht" auch realisieren würden. Wenn man dann die aufgrund der Geschäftspläne von Delta, Ford und Microsoft erkennbaren Zahlungsüberschüsse mit 12% diskontiert, gelangt man aber auf Unternehmenswerte, die bereits 1998 und 1999 deutlich unter den Marktkapitalisierungen lagen, die sich an der Börse eingestellt hatten. Geringe Werte bei hohen Kursen sind Gift für die Börse.

> Wäre man bereits im Jahr 2000 von der Vorstellung oder Annahme ausgegangen, die Renditeerwartung sei nicht konstant, dann hätten die Modelle, welche diese Vorstellung vertiefen, ein Warnsignal gesendet: Die hohen Renditen der Jahre 1950-2000 lassen tiefere Renditen für die Zukunft erwarten!

6.2.3 Verbindung von Makro und Finance

Wer von nicht-konstanten Erwartungen ausgeht, würde also für die Zukunft geringere Aktienrenditen erwarten, weil die der Vergangenheit besonders hoch waren. Eine Konkretisierung und Quantifizierung des Effekts setzt voraus, dass die genauen Zusammenhänge modelliert werden. Hier haben sich verschiedene Forschungsrichtungen verzweigt.

Zuerst nennen wir Ansätze, die den Konsum in den Mittelpunkt rücken:

1. *Consumption-Based Asset-Pricing*: Die wohl bekanntesten Modellvorstellungen gehen davon aus, dass die Menschen letztlich über die Jahre hinweg einen möglichst stabilen Konsum wünschen. Die meisten Menschen sind einerseits in der Realwirtschaft verhaftet, vor allem weil sie von dort Arbeitseinkommen beziehen und Steuern zahlen. Auch das Preisniveau beeinflußt, wieviel Güter sie sich kaufen können. Hinzu kommen kann, was das Wohnen kostet und überhaupt spielt der Markt für Immobilien hinein. Das Arbeitseinkommen und die Sicherheit des Arbeitsplatzes hängen stark von der realwirt-

schaftlichen Entwicklung ab: Kommt ein Wirtschaftsaufschwung oder eine Rezession? Schwankungen im Arbeitseinkommen können diese Personen dadurch ausgleichen, dass sie Wertpapiere kaufen oder eben in der Not auch verkaufen. Auf diese Weise wirken sich Schwankungen der realwirtschaftlichen Entwicklung direkt auf das Kursniveau an den Finanzmärkten und die Renditen aus. [10]

2. *Habit Formation*: Einsichtig ist der Forschungsansatz, der von der *Gewohnheitsbildung* beim Konsum ausgeht. Die Gewohnheit und das laufende Einkommen legen fest, ob die Menschen sparen oder eher konsumieren. Es folgen Kursniveaus und weiter Erwartungen über zukünftige Renditen.[11]

3. *Heterogeneous Agents*: Eine Verfeinerung besteht darin, die Investoren als unterschiedlich zu modellieren: Hier gibt es zwei Untergruppen von Arbeiten. Die eine berücksichtigt heterogene Lohneinkommen, die andere heterogene Präferenzen.[12]

4. *Demographie*: Zudem wurde die Bevölkerungsentwicklung als eine Größe herangezogen, die zukünftige Renditen beeinflusst. Dabei werden auch Modelle mit sich überlappenden Generationen postuliert.[13] Die Thematik wird kontrovers diskutiert.

---

[10] 1. JOHN H. COCHRANE: *Asset Pricing*. Princeton University Press 2005, Kapitel 1 und 2. 2. JONATHAN A. PARKER und CHRISTIAN JULLIARD. Consumption Risk and the Cross-Section of Expected Returns. *Journal of Political Economy* 113 (2005). 3. RAVI BANSAL, ROBERT F. DITTMAR und CHRITIAN T. LUNDBLAT: Consumption, Dividends, and the Cross Section of Equity Returns. *Journal of Finance* 60 (2005) 4, 1639-1672.

[11] 1. GEORGE M. CONSTANTINIDES: Habit Formation: A Resolution of the Equity Premium Puzzle. *Journal of Political Economy* 98 (1990) 3, 519-543. 2. DANIEL K. HIRSHLEIFER und AVANIDHAR SUBRAHMANYAM: Investor Psychology and Security Market Under- and Overreactions. *Journal of Finance* 53 (1998) 6, 1839-1886. 3. JOHN Y. CAMPBELL und JOHN H. COCHRANE: By Force of Habit: A Consumption-Based Explanation of Aggregate Stock Market Behavior. *Journal of Political Economy* 107 (1999), 205.251. 4. JOHN Y. CAMPBELL und JOHN H. COCHRANE: Explaining the Poor Performance of Consumption Based Asset Pricing Models. *Journal of Finance* 55 (2000), 2863-2878. 6. A. ABEL: Asset Prices under Habit Formation and Catching Up with the Joneses. *American Economic Review* 80 (1990), 38-42.

[12] 1. JOHN H. COCHRANE: *Asset Pricing*. Princeton University Press 2005, Kapitel 21 (zweite Hälfte). 2. GEORGE M. CONSTANTINIDES und DARRELL DUFFIE: Asset Pricing with Heterogeneous Consumers. *Journal of Political Economy* 104 (1996), 219-240. 3. BRAV ALON, GEORGE M. CONSTANTINIDES und CHRISTOPHER GECZY: Asset Pricing with Heterogeneous Consumers and Limited Participation: Empirical Evidence. *Journal of Political Economy* 110 (2002), 793-824. 4. TIMOTHY COGLEY: Idiosyncratic risk and the equity premium: evidence from the consumer expenditure survey. *Journal of Monetary Economics* 49 (2002), 309-334. 5. BERNARD DUMAS: Two-person dynamic equilibrium in the capital market. *Review of Financial Studies* 2 (1989), 157-188. 6. Eine Verbindung von Heterogenität und Gewohnheitsbildung stellen LEWIS CHAN und LEONID KOGAN her: Catching Up with the Jones: Heterogeneous Preferences and the Dynamics of Asset Prices. *Journal of Political Economy* 110 (2001), 1255-1285.

[13] 1. AXEL BÖRSCH-SUPAN, ALEXANDER LUDWIG und MATHISAS SOMMER: *Demographie und Kapitalmärkte. Die Auswirkungen der Bevölkerungsalterung auf Aktien-, Renten- und Immobilienvermögen*, 2003. 2. AXEL BÖRSCH-SUPAN und JOACHIM WINTER: Population, Ageing and Savings Behaviour and Capital Markets. NBER *Working Paper* N8553, 2001. 3. ROBIN BROOKS: The Equity Premium and the Baby Boom. Economic Society North American Winter Meetings 155, 2004. 4. ANDREW B. ABEL: The Effects of a Baby Boom on Stock Prices and Capital Accumulation in the Presence of Social Security. NBER *Working Paper* No. 9210, www.nber.com/Papers/w9210. 5. JOHN GEANAKOPLOS, MICHAEL MAGILL UND MARTINE QUINZII: Demography and the Long-Run Predictability of the Stock Market. *Cowles Foundation Discussion Paper* 1380R, Yale University, revised April 2004, cowles.econ.yale.edu /P/cd/d13b/d1380-r.pdf. Die Demografie beeinflusst natürlich auch die Märkte für andere Assets, so für Immobilien: 6. DIRK BROUNEN und PIET EICHHOLTZ: Demographics and the

Andere Arbeiten befassen sich mit Produktion, Investment und dem Gleichgewicht. Diese Arbeiten modellieren das Angebot von Gütern auf mikro- oder makroökonomischer Ebene. So kann der Entwicklung des realwirtschaftlichen Produktionspotentials eine gewisse Prognosekraft für Aktienrenditen zugebilligt werden. Vergleiche mit dem realwirtschaftlichen Produktionspotential zeigen, dass der Aktienmarkt für gewisse Zeitabschnitte ausgesprochen günstige Kaufkurse hatte, so etwa in den Jahren 1918 bis 1924 nach dem Ersten Weltkrieg, von 1941 bis 1954 sowie von 1978 bis 1986. Doch über zwei bis drei Jahrzehnte hinweg haben sich solche Abweichungen zwischen Kurs und Wert wieder ausgeglichen. In der Tat sind ab 1924 (bis zur Weltwirtschaftskrise), ab 1955 (Jahre des Wirtschaftswunders) und wieder ab 1988 (IT) die Kurse stark gestiegen. Die Erweiterung von Modellen, die ursprünglich nur den Konsum betrachteten, auf die Produktion und die Investitionsseite der Realwirtschaft ist zwischenzeitlich weit vorangekommen.[14]

> Die Untersuchungen haben sich verzweigt. Umfang und Verzweigung dieses Forschungsgebiets unterstreichen die *Bedeutung* der Erwartungsbildung. Auf den ersten Blick ist das Urnenmodell eine gute Beschreibung, doch mit einigem Mehraufwand an Theorie und empirischer Forschung wirkt das Urnenmodell nur als grobe Annäherung an die Realität.

Die Arbeiten sind nicht daran ausgerichtet, den Markt zu schlagen. Die Forschungen haben vielmehr das Ziel, den Erwartungswert zukünftiger Renditen mit Hilfe einer tieferen Theorie zu schätzen, als dies mit dem Stichproben-Ansatz möglich ist. Vor allem sollen sie zu einem besseren Verständnis zwischen makroökonomischen Veränderungen und Renditeerwartungen führen. Das Ziel dieser Forschungen besteht darin, Hypothesen über diese Zusammenhänge zu formulieren und mit empirischen Daten zu testen.

Zu betonen ist: Alle Ansätze brechen mit der Vorstellung *konstanter* Erwartungen. Die Erwartungen in diesen Modellen sind nicht konstant und verwerfen daher die früher getroffenen Annahme der Stationarität. Deshalb sind fortgeschrittene ökonometrische Methoden verlangt, während beim Urnenmodell auch einfache statistische Schätzungen genügen. Die Frage, ob der groben Modellvorstellung (Urnenmodell, konstante Erwartungen) aufgrund seiner Einfachheit nicht doch der Vorzug gebührt, darf so beantwortet werden: Wenn die Renditeerwartungen bereits gegeben sind, dann ist das Urnenmodell eine hinreichend gute Vorstellung. Wer jedoch Erwartungen über die zukünftigen Renditen erst bildet, der muss sehen, dass die feineren Modellierungen zu ganz anderen Schlußfolgerungen hinsichtlich der Erwartung führen als der traditionelle Stichproben-Ansatz.

Global Office Market — Consequences for Property Portfolios. *Journal of Real Estate Portfolio Management* 10 (2004) 3, 231-242.

[14] 1. JOHN H. COCHRANE: A Cross-Sectional Test of an Investment-Based Asset Pricing Model. *Journal of Political Economy* 104 (1996), PP 572-621. 2. URBAN J. JERMANN: Asset Pricing in Production Economies. *Journal of Monetary Economics* 41 (1998), 257-275. 3. MICHELE BOLDRIN, LAWRENCE J. CHRISTIANO und JONAS D. M. FISHER: Habit Persistence, Asset Returns, and the Business Cycle. *American Economic Review* 91 (2001), 149-166. 4. JOHN H. COCHRANE. Financial Markets and the Real Economy, 2005, www.nber.org/ papers/w11193.

6.2.4   Risiko als Kovarianz

Der bisherige Risikobegriff ist auf die finanziellen Ergebnisse der Anlage fokussiert, sei es eine Einzelanlage oder eines Portfolios. Ein so verstandenes Risiko differenziert nicht weiter danach, was gerade in der Realwirtschaft passiert. So wird beim Markowitzschen Risikobegriff postuliert, der Investor leide *psychisch* unter dem Auf und Ab an der Börse und empfinde daher die Renditeschwankungen als abträglich. Es wurde dabei *nicht* unterschieden, ob der Investor aufgrund einer höheren Standardabweichung der Portfoliorendite seinen Konsum anpassen muss und vielleicht *dadurch* Nutzennachteile hat. Es sind, um ein Bild zu gebrauchen, die Risiken eines vermögenden Mannes besprochen worden, der in Monaco lebt, sich seiner Kunstsammlung und seiner Jacht erfreut, das gesellschaftliche Leben genießt, und im übrigen gar nicht zur Kenntnis nimmt, ob es in der Realwirtschaft gerade gut oder schlecht geht.

Die meisten Menschen sind hingegen mit ihren Finanzanlagen der Entwicklung an den Finanzmärkten ausgesetzt und *gleichzeitig* haben sie Erwerbseinkommen, sind mit ihren Konsumausgaben der Preisbildung für Güter ausgesetzt und sie müssen Steuern zahlen. Wesentliche Einflußgrößen ihres Glücks oder ihres Nutzens sind daher von der Realwirtschaft abhängig.

Diese Personen haben einen Nutzen der sich aus den Konsummöglichkeiten über das Leben hinweg ableitet. Typische Modellierungen dieses Nutzens führen auf den Wunsch nach langsam und sich stetig verändernden Konsumausgaben über die Jahre hinweg. Wenn diese Personen aufgrund der Umstände und der Unsicherheit der Zukunft plötzlich mit Einbrüchen beim Konsum rechnen müssen, dann erleiden sie *dadurch* Nutzennachteile. Diese Personen sehen Finanzanlagen oder Portfolios als riskant an, wenn es bei ihnen gerade in jenen Phasen zu Kurseinbrüchen oder zu einem Rückgang der Liquidität (sie können nichts verkaufen) kommt, in denen sie ihr Arbeitseinkommen in Gefahr sehen oder sie als Unternehmer Aufträge verlieren könnten.

> Der Punkt ist, ob die Wertpapiere genau in jenen Zeiten wertlos werden, in denen die Personen Hunger haben — um ein Wort von COCHRANE zu gebrauchen.

Für diese Personen sind es nicht die Renditeschwankungen einer Anlage oder eines Portfolios an sich, die sie als Risiko erleben, oder die Kovarianz mit dem Marktrisiko, sondern nur jene Renditeschwankungen, die *Hunger* verursachen könnten. Für solche Personen ist Risiko also durch die positive Korrelation oder Kovarianz zwischen der finanziellen Rendite und der Realwirtschaft — Sozialprodukt, Sicherheit der Arbeitsplätze — ausgedrückt. Denn eine positive Kovarianz bedeutet, dass just im Ab von Konjunktur und Arbeitseinkommen, eben wenn sie Hunger bekommen könnten, typischerweise Kursverluste bei den Portfolios eintreten. Demnach wäre "Risiko" durch die *Kovarianz* mit der Realwirtschaft bestimmt. [15] Wird die realwirtschaftliche Entwicklung (etwa zufällige Wachstumsrate des Sozialprodukts oder des Konsums mit ΔC bezeichnet, so ist:

$$(6\text{-}2) \qquad\qquad Hungerrisiko \;=\; Cov[R_P\,;\,\Delta C]$$

---

[15] JOHN H. COCHRANE. Financial Markets and the Real Economy, 2005, www.nber.org/papers/w11193, p. 2.

6.2.5 Was folgt für das Portfoliomanagement?

Personen mit dem Risikobegriff (6-2) würden natürlich ihre Portfolios so wählen, dass die Portfoliorendite im Fall einer Rezession immer noch ausreicht, um den Hunger zu stillen. Dabei kämen besonders solche Einzeltitel zum Tragen, die eine geringe oder negative Kovarianz mit der Realwirtschaft haben (geringes Hungerrisiko). Die Investoren würden übrigens die Kurse genau dieser Einzeltitel nach oben treiben — mit der Folge, dass deren Renditeerwartungen geringer sind (im Vergleich zu entsprechenden Titeln mit positiver Kovarianz zwischen Rendite und Realwirtschaft).

Beispielsweise erscheinen beim Hungerrisiko Unternehmensanleihen als *wesentlich riskanter* als Staatsanleihen, weil unternehmerische Schuldner gerade in Phasen der Rezession Schwierigkeiten haben könnten, das Fremdkapital zu bedienen. ■

Auch bei den Aktien ist für einige Branchen und Titel eine deutlich höhere Anfälligkeit gegenüber der wirtschaftlichen Entwicklung zu verzeichnen als für andere. Besonders die Aktien von Unternehmen in finanzieller Enge (Distress) dürften ganz einbrechen, wenn eine schlechte Realwirtschaft die Erholung verhindert. Sie haben ein großes Hungerrisiko. Das Gleiche gilt für die Titel von Werbefirmen, denn in einer Krise sparen alle an Werbung und die Kurse dieser Titel brechen ein. Anders hingegen die sogenannten Witwen- und Waisenpapiere, also die Aktien von Versorgungsunternehmen.

Gleiches gilt für gewisse Stile: Der antizyklische Anlagestil ist im besprochenen Sinn „riskanter" als der prozyklische.

- Personen, die aufgrund ihrer Situation möglicherweise Hunger leiden könnten, treiben mit ihrer Nachfrage als Investoren die Kurse der Wertpapiere mit geringem Hungerrisiko nach oben, weshalb deren Renditen vergleichsweise gering sind. Wertpapiere, die ein großes Hungerrisiko aufweisen, sind folglich günstiger — weil die vielen Personen, die in schlechten wirtschaftlichen Zeiten Hunger leiden könnten, diese Titel meiden. Sie lassen eine vergleichsweise höhere Rendite erwarten.

- Das können sich jene zunutze machen, die stabile Einkommen beziehen und wohl auch nicht in einer Rezession unter Hunger zu leiden haben.

So lautet die Empfehlung: 1. Wer aufgrund seiner persönlichen finanziellen Situation davon abhängig ist, dass es in der Realwirtschaft gut läuft, soll kein Hungerrisiko eingehen und Staatsanleihen kaufen, bei Aktien Witwen- und Waisenpapiere, und er soll einen prozyklischen Stil fahren (Absolute Return). 2. Wer hingegen aufgrund seiner persönlichen Situation wenig oder nicht davon abhängt, dass es in der Realwirtschaft gut läuft, darf Hungerrisiko übernehmen und dafür eine Prämie erwarten. Die Kaufliste enthält Unternehmensanleihen, stark konjunkturabhängige (zyklische) Aktien, die Aktien von Firmen im Distress, und es darf ein antizyklischer Stil gefahren werden (Covered-Call-Writing, Strukturierte Produkte).

Zu den erstgenannten Personen gehören natürlich alle, die ihren Arbeitsplatz verlieren könnten und auf Arbeitseinkommen angewiesen sind sowie Unternehmer, deren Betrieb stark konjunkturabhängig ist. Zu den zweitgenannten Personen gehören jene mit festgeschriebenem Einkommen wie Rentner und Pensionäre sowie wohlhabende Leute in Monaco. Nicht nur Einkommen und Vermögen, auch das Exposure gegenüber dem Hungerrisiko ist individuell unterschiedlich.

6.2.6   Krisen

Die Begriffsbildung (6-2) von Risiko als positive Kovarianz mit der Realwirtschaft kann unterschiedlich streng gefasst werden, je nachdem, an welche Variation von ΔC gedacht wird.

- In einer leichten Fassung des Hungerrisikos würde man das Exposure von Assets untersuchen, dass sie gegenüber (kleineren) *Variationen des Bruttosozialprodukts* haben.

- In einer mittleren Strenge werden *Rezessionen* untersucht und es wird gefragt, wie es den einzelnen Titeln / Portfolios / Stilen in einer Rezession gehen dürfte.

- In der strengsten Auslegung des Hungerrisikos würde man *Wirtschaftskrisen* untersuchen. Vermutlich leiden in einer wirklichen (realwirtschaftlichen) Krise alle Arten von Wertpapieren. Deshalb mündet die strenge Fassung des Hungerrisikos in die Definition, das Risiko (von Wertpapieren und Portfolios) mit der Krisenanfälligkeit der Wirtschaft zu identifizieren.

Selbstverständlich sind die Realwirtschaften der Länder untereinander verflochten und abhängig. Außerdem gibt es internationale Instanzen zur Hilfe im Krisenfall. Dennoch wird die Sicherheit stark von der nationalen Regierung und Zentralbank sowie vom jeweiligen politischen System und der Kultur eines Landes geprägt. Die politischen Instanzen verhalten sich im Krisenmanagement unterschiedlich und haben auch unterschiedliche Möglichkeiten dazu.

> Einige Makroökonomen wie ROBERT J. BARRO weisen auf die Krisenanfälligkeit der Wirtschaften der Länder hin. Diese Denkrichtung postuliert also einen Zusammenhang zwischen der Sicherheit eines Landes oder Währungsgebiets und dem generellen Niveau von Zinsen und Aktienrenditen.
>
> Assets, Assetklassen und Stile mit geringem Hungerrisiko (Staatsanleihen, im Kurs gut abgestützte Aktien, prozyklische Anlagestrategie) haben eine geringe Rendite.
>
> Assets, Assetklassen und Stile mit hohem Hungerrisiko (wie Unternehmensanleihen, Value-Stocks, Distressed Stocks, antizyklische Anlagestrategie) haben eine vergleichbar hohe Rendite — es gibt eine Prämie für das Hungerrisiko.

6.3 Demographie

6.3.1 Bevölkerungsentwicklung

Wie die tabellierten Zahlen der UNO (Bild 6-2) zeigen, treten zwei Entwicklungen in den Vordergrund. Einerseits steigt die durchschnittliche Lebenserwartung allgemein an. Weltweit betrug 1950 die Lebenserwartung bei Geburt 46.6 Jahre. Bis 2050 soll die Lebenserwartung bei Geburt auf 75.5 Jahre ansteigen. Dabei ist eine gewisse Konvergenz zwischen den Regionen festzustellen. So betrug die Differenz der durchschnittlichen Lebenserwartung zwischen Westeuropa und Südostasien um 1950 mehr als 25 Jahre. Bis 2050 dürfte diese Differenz auf 7 Jahre schrumpfen.

		1950	2010	2030	2050
Südostasien	Aged 60 or over	6.0%	8.7%	15.8%	23.3%
	Aged 80 or over	0.4%	0.9%	1.6%	4.0%
	Median Alter*	20.6	27.8	34.4	39.7
	Lebenserwartung**	41	71.7	76.2	78.4
Westeuropa	Aged 60 or over	15.0%	24.3%	33.1%	35.2%
	Aged 80 or over	1.2%	5.1%	7.7%	12.3%
	Median Alter*	34.5	42.2	46.2	47.6
	Lebenserwartung**	67.8	81	83.5	85.1
Welt	Aged 60 or over	8.1%	11.0%	16.5%	21.9%
	Aged 80 or over	0.6%	1.5%	2.3%	4.3%
	Median Alter*	24	29.1	34.2	38.4
	Lebenserwartung**	46.6	68.9	73.1	75.5

*) In Jahren
**) Bei Geburt, beide Geschlechter kombiniert, in Jahren

Bild 6-2: Demographische Entwicklungen (Quelle: UNO World Population Prospects: The 2008 Revision).

Andererseits verändert sich die Zusammensetzung der Bevölkerung, die Alterspyramide: Der Anteil älterer Personen an der Gesamtbevölkerung nimmt überall auf der Welt zu, in Japan, in Europa, und durch die Ein-Kind-Politik auch in China. Um 1950 betrug der Anteil der über 60-Jährigen weltweit 8.1%. Bis 2050 sollte der Anteil der über 60-Jährigen weltweit auf 21.9% steigen. Ursachen für diese Entwicklung sind vor allem der steigende Wohlstand.

Nicht nur steigt die Lebenserwartung, sondern jene Altersgruppen, die Kinder haben können, treten immer mehr relativ zurück. Es liegt auf der Hand, dass die Älteren entsparen werden und müssen. Dies wurde bereits als Lebenszyklushypothese LZH formuliert, die auf F. MODIGLIANI und R. BRUMBERG (1954) zurückgeht und auf früheren Arbeiten von I. FISHER beruht.[16]

---

[16] ALBERT ANDO und FRANCO MODIGLIANI: The "Life Cycle" Hypothesis of Saving: Aggregate Implications and Tests. *American Economic Review* 53 (1963), 55-84.

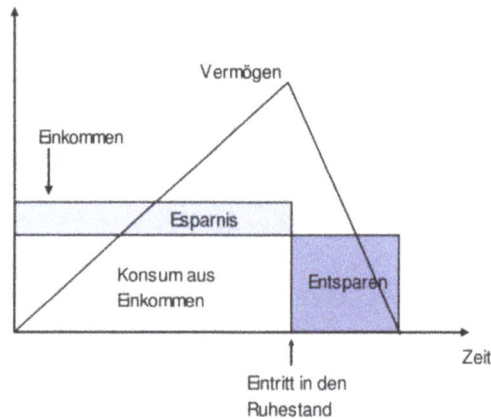

Bild 6-3: Schematische Darstellung der Vorgänge im Lebenszyklus.

> Die LZH postuliert das in Bild 6-3 gezeigte Schema: Während des Erwerbslebens wird der Konsum aus dem Arbeitseinkommen finanziert. Jene Mittel, die nicht für den Konsum benötigt werden, fließen zu den Ersparnissen. Diese wachsen an, bis zum Zeitpunkt der Pensionierung. Nach der Pensionierung beginnt der Entsparungsprozess: Konsum wird aus dem Vermögen finanziert.[17]

6.3.2 Gesamtbevölkerung und LZH

Die Lebenszyklushypothese bezieht sich auf eine Einzelperson. Doch es liegt auf der Hand, welche Effekte bei demographischen Veränderungen denkbar sind. Der zunehmend höhere Anteil von über 60-Jährigen führt zu einem vermehrten Entsparen.[18] Verschiedene Arbeiten befassen sich mit der Frage, wie das Kursniveau von Aktien und anderen Wertpapieren aufgrund der demographischen Entwicklung reagieren.

> G.S. BAKSHI und Z. CHEN (1994) stellen zwei Hypothesen auf: Die Lebenszyklus-Investitions-Hypothese unterstellt eine sich über das Leben hinweg verändernde Nachfrage nach privat nutzbaren Investitionen. In jungen Jahren stehen Immobilien im Vordergrund. Später werden Finanzinvestitionen wie Aktien wichtiger, um für den Ruhestand und die Ausbildung der Kinder vorzusorgen. Nach dieser Hypothese steigen mit zunehmendem Alter einer Bevölkerung die Kursniveaus von Finanzanlagen während die Preise für Immobilien unter Druck geraten.

---

[17] FRANCO MODIGLIANI: Life Cycle, Individual Thrift, and the Wealth of Nations. *American Economic Review* 76 (1986), 297-313.

[18] MERVYN A. KING und LOUIS DICKS-MIREAUX: Asset Holdings and the Life Cycle. *Economic Journal* 92 (1982), 247-267.

Die Lebenszyklus-Risikoaversions-Hypothese geht von einer erhöhten Risikoaversion bei älteren Personen aus. Dies würde eine höhere Risikoprämie verlangen, wenn der repräsentative Investor älter wird. Als mögliche Ursache für eine steigende Risikoaversion wird der abnehmende Anteil des Humankapitals im Verhältnis zum Finanzkapital angeführt. Mit zunehmendem Alter stehen einem Investor weniger Arbeitseinkommen zur Verfügung, um Anlageverluste auszugleichen. Die Lebenszyklus-Risikoaversions-Hypothese greift durch Einbezug der Risikoaversion somit einen zusätzlichen Aspekt auf.[19]

BAKSHI und CHEN verwenden das durchschnittliche Alter der über 20-Jährigen als Messgrösse für die Alterung der Gesellschaft. Hinsichtlich der Lebenszyklus-Investitions-Hypothese können die Autoren den prognostizierten Zusammenhang zwischen Aktienrenditen, Häuserpreisen und dem Durchschnittsalter bestätigen. Ab 1945 stehen die beobachteten Entwicklungen mit ihrer Hypothese im Einklang. Obwohl das Durchschnittsalter bereits ab 1900 deutlich zunahm, war bis 1945 jedoch keine deutliche Korrelation mit der Entwicklung des Aktienmarktes beobachtbar.

Doch die Babyboomer hatten einen signifikanten Einfluss. Die Eltern der Babyboomer sparten zwischen 1945 und 1965 für die Ausbildung ihrer Kinder. Die Nachfrage nach Aktien war dementsprechend hoch, was die Preisentwicklung unterstützte. Gleichzeitig war für Immobilien eine schlechte Zeit. Nachdem die Babyboomer ihre Ausbildung abschlossen, etwa 1965-1980, folgten steigende Häuserpreise und sinkende Aktienmärkte. Ab 1980 setzte wieder eine Phase des Ansparens in Wertpapieren ein. Einerseits musste von den Babyboomern Geld für die Ausbildung der eigenen Kinder zur Seite gelegt werden und andererseits begann die Sparphase für den Ruhestand. Dies führte wieder zu einem Anziehen der Aktienpreise und zu einem Rückgang der Immobiliennachfrage.

Für die zweite Hypothese finden BAKSHI und CHEN ebenfalls Evidenz. In ihren Regressionen deutet der positive Koeffizient der Variable *Veränderung des Durchschnittsalters* auf eine Zunahme der Risikoprämie hin, wenn sich das Durchschnittsalter erhöht. Dies unterstützt eine international angelegte Untersuchung von C.B. ERB, C.R. HARVEY und T.E. VISKANTA (1997).[20]

Angesichts der demographischen Entwicklung wird für Aktien oftmals die Prognostizierbarkeit von Renditen aufgegriffen. Da die künftige Entwicklung der im Sinne der beiden Hypothesen von BAKSHI und CHEN relevanten Größen bekannt ist, scheint eine gewisse Prognostizierbarkeit auch nicht abwegig. Sowohl BAKSHI und CHEN als auch ERB, HARVEY und VISKANTA finden Evidenz für die Prognosekraft demographischer Variablen.

Demographische Veränderungen haben nicht nur Einfluss auf die Risikoaversion des durchschnittlichen Investors oder der aggregierten Sparquote sondern auch auf die nachgefragten Produkte.

---

[19] GURDIP S. BAKSHI und ZHIWU CHEN: Baby Boom, Population Aging, and Capital Markets. *Journal of Business* 67 (1994), 165-202.

[20] CLAUDE B. ERB, CAMPBELL R. HARVEY und TADAS E. VISKANTA: Demographics and International Investments. *Financial Analysts Journal* 53 (1997), 14-28.

So folgt beispielsweise unser Konsum ebenfalls einer Art Lebenszyklus. Früh im Leben konsumieren wir vielleicht eher die Dinge, die Jugendliche kaufen, anschließend kaufen wir Wohnraum und unterschreiben Versicherungsverträge, später steht die Nachfrage nach Diensten im Vordergrund. Untersuchungen wie jene von S. DELLA VIGNA UND J.M. POLLET (2007) gehen daher der Frage nach, welche Branchen von den prognostizierten demographischen Entwicklungen profitieren könnten und wie sich Investoren im Lichte dieser mehr oder weniger sicheren Prognosen verhalten.[21] Die Untersuchung bestätigt eine langfristige Prognostizierbarkeit bei Unternehmungen, die ein Exposure gegenüber der Demographie haben. Typischerweise reagieren die Aktienkurse fünf bis zehn Jahre vor Eintritt der durch die Demographie bedingten Änderung der Nachfrage.

6.4 Ergänzungen und Fragen

6.4.1 Zusammenfassung

Es wurde die Vorstellung aufgegriffen, nach der Realwirtschaft und Finanzwirtschaft zusammenhängen sollten. Diese Vermutung wird vom Gleichnis vom Spaziergang von Herr und Hund unterstrichen, das auf SCHUMPETER zurückgeht.

Theoretische und Empirische Untersuchungen zeigen indessen, dass die Aktienrenditen im Vergleich zur Entwicklung in der Realwirtschaft (besonders in den letzten fünfzig Jahren) zu *hoch* waren. Bereits die frühen Untersuchungen über die Inflation zeigen, dass die Renditeerwartungen nicht konstant sein können. Heutige Ansätze stellen das *Asset-Pricing* in den Mittelpunkt: Wer die Renditeerwartung als nicht-konstant ansieht, gelangt zu einer völlig anderen Erwartungsbildung als wer sie als konstant ansieht und dem Urnenmodell folgt:

- Beim *Stichproben-Ansatz* wird aufgrund geringer vergangener Renditen auf eine geringere Renditeerwartung (auch für die Zukunft) geschlossen, und höhere historische Renditen in der Vergangenheit bedeuten, dass die Renditeerwartung generell als höher eingeschätzt wird.

- Über das *Asset-Pricing* gelangt man hingegen zu der Beziehung: Geringe Renditen in der Vergangenheit = Vergleichsweise geringes Kursniveau heute = Höhere Renditen in der Zukunft. Höhere Renditen in der Vergangenheit = Hohes Kursniveau heute = Geringere Renditen in der Zukunft.

Die Untersuchung möglicher Zusammenhänge zwischen Realwirtschaft und Finanzwirtschaft ist noch nicht abgeschlossen. Wir haben einige Richtungen der Forschung genannt, die Zusammenhänge zwischen Realwirtschaft und Rendite modellieren. Aus Sicht dieser Forschungen ist das

---

[21] STEFANO DELLAVIGNA und JOSHUA M. POLLET: Demographics and Industry Returns. *American Economic Review* 97 (2007), 1667-1702.

Urnenmodell eine *grobe* Beschreibung der Realität. Die Modelle führen zudem auf eine dritte Begriffsbildung für das Risiko. Es wird durch die Kovarianz der Rendite mit Änderungen in der Realwirtschaft gemessen. Denn der Investor leidet unter *Hunger*, wenn seine Ersparnisse just in dem Moment zusammenschmelzen, in denen er seinen Arbeitsplatz verliert.

6.4.2   Drei Rezepte für die Arbeit

- Zeichen der Zeit deuten! Im traditionellem Urnenmodell — Jahresrenditen werden wie Zufallsziehungen von Kugeln aus einer Urne gewonnen — sind hohe historische Renditen ein Zeichen, dass die Renditeerwartung höher ist. Im Asset-Pricing-Modell werden die Erwartungswerte als variable in der Zeit angesehen und Modellvorstellungen darüber entwickelt, wie sie untereinander zusammenhängen. Da bedeuten hohe historische Renditen, dass die zukünftigen Renditen geringere Erwartungswerte haben.

- Nach ausbleibenden Krisen Ausschau halten! Der Interpretation von RIETZ und BARRO folgend können Renditen hoch ausfallen, wenn zuvor Krisen erwartet worden sind, die sich dann doch nicht eingestellt haben. Also investieren, wenn die Kanonen auffahren, und dann doch nicht geschossen wird.

- Immobilien junger Länder sind interessante Kapitalanlagen! Besonders in Ländern, deren Bevölkerungspyramide sich verjüngt, sollten Immobilien relativ stark gefragt sein. In Ländern mit einer älter werdenden Pyramide sind wohl eher Anleihen (und vielleicht auch Aktien) gefragt.

6.4.3   *Fragen und Aufgaben*

1. Richtig oder falsch? a) Hohe Renditeerwartungen bewirken, dass die Rendite in der kommenden Zeit gering sein wird. b) Geringe Renditeerwartungen bewirken, dass die Renditen in der kommenden Zeit eher hoch sein werden. c) Haben die Aktionäre gierige Erwartungen, werden sie nur enttäuscht, haben sie bescheidene Vorstellungen, werden sie positiv überrascht.

2. Richtig oder falsch? a) SCHUMPETER hatte angenommen, die Finanzwirtschaft und die Realwirtschaft würden auf lange Sicht gleich wachsen. b) Die Empirie zeigt, dass dies etwa bis 1950 auch so war. c) Zwischen 1950 und 2000 ist die Finanzwirtschaft schneller als die Realwirtschaft gewachsen.

3. Nennen Sie vier Ansätze, die das Asset-Pricing mit dem Konsum in Verbindung bringen.

4. In wie fern gelangt man im Asset-Pricing zu einer anderen Erwartungsbildung als beim Stichproben-Ansatz?

5. Richtig oder falsch? a) Sowohl die Lebenszyklus-Investitions-Hypothese als auch Lebenszyklus-Risikoaversions-Hypothese sind empirisch bestätigt worden. b) Nach beiden

Thesen sollten Immobilien billiger werden, während für Aktien eher Kurssteigerungen prognostiziert werden. c) In China und generell in Asien könnte dieser Effekt geringer ausfallen.

6.4.4   Antworten und Lösungen

1. Alle drei Aussagen sind korrekt, siehe 6.1.3.

2. Alle drei Feststellungen sind korrekt.

3. a) Consumption-Based Asset-Pricing, b) Habit Formation, c) Heterogeneous Agents, d) Demographie.

4. Beim Stichproben-Ansatz wird aufgrund geringer vergangener Renditen auf eine geringere Renditeerwartung (auch für die Zukunft) geschlossen, und höhere historische Renditen in der Vergangenheit bedeuten, dass die Renditeerwartung generell als höher eingeschätzt wird. Über das Asset-Pricing gelangt man hingegen zu der Beziehung: Geringe Renditen in der Vergangenheit = Höhere Renditen in der Zukunft. Höhere Renditen in der Vergangenheit = Geringere Renditen in der Zukunft.

5. Alle drei Aussagen sind richtig, zu c) ist zu bemerken, dass in China und Asien (derzeit noch) die Bevölkerung vergleichsweise jung ist.

7. Unsichere Parameter

Random-Walk, Volatility-Range, Heteroskedastizität, Regime-Switching. Zur Ergänzung: Erst als Aufgabe eine Monte Carlo Simulation mit Excel. Dann eine Begriffsklärung: Unit Root.

7.1   Risiko und mehrere Perioden

7.1.1   Mehrperiodige Kapitalanlage

Die Moderne Portfoliotheorie betrachtet die Anlage in *einer* Periode, beispielsweise für ein Jahr. Die meisten Finanzinvestoren werden einen mehrperiodigen Anlagehorizont haben und setzen die Geldanlage Jahr um Jahr fort. Finanzanalysten werden oft gefragt, ob sich die Risiken über die Zeit hinweg ausgleichen, weil es gute und schlechte Jahre geben dürfte. Viele Personen vermuten, dass deshalb eine Aktienanlage nicht mehr so riskant ist, weil sie langfristig getätigt wird.

> Der große Nationalökonom PAUL SAMUELSON (1915-2009) hat (unter vielem anderen) die intertemporale Diversifikation untersucht. Tatsächlich kommt es zu einem gewissen Risikoausgleich über die Zeit hinweg, jedoch ist er nicht so kraftvoll, wie gemeinhin angenommen wird. Das durch die Standardabweichung gemessene Risiko nimmt mit dem Zeithorizont zu. Zwar nimmt das Risiko nicht proportional mit der zeitlichen Länge der Anlage zu. Doch die Standardabweichung ist immer noch proportional *zur Wurzel* aus der Zeitdauer der Anlage. Eine Anlage über 4 Jahre ist doppelt so riskant wie eine Anlage über ein Jahr und eine Anlage über 25 Jahre ist 5 mal so riskant wie die über ein Jahr.

Die Untersuchung begründet eine in der Finanzanalyse oft gebrachte grafische Darstellung möglicher Entwicklungen, bezeichnet als Volatility-Range.

Wir betrachten die Wertentwicklung eines Portfolios, das beim Vermögen W_0 zum Zeitpunkt 0 beginnt, über die Zeit hinweg bis zum Endzeitpunkt T. Die diskreten Zeitpunkte $t = 0,1,2,...,T$ sollen der Einfachheit halber ein Jahr auseinander liegen. Das Jahr t beginnt im Zeitpunkt $t-1$ und endet im Zeitpunkt t. Indessen gelten die nachstehenden Betrachtungen auch dann, wenn die Periode von $t-1$ bis t einen Monat oder eine Woche dauert oder eine andere Länge hat. Die

Identifikation der Periodenlänge mit einem Jahr macht die Betrachtung anschaulicher. In den Jahren $t = 1, 2, ..., T$ soll das Portfolio die Rendite r_t aufweisen. Zu Beginn der Geldanlage, zum "heutigen" Zeitpunkt $t = 0$, sind alle diese Jahresrenditen $r_1, r_2, ..., r_T$ Zufallsgrößen.

Die Vermögensentwicklung lautet:

$$(7\text{-}1) \quad \begin{aligned} W_1 &= W_0 \cdot (1 + r_1) \\ W_2 &= W_1 \cdot (1 + r_2) = W_0 \cdot (1 + r_1) \cdot (1 + r_2) \\ &\ldots \\ W_T &= W_{T-1} \cdot (1 + r_T) = W_0 \cdot (1 + r_1) \cdot (1 + r_2) \cdot \ldots \cdot (1 + r_T) \end{aligned}$$

Wie auch sonst bei Wachstumsvorgängen üblich, können die *multiplikativen* Zusammenhänge mehrerer Jahre in *additive* transformiert werden, indem der Logarithmus der Vermögensentwicklung betrachtet wird:

$$(7\text{-}2) \quad \begin{aligned} \ln W_1 &= \ln W_0 + \ln(1 + r_1) \\ \ln W_2 &= \ln W_1 + \ln(1 + r_2) = \ln W_0 + \ln(1 + r_1) + \ln(1 + r_2) \\ &\ldots \\ \ln W_T &= \ln W_{T-1} + \ln(1 + r_T) = \\ &= \ln W_0 + \ln(1 + r_1) + \ln(1 + r_2) + \ldots + \ln(1 + r_T) \end{aligned}$$

Die Summanden in (13-2) sind die stetige Renditen (Log-Return) Sie werden mit einem *Asterisk* gekennzeichnet:

$$(7\text{-}3) \quad r_t{}^* = \ln(1 + r_t)$$

Um nicht immer beim Vermögen den Logarithmus schreiben zu müssen, führen wir für das logarithmierte Vermögen eine eigene Bezeichnung ein, hinter der aber keine weitere Bedeutung zu sehen ist:

$$(7\text{-}4) \quad X_t = \ln W_t, \quad t = 0, 1, 2, ..., T$$

So vereinfacht sich der Prozess der Vermögensentwicklung (4-7) zu:

$$(7\text{-}5) \quad \begin{aligned} X_1 &= X_0 + r_1{}^* \\ X_2 &= X_1 + r_2{}^* = X_0 + r_1{}^* + r_2{}^* \\ &\ldots \\ X_T &= X_{T-1} + r_T{}^* = X_0 + r_1{}^* + r_2{}^* + \ldots + r_T{}^* \end{aligned}$$

Selbstverständlich können die Werte X_t des logarithmierten Vermögens mit Hilfe der Exponentialfunktion als Umkehrfunktion des natürlichen Logarithmus in das (in Euro ausgedrückte) Vermögen $W_t = \exp(X_t)$ transformiert werden, $t = 0, 1, 2, ..., T$. Gleichermaßen können stetige Renditen in diskrete umgerechnet werden, $r_t = \exp(r_t^*) - 1$, $t = 1, 2, ..., T$.

Die Transformation der Produkte (7-1) in Summen (7-2) würde jeder Logarithmus bewerkstelligen, egal zu welcher Basis er genommen wird. In der Finance wird stets der *natürliche Logarithmus* gewählt, denn dieser hat eine nützliche Eigenschaft: Die stetigen Renditen sind zahlenmäßig ziemlich genau so groß wie die diskreten Renditen, $r_t^* \approx r_t$. Für Logarithmen zu einer anderen Basis gilt das nicht.

7.1.2 Random-Walk

Zum Zeitpunkt 0 ist die (logarithmierte) Vermögensentwicklung $X_0, X_1, X_2, ..., X_T$ noch unsicher. Das heutige (logarithmierte) Vermögen X_0 darf als gegebene Größe betrachtet werden.

Um mit unserer Analyse weiter zu kommen, treffen wir eine stark vereinfachende Annahme:

- Die stetigen Renditen $r_1^*, r_2^*, ..., r_T^*$ sollen voneinander *unabhängige* Zufallsgrößen sein und alle *dieselbe* Wahrscheinlichkeitsverteilung aufweisen.

- Mit jedem Voranschreiten der Zeit um eine Stufe (das war ein Jahr) wird der bisherige Zustand, das logarithmierte Vermögen, um eine zufällige Größe (die stetige Jahresrendite) verändert, und alle diese Änderungen $r_1^*, r_2^*, ..., r_T^*$ sind *unabhängige* Ziehungen aus *derselben* Wahrscheinlichkeitsverteilung.

Ein solcher stochastischer Prozess heißt *Random-Walk*.

Unter einem **Random-Walk** wird ein in diskreter Zeit $t = 1, 2, ...$ ablaufender Zufallsprozess $\{X_t \mid t = 1, 2, ...\}$ verstanden, also eine Sequenz von Zufallsgrößen oder *Zuständen* $X_1, X_2, ..., X_t, ...$, die wie folgt miteinander verknüpft sind:

Jede einzelne Zufallsvariable ist gleich dem Wert der vorangegangenen Zufallsvariablen plus einer zufälligen Änderung: $X_t = X_{t-1} + z_t$, $t = 1, 2, ...$ Dabei ist der Anfangszustand X_0 als Startwert gegeben.

Die *Inkremente* $z_1, z_2, ..., z_t, ...$ sind identisch verteilte, unabhängige Zufallsvariablen.

Der (über die Zeitstufen hinweg konstante) Erwartungswert der Inkremente $\mu = E[z_1] = E[z_2] = ...$ heißt **Drift** des Random-Walk, seine Standardabweichung $\sigma = SD[z_1] = SD[z_2] = ...$ ist die **Volatilität** des Prozesses.

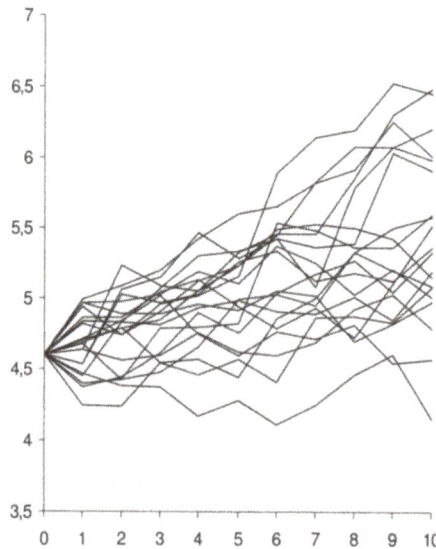

Bild 7-1: Logarithmus zwanzig zufällig erzeugter Vermögensentwicklungen zwischen den Zeitpunkten 0 und 10 (Jahren), ausgehend von X = ln(100) = 4,61, was einem Vermögen von €100 entspricht. Die erzeugten zweihundert stetigen Renditen wurden als normalverteilte Zufallszahlen mit dem Erwartungswert 8% (Drift) und der Standardabweichung 20% (Volatilität) gewählt. Das höchste Endergebnis der zwanzig Entwicklungen führt auf ein logarithmiertes Vermögen von 6,48. In zehn Jahren erreicht die von €100 ausgehende Vermögensentwicklung damit €652. Das geringste Endergebnis führt auf ein logarithmiertes Vermögen von 4,15. In zehn Jahren wird von €100 ausgehend in diesem Fall ein Vermögen in Höhe von €63 erreicht.

Die Definition des Random-Walk setzt nicht voraus, dass die diskreten Zeitstufen Jahre sind. Es könnte sich beispielsweise auch um Monate, Wochen oder Tage handeln.

Jetzt sollen die Verteilungsparameter der Zufallsgrößen $X_1, X_2, \ldots$ bestimmt werden. Zunächst die Erwartungswerte:

$$E[X_1] = E[X_0 + z_1] = X_0 + E[z_1] = X_0 + \mu \ ,$$
$$E[X_2] = E[X_1 + z_2] = X_0 + E[z_1] + E[z_2] = X_0 + 2 \cdot \mu \ .$$

Allgemein gilt für den Erwartungswert:

(7-6) $$E[X_t] \;=\; X_0 + t \cdot \mu$$

> Beim Random-Walk stimmt der Erwartungswert des zukünftigen Werts des Prozesses zu irgendeinem Zeitpunkt t überein mit der Summe aus dem letzten bekannten Wert des Random-Walk (das ist hier X_0) plus dem $t - fachen$ Drift.

Wertentwicklung einer Aktie oder eines Kurses als Random-Walk		
Anfangswert	X_0	Logarithmus des anfänglichen Vermögens $\ln W_0$
Inkremente	$z_1, z_2, ..., z_t, ...$	Stetige Renditen der einzelnen Jahre
Drift	μ	Erwartungswert der stetigen Renditen
Streuung	σ	Standardabweichung der stetigen Rendite (Volatilität)

Bild 7-2: Bedeutung und Bezeichnung der Größen.

Zur Varianz. Hier setzen wir voraus, dass der Anfangszustand des Prozesses nicht nur bekannt, sondern eine deterministische Größe ist.

$$Var[X_1] = Var[X_0 + z_1] = Var[z_1] = \sigma^2$$

Mit den Rechenregeln für die Varianz ergibt sich:

$$Var[X_2] = Var[X_1 + z_2] = Var[X_0 + z_1 + z_2] =$$
$$= Var[z_1 + z_2] = Var[z_1] + Var[z_2] + 2 \cdot Cov[z_1, z_2] =$$
$$= \sigma^2 + \sigma^2 + 0 \quad = \quad 2 \cdot \sigma^2 \quad .$$

Dabei ist $Cov[z_1, z_2] = 0$ eine Folge der zuvor getroffenen Annahme, die zufälligen Änderungen seien stochastisch unabhängig. Allgemein gilt:

$$(7\text{-}7) \qquad Var[X_t] = t \cdot \sigma^2 \quad und \quad SD[X_t] \; = \; \sqrt{Var[X_t]} \; = \; \sqrt{t} \cdot \sigma$$

Die Varianz des Werts X_t des Zustands des Random-Walk zum Zeitpunkt t, beurteilt aus Sicht der zum Zeitpunkt 0 gegebenen Information, beträgt das $t - fache$ der Varianz der zufälligen Änderungen pro Periode. Kurz: Die Varianz nimmt proportional mit der Zeit zu.

> Die Standardabweichungen der Zustände des Random-Walk erhöhen sich *proportional zur Wurzel* aus der Zeit. Wie die Herleitung zeigte, ist für diese Aussage wichtig, dass die Inkremente der einzelnen Perioden stochastisch voneinander unabhängig sind.

> Damit haben wir die Square-Root-Rule bewiesen: Die für eine Periode der Länge T Jahre ausgedrückte Volatilität ist gleich dem $\sqrt{T}-fachen$ der auf ein Jahr bezogenen Volatilität.

So sind die *Parameter* des logarithmierten Vermögens berechnet. Die Beschreibung der Kursentwicklung eines Wertpapiers oder der Wertentwicklung eines Portfolios mit dem Random-Walk soll zusammenfassend durch eine Tabelle festgehalten werden.

Zahlenbeispiel: Eine Finanzinvestoren legt $W_0 = 100$ Euro in Aktien an (Drift $\mu = 8\%$, Volatilität $\sigma = 20\%$). Der Anlagehorizont soll $T = 2$ Jahre sein. Sie interessiert sich für den Erwartungswert und die Standardabweichung des Ergebnisses und möchte eine untere und obere Grenze ermitteln.

Lösung: Die erwartete stetige Gesamtrendite ist $\mu \cdot T = 0{,}08 \cdot 2 = 0{,}16$, und die Standardabweichung der Gesamtrendite für $T = 2$ Jahre ist $\sigma \cdot \sqrt{T} = 0{,}20 \cdot 1{,}414 = 0{,}283$. Die Grenzen werden durch die des Sigma-Bandes bestimmt (Erwartungswert ± Standardabweichung). Diese Grenzen sind $\mu \cdot T - \sigma \cdot \sqrt{T} = 0{,}16 - 0{,}283 = -0{,}123$ und $\mu \cdot T + \sigma \cdot \sqrt{T} = 0{,}443$. Bei unterstellter Normalverteilung liegt die Realisation mit Wahrscheinlichkeit 68,269% (ziemlich genau 2/3) zwischen diesen Grenzen. Die ihnen entsprechenden Vermögensgrenzen sind $W_2^- = W_0 \cdot \exp(-0{,}123) = 88$ und $W_2^+ = W_0 \cdot \exp(0{,}443) = 156$ Euro. Veronika schließt: "Nach $T = 2$ Jahren habe ich irgendwo zwischen 88 und 156 Euro. Doch falls die (stetige) Gesamtrendite eine Realisation außerhalb ihres Sigma-Bandes annimmt, kann das Ergebnis auch unter 88 oder über 156 Euro liegen. ∎

7.1.3 Volatility-Range

Um die möglichen weiteren Verläufe einer stochastischen Größe (Kurs, Rendite) zu illustrieren, bieten sich durch Simulation erzeugte Szenarien an, so wie wir das in Bild 4-4 grafisch veranschaulicht haben. Noch üblicher ist, für jeden zukünftigen Zeitpunkt den Erwartungswert der betreffenden Größe sowie die Grenzen des Sigma-Bandes zu zeigen, also Erwartungswert ± Standardabweichung. Um die Größenordnung erkennen zu lassen, werden die Berechnungen unter der bereits formulierten Random-Walk-Annahme getroffen, dass die zufälligen Veränderungen *unabhängige* Ziehungen aus *derselben* Wahrscheinlichkeitsverteilung sind. Für die Interpretation der Grenzen wird zudem angenommen, die Inkremente seien normalverteilt. Dann liegt die Realisation des Prozesses bis zu einem Zeitpunkt t mit Wahrscheinlichkeit 68,269% innerhalb dieser Grenzen. Werden diese Grenzen (und der Erwartungswert) als Funktion von t dargestellt, dann ergibt sich eine Bereich, eine Range, die als Volatility-Range bezeichnet wird.

Weil die gesamte Standardabweichung proportional zu $\sqrt{t}$ mit der Volatilität zunimmt, ist die Volatility-Range eine *Parabel*, wie in Bild 7-3 dargestellt.

Logarithmus des Vermögens

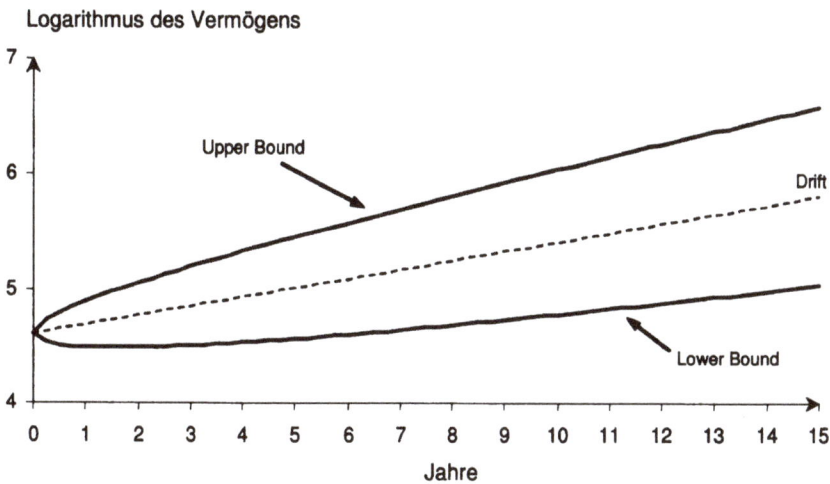

Bild 7-3: Die Volatility Range, dargestellt für das logarithmierte Vermögen, ist eine Parabel.

Wird die Volatility Range für das als Euro-Betrag ausgedrückte Vermögen selbst dargestellt, dann wird dazu eine Transformation der logarithmierten Vermögen mit der Exponentialfunktion vorgenommen. Dadurch nimmt die Volatility Range eine leicht andere Form an.[1] Ihre Form wird in Bild 7-4 gezeigt.

Zahlenbeispiel: Bild 7-4 zeigt eine solche Volatility Range für das Vermögen, ausgedrückt als Geldbetrag, für ein Aktienportfolio. Dessen Werte haben (unter Einrechnung wieder angelegter Ausschüttungen) in den letzten Jahren €110, €95, €90, €105, €100 betragen (links von der vertikalen Achse in Bild 7-4 gezeigt). Der Drift sei 8% und die Volatilität 20%.

Die Berechnung wird für das logarithmierte Vermögen und die stetige Rendite ausgeführt, erst anschließend wird die Transformation mit der Exponentialfunktion vorgenommen. Also $\ln 110 = 4{,}70$, $\ln 95 = 4{,}55$, $\ln 105 = 4{,}65$, $\ln 100 = 4{,}61$.

Jetzt sind wir im Zeitpunkt 0 und ab jetzt beginnt t zu laufen. Die Erwartungswerte des logarithmierten Vermögens sind $4{,}61 + t \cdot 0{,}08$ und die Grenzen des Sigma-Bandes sind $4{,}61 + t \cdot 0{,}08 \pm \sqrt{t} \cdot 0{,}20$. Der Bereich möglicher Weiterentwicklung ist nicht nur für ganze Jahre, sondern für jeden kommenden Zeitpunkt berechnet, stets unter Verwendung des Sachverhalts, dass der Erwartungswert des logarithmierten Vermögens proportional zu t und die Standardabweichung proportional zu $\sqrt{t}$ ist.

---

[1] Wird der Erwartungswert des logarithmierten Vermögens mit der Exponentialfunktion transformiert, so entsteht übrigens der Median des Vermögens. Denn wenn die stetigen Renditen als normalverteilt angenommen werden, dann trennt der Erwartungswert der logarithmierten Vermögen die 50% besseren von den 50% schlechteren Realisationen (weil die Normalverteilung symmetrisch ist). So ist der mit der Exponentialfunktion transformierte Erwartungswert des logarithmierten Vermögens der Median des Vermögens.

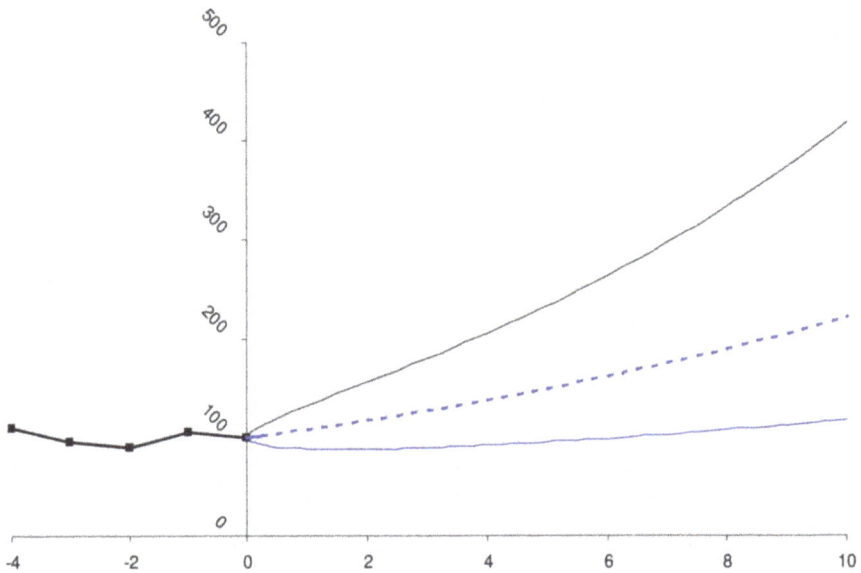

Bild 7-4: Die Volatility Range zum Zahlenbeispiel. Gezeigt ist die historische Kursentwicklung der letzten vier Jahre, heute, zu t=0, beträgt der Kurs €100. Für die kommenden 10 Jahre sind der Mittelwert des logarithmierten Vermögens sowie die obere und untere Grenze der Volatility Range (jeweils nach Transformation mit der Exponentialfunktion) gezeigt.

Zeit	Mittlerer Wert	Obere Grenze	Untere Grenze
	100,00		
t = 1/12	101,16	107,17	95,48
t = ¼	102,51	113,30	92,76
t = ½	104,58	120,47	90,79
t = 1	108,85	132,95	89,12
t = 2	117,92	156,47	88,87
t = 3	127,74	180,62	90,34
t = 4	138,38	206,44	92,76

Jetzt werden die Ergebnisse mit der in Euro-Beträge transformiert. Dabei wird der Erwartungswert des logarithmierten Vermögens, $4,61 + t \cdot 0,08$, in $\exp(4,61 + t \cdot 0,08)$ transformiert. Das ist der Median des Vermögens. Die obere Grenze wird zu $\exp(4,61 + t \cdot 0,08 + \sqrt{t} \cdot 0,20)$ und die untere Grenze zu $\exp(4,61 + t \cdot 0,08 - \sqrt{t} \cdot 0,20)$ Jeweils mit Wahrscheinlichkeit 15,866% wird die Obergrenze übertroffen beziehungsweise die Untergrenze unterschritten. ■

7.2   Nicht-konstante Volatilität

7.2.1   Heteroskedastizität

Die empirische Untersuchung von Tages- und Wochendaten hat selbstverständlich dazu eingeladen, aktuelle Renditeparameter zu schätzen. Zwar können die Erwartungswerte von Renditen nur mit Schätzfehlern bestimmt werden, doch die Standardabweichungen der Renditen lassen sich erheblich genauer bestimmen. Dabei trat zu Tage, dass die Volatilitäten über die Zeit hinweg offenbar nicht konstant sind. Folglich beschreibt die angenommene Stationarität die Realität nicht genau, und die Rendite von Wertpapieren kann offenbar nur bei grober Sicht als Ziehungen begriffen werden, die stets aus derselben Urne vorgenommen werden.

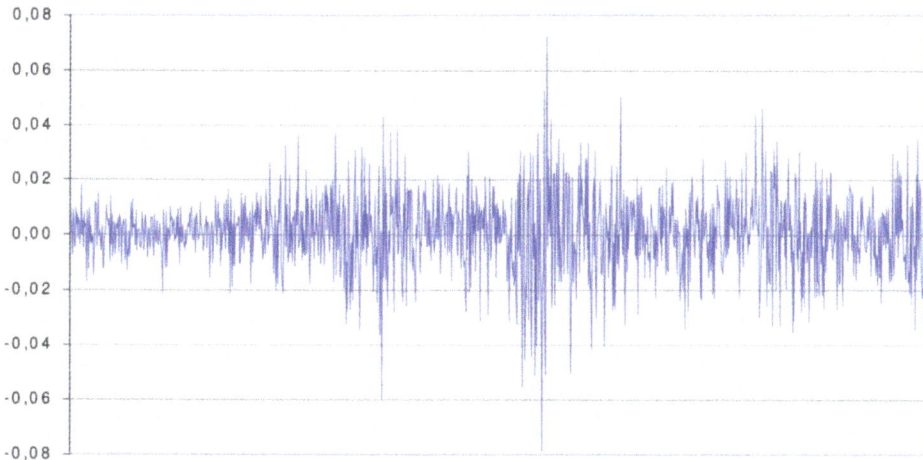

Bild 7-5: Für jeden Handelstag vom 02.01.1996 bis 29.12.2000 ist die Rendite des DAX gezeigt. Das Bild der Tagesrenditen lässt das Untersuchungsergebnis erkennen: Die Hypothese einer über die Gesamtzeit konstanten Streuung (Homoskedastizität) muss verworfen werden. Es gibt Zeiten, wo die *täglichen* Schwankungen des DAX im Maximum weniger als 2% betragen während sie in anderen Phasen öfters mehr als vier Prozent betragen, eine kurze Zeit sogar 6% und fast 8%. Die Betrachtung von Tagesdaten lässt Heteroskedastizität erkennen. Quelle: J. BRZESZCZYNSKI und R. KELM (2002).

Ist die Varianz in einer Folge stochastischer Größen konstant, wird von Homoskedastizität gesprochen, ist sie nicht konstant, von Heteroskedastizität. Die Volatilität (Standardabweichung der stetigen Jahresrendite) von Aktien und von Aktienindizes ist nicht konstant. Der erste Befund zur Heteroskedastizität geht auf MANDELBROT 1963 und FAMA 1965 zurück. [2]

So ist über lange Zeiten die Volatilität des Aktienindexes vielleicht 15% und gelegentlich geht sie bis auf 40% hoch, in den 52 Wochen des Jahres 2009 veränderte sie sich für den SMI zwischen

---

[2] 1. BENOIT MANDELBROT: The Variation of certain speculative Prices. *Journal of Business* 36 (1963), pp. 394-419.
2. EUGENE F. FAMA: The behavior of stock market prices. *Journal of Business* 38 (1965), pp. 34-105.

17,7% und 36,4%. Ähnlich wie für den Index liefern auch die Preise für Optionen von Blue-Chips (implizite) Volatilitäten. Bei ausgewählten Aktiengesellschaften veränderten sie sich 2009 in diesen Bereichen: ABB: 29% bis 63%, Holcim: 27% bis 54%, Nestlé: 18% bis 33%, Swiss Re 35% bis 86%. Vor einigen Jahren wurden an den wichtigsten Börsenplätzen etabliert, welche die augenblickliche Höhe der Volatilität messen und zeigen.

Die Volatilität zeigt nicht einfach Schwankungen, die sich am Ende vielleicht wie eine saisonale Größe prognostizieren lassen. Die Volatilität verhält sich über die Zeit wie ein Zufallsprozess. Allerdings erlaubt dieser Zufallsprozess eine gewisse Prognose, weil er stark autokorreliert ist. *Die serielle Korrelation der Volatilität ist positiv.*

- Wenn die Volatilität gerade hoch ist, dann ist sie mit hoher Wahrscheinlichkeit auch im nächsten Zeitpunkt hoch. Turbulente Zeiten an der Börse bleiben mit hoher Wahrscheinlichkeit turbulent.

- Ist die Volatilität gering, dann ist sie mit hoher Wahrscheinlichkeit auch im Folgezeitpunkt gering. Ruhige Börsenzeiten mit geringer Volatilität bleiben tendenziell ruhig.

Doch ab und zu, auf überraschende Weise, kommt es zu einem Umschlag: Turbulente Zeiten beruhigen sich auf einmal, ruhige Zeiten werden turbulent. Zeiträume hoher Volatilität und solche geringer Volatilität bleiben daher eine gewisse Zeit (zufälliger Dauer) bestehen. MANDELBROT führte dafür den Begriff Volatilitäts-Cluster ein.

> Was die Aktienmärkte betrifft, so kommt ein weiterer Sachverhalt hinzu: In turbulenten Zeiten sind die Werte von Unternehmungen vergleichsweise gering, weil das Risiko hoch ist und die Cashflows stärker diskontiert werden. In ruhigen Börsenzeiten sind Unternehmenswerte hingegen eher hoch, weil das Risiko geringer ist und die Cashflows folglich nicht so stark diskontiert werden. Stellt man diese Volatilitäts-Indizes dem Punktestand des Aktienindexes gegenüber, zeigt sich dieser umgekehrte Zusammenhang. Hohe Volatilität = geringer Indexstand, geringe Volatilität = hoher Indexstand.

7.2.2   Regime-Switching

Die Ursachen der Änderungen der Volatilität sind nicht bekannt. Dennoch werden im Rückblick Erhöhungen der Volatilität mit überraschenden Krisen in Verbindung gebracht. Die historische Beschreibung ist zweifellos nützlich und fördert das allgemeine Verständnis. Doch es ist zu wenig darüber bekannt, wie der zeitliche Prozess des Auftauchens von Krisen modelliert werden könnte. Die Forschung hat sich auf drei andere Ansätze konzentriert. Der erste Ansatz besteht darin, Regime-Switching-Modelle zu entwickeln, um die sich ändernde Volatilität zu erfassen. Meistens werden *zwei* Regimes betrachtet, ein Normalregime mit geringer und ein Krisenregime mit hoher Volatilität. Regime-Switching-Modelle sind so formuliert, dass ein Zufallsmechanismus wie in einem Vorschaltexperiment festlegt, ob die Volatilität gerade hoch oder gering ist. So wird der Prozess der Regimes zu einem *Markov-Prozess*, der die beiden Zustände hat.

Empirischer Befund zur Autokorrelation der Volatilität	
Normalregime (Phase geringer Volatilität)	Krisenregime (Phase hoher Volatilität)
Aktienkurse bilden Trends und steigen an	Aktienkurse fallen oder bewegen sich seitwärts
Aktienrenditen sind untereinander nicht so stark korreliert, was eine gute Diversifikation erlaubt	Aktienrenditen sind untereinander stark korreliert, wodurch die Diversifikation innerhalb der Gruppe von Aktien schwindet
Aktien- und Bondrenditen sind positiv korreliert	Aktien- und Bondrenditen sind negativ korreliert (Decoupling)

Bild 7-6: Entdeckungen der empirischen Finance zu Tages- und Wochenrenditen von Aktien und Bonds.

Die Modelle werden zunächst dazu verwendet, in historischen Zeitreihen Phasen hoher und geringer Volatilität zu identifizieren. Anschließend werden für jeden der beiden Zustände Schätzungen der Volatilität, der jeweiligen Renditeerwartung und der Korrelationen vorgenommen.

Die Erforschung von Regimes und das Umschalten (Switching) geht auf S. M. GOLDFELD und R. E. QUANDT (1973) sowie auf J. D. HAMILTON (1989) zurück, der auf seiner Homepage auch statistische Software bereit stellt.[3]

Inzwischen liegen für die Hauptmärkte von Aktien und Bonds statistische Daten vor. Über Länder hinweg zeigt sich dieses Bild:

- Für das *Normalregime* (geringer Volatilität) dürfen hohe Renditen für Aktien erwartet werden. Tendenziell wird die serielle Korrelation der Aktienrenditen positiv, das heißt, es bilden sich Trends und Momentum wirkt. In „normalen Zeiten" sind Aktienrenditen empirisch gesehen doch nicht seriell unkorreliert. Zwischen einzelnen Aktien sowie zwischen den Aktienindizes der Länder sind die Korrelationen der Renditen zwar positiv, aber vielfach nicht besonders groß — eine gewisse Risikodiversifikation im Aktienportfolio ist möglich. Die Korrelation zwischen Aktienmarkt und Bondmarkt ist positiv.

- Im *Krisenregime* sind die zu erwartenden Aktienrenditen deutlich geringer, wenn nicht sogar negativ. Die Autokorrelation bei Aktien wird eher negativ, das heißt, Trends reißen ab und es kommt immer wieder zu technischen Reaktionen. Die Korrelationen zwischen Aktien eines Landes sowie zwischen den Märkten sind ausgesprochen hoch mit Koeffi-

---

[3] 1. STEPHEN M. GOLDFELD und RICHARD E. QUANDT: A Markov Model for Switching Regressions. *Journal of Econometrics* 1 (1973), 3-162. 2. JAMES D. HAMILTON: A new approach to the economic analysis of nonstationary time series and the business cycle. *Econometrica* 57 (1989), pp. 357–384. 3. ANDREW ANG und G. BEKAERT: International asset allocation with regime shifts. *Review of Financial Studies* 15 (2002), 1137-1187. 4. ANDREW ANG und J. CHEN: Asymmetric correlations of equity portfolios. *Journal of Financial Economics* 60 (2002), 443-494. 5. KARL FRAUENDORFER, ULRICH JACOBY und ALVIN SCHWENDENER: Regime Switching based Portfolio Selection for Pension Funds. *Journal of Banking and Finance* 31 (2007), pp. 2265-2280. 6. MARTIN K. HESS: Timing and diversification: A state-dependent asset allocation approach. *European Journal of Finance* 12 (2006) 3, 189-204.

zienten, die nahe bei 1 liegen. Des weiteren sind in turbulenten Zeiten die Korrelationen zwischen Aktien- und Bondmarkt negativ — ein **Decoupling** tritt ein.

Das Decoupling in Krisenregimes unterstreicht: Der Risikoausgleich *zwischen Aktien und Bonds* wirkt besonders gut, wenn man ihn braucht.

> Aufgrund dieser empirischen Erkenntnis ist die Frage bei einem Portfolio nicht, ob es aus 10 oder 25 verschiedenen Aktien besteht, sondern ob es aus Aktien *und* Bonds besteht.

Zur Veranschaulichung sind nachstehend Daten für die Schweiz verwendet worden, um die genannten Parameter zu bestimmen. Dabei sind deutliche Rundungen vorgenommen, damit das Grundsätzliche besser zu Tage tritt. Zunächst, in der ersten Tabelle, sind die Parameter aufgrund traditioneller Schätzungen angeführt, bei denen keine Regimes unterschieden werden.

Parameter	Alle Perioden
Renditeerwartung der einzelnen Aktien	9,5%
Volatilität der einzelnen Aktien	25%
Korrelation zwischen einzelnen Aktien	0,7
Renditeerwartung Anleihen	4,5%
Volatilität Anleihen	8%
Korrelation zwischen Aktien und Anleihen	0,4

Bild 7-7: Typische Parameter für Aktien und Anleihen ohne Unterscheidung von Regimes.

Nun werden die beiden Regimes unterschieden. Sie werden als Normalregime (geringe Volatilität) und Krisenregime (hohe Volatilität) bezeichnet. In jeder Periode t wird ein Vorschaltexperiment durchgeführt, das festlegt, mit welcher Wahrscheinlichkeit zu $t+1$ ein Normalregime beziehungsweise ein Krisenregime vorhanden sein wird.

- Über den gesamten Horizont hinweg gesehen tritt das Normalregime mit 65% Wahrscheinlichkeit ein, das Krisenregime mit 35%. Das Verhältnis ist also etwa 2:1.

- Die Regimewahrscheinlichkeiten zu $t+1$ hängen jedoch davon ab, welches Regime zu t vorliegt. Liegt zu einem Zeitpunkt das Normalregime vor, dann bleibt es für den Folgezeitpunkt mit Wahrscheinlichkeit $p=70\%$ beim Normalregime, während mit Wahrscheinlichkeit $1-p=30\%$ ein Umschalten in das Krisenregime stattfindet.

- Liegt zu einem Zeitpunkt hingegen das Krisenregime vor, dann bleibt es mit Wahrscheinlichkeit $q=45\%$ beim Krisenregime, während mit Wahrscheinlichkeit $1-q=55\%$ ein Umschalten vom Krisenregime in das Normalregime stattfindet.

Die bedingten Übergangswahrscheinlichkeiten sind in der Tabelle (Bild 7-8) nochmals zusammengestellt.

Die so genannten stationären Wahrscheinlichkeiten der Markov-Kette seien mit s beziehungs-weise $1-s$ bezeichnet, wobei s die Wahrscheinlichkeit ist, dass schließlich, ohne Einfluß der Anfangssituation, der Normalzustand vorliegt. Die stationären Wahrscheinlichkeiten müssen dies erfüllen:

$$(7\text{-}8) \qquad \begin{pmatrix} s \\ 1-s \end{pmatrix} = \begin{pmatrix} p & 1-q \\ 1-p & q \end{pmatrix} \cdot \begin{pmatrix} s \\ 1-s \end{pmatrix} = \begin{pmatrix} 0{,}70 & 0{,}55 \\ 0{,}30 & 0{,}45 \end{pmatrix} \cdot \begin{pmatrix} s \\ 1-s \end{pmatrix}$$

Das Gleichungssystem bestätigt die Angabe $s = 0{,}65$ und somit $1-s = 0{,}35$.

	Falls zu t Normalregime vor-liegt ...	Falls zu t Krisenregime vor-liegt ...
... wird zu t+1 Normalregime mit dieser Wahrscheinlichkeit vorliegen:	$p = 70\%$	$1 - q = 55\%$
... wird zu t+1 Krisenregime mit dieser Wahrscheinlichkeit vorliegen:	$1 - p = 30\%$	$q = 45\%$

Bild 7-8: Matrix der bedingten Übergangswahrscheinlichkeiten.

Hier nun die Schätzungen für die beiden Regimes (Bild 7-9). Eines versteht sich von selbst: Ist bekannt, welches Regime eintritt oder vorliegt, dann hängt davon stark das optimale Portfolio ab. In Krisenzeiten werden viele beklagen, dass „die Diversifikation von Aktien genau dann nichts bringe, wenn sie am nötigsten ist".

Dabei wird dann übersehen, dass die Diversifikation zwischen Aktien und Anleihen in Krisenzei-ten besonders gut ist. Es stimmt also nicht, dass in der Krise die „Portfoliotheorie versagt". Doch die Portfoliotheorie nimmt dem Investor nicht die Mühe ab, nach möglichst wenig korrelierten Assets zu suchen.

Parameter	Normal-Regime	Krisen-Regime
Renditeerwartung der einzelnen Aktien	21%	-12%
Volatilität der einzelnen Aktien	15%	45%
Korrelation zwischen einzelnen Aktien	0,6	0,9
Renditeerwartung Anleihen	4%	5,5%
Volatilität Anleihen	9%	6%
Korrelation zwischen Aktien und Anleihen	0,6	0

Bild 7-9: Typische Parameter für Aktien und Anleihen mit Unterscheidung zweier Regimes.

7.2.3   Weitere Ansätze für Heteroskedastizität

Ein zweiter Ansatz besteht darin, die Änderung der Volatilität im Zeitablauf dadurch zu erzeugen, dass das Underlying einem Sprungprozess folgt. Die Sprünge (etwa im Kursverlauf einer Aktie) ereignen sich in zufälligen Zeitpunkten.

> Zur Beschreibung dienen Lévy-Prozesse, Zufallsprozesse, die neben kleineren zufälligen Veränderungen im Zeitablauf plötzliche Sprünge zeigen können. Treten diese Sprünge tatsächlich ein, dann geht die Volatilität nach oben, bleiben die Sprünge zufälligerweise aus, ist die Volatilität gering.[4]

Ein dritter Ansatz möchte eine Einschränkung überwinden. In Regressionsmodellen wird für den Fehler-Term eine konstante Volatilität unterstellt. Ändert sich jedoch die Volatilität jener unerklärten Einflüsse, die darin ausgedrückt werden, dann führen die bekannten statistischen Verfahren zu *verzerrten* Schätzern für die Parameter.

> Der dritte Ansatz möchte daher den Prozess der Änderung der Volatilität so beschreiben, dass unverzerrte Schätzungen möglich werden. Hierzu gehören ARCH-Modelle. Das Akronym ARCH steht für „Autoregressive Conditional Heteroscedasticity". Das Grundmodell von ARCH wurde 1982 von ROBERT F. ENGLE vorgestellt und später von anderen zu GARCH-Modellen (Generalized Autoregressive Conditional Heteroscedasticity) verallgemeinert, bei denen noch allgemeinere Veränderungen der Varianz der Fehlerterme in Regressionsmodellen modelliert werden.[5]

Ob nun ein einfacheres Modell genügt oder ein komplexeres Modell angezeigt ist, hängt vom zeitlichen Abstand der zur Verfügung stehenden Daten ab. Wer mit Jahresrenditen arbeitet, wird weder Sprünge noch Heteroskedastizität ausmachen. Für diesen Forscher genügt es, die Standardabweichung der Rendite als eine Konstante anzunehmen und der Annahme der Stationarität zu folgen. Vielleicht dürfen die Jahresrenditen auch als normalverteilt modelliert werden. Wer mit Tagesrenditen arbeitet, wird schnell Strukturen beobachten, die zu komplexeren Modellen raten.

Die Phänomene, die theoretisch mit Lévy-Prozessen und empirisch mit ARCH-Modellen erfasst werden, erlauben eine feinere Prognose. Sie setzen High-Frequency-Data voraus.

---

[4] K. SATO: *Lévy Processes and Infinitely Divisible Distributions*. Cambridge studies in advanced mathematics, vol 68. Cambridge University Press, Cambridge 1999.

[5] 1. ROBERT F. ENGLE: Autoregressive Conditional Hetroscedasticity with Estimates of the variance of United Kingdom Inflation. *Econometrica* 50 (1982) 4, 987-1007. 2. TIM BOLLERSLEV: Generalized Autoregressive Conditional Heteroscedasticity. *Journal of Econometrics* 31 (1986), pp. 307-327. 3. TIM BOLLERSLEV, RAY Y. CHOU und KENNETH F. KRONER: ARCH modeling in finance. *Journal of Econometrics* 52 (1992), 5-59. 4. A. K. BERA und M. L. HIGGINS: ARCH models: Properties, estimation and testing. *Journal of Economic Survey* 7 (1993) 4, 305-362.

7.3   Ergänzungen und Fragen

7.3.1   Monte Carlo Simulation mit Excel

In Bild 7-1 sind wir simulierten Pfaden logarithmierter Vermögen begegnet. Im Folgenden wollen wir eine ähnliche Simulation ausführen und mögliche Entwicklung von Aktienkursen über mehrere Handelstage hinweg erzeugen. Die Aktiengesellschaft zahlt keine Dividenden. Wir nehmen an, die stetigen Jahresrenditen seien normalverteilt mit dem Drift μ und der Volatilität σ.

Drift	0.08
Sigma	0.20

t	z	stetige Renditen	Log Vermögen	Vermögen
0			4.6052	100.00
1	0.52	0.69%	4.6121	100.69
2	0.61	0.80%	4.6201	101.50
3	-0.61	-0.73%	4.6128	100.76
4	-0.19	-0.21%	4.6107	100.55
5	0.40	0.54%	4.6161	101.10
6	-0.27	-0.31%	4.6130	100.79
7	0.02	0.06%	4.6136	100.85
8	-2.30	-2.86%	4.5850	98.00
9	-1.76	-2.19%	4.5631	95.88
10	0.76	0.99%	4.5729	96.83

Bild 7-10: Monte Carlo Simulation in Excel. Gezeigt sind die erzeugten, normalverteilten Zufallszahlen, ihre Transformation in stetige Renditen, der Verlauf der logarithmierten Vermögen über zehn Tage und das als Geldbetrag ausgedrückten Vermögen.

Wenn die „Ziehungen" der stetigen Renditen erzeugt sind, dann sollen noch die logarithmierten Vermögen (hier sind das die Aktienkurse) durch Anwendung der Exponentialfunktion bestimmt werden. Zur Erzeugung von Zufallszahlen bietet Excel zwei Wege:

- Ein Weg führt über das Menü Extras → Analyse-Funktionen → Zufallszahlengenerierung. Die Analysefunktionen müssen vorgängig als *Addin* eingebunden werden. Diese Variante ermöglicht auch sogleich die Wahl der Verteilung. Für unsere Zwecke wählen wir die Verteilung „Standard".

- Der zweite Weg führt über die Funktion Zufallszahl() beziehungsweise Rand() in der englischen Version. Diese Funktion liefert Zufallszahlen zwischen 0 und 1. Die so generierten Werte können unter Anwendung von Standnorminv() in standardnormalverteilte Zufallsvariablen transformiert werden. Bei dieser Variante hat Excel die Eigenschaft, die Zufallszahlen bei jeder Berechnung neu zu generieren.

Sodann wollen wir die Entwicklung einer Aktie über die nächsten 60 Tage simulieren. Dazu nehmen wir die folgende Ausgangslage an: Der Kurs der Aktie zu Beginn sei €100. Der Drift sei 8% auf Jahresbasis und die Volatilität 20%, ebenso auf Jahresbasis. Da für ein Jahr mit 252 Handelstagen gerechnet wird, und da wir unterstellen, dass über Feiertage der Prozess der Kursbewegung außer Kraft gesetzt ist, haben die stetigen Tagesrenditen den Drift $0,08/252$ und die Volatilität $\sqrt{1/252} \cdot 0,20$.

Für einen Simulationslauf, also einen Pfad, müssen 60 Zufallszahlen entweder über die Analyse-Funktionen oder mit den Funktionen Zufallszahl() und Standnorminv() generiert werden. Die 60 Zufallszahlen legen wir in einer Spalte, etwa von C9 bis C68, ab. Anschließend können mit der Exponentialfunktion die Aktienpreise bestimmt werden.

Bild (7-10) zeigt eine Simulation für die ersten 10 Tage. In den Zellen C9 bis C18 sind die standardnormalverteilten Zufallsvariablen z ersichtlich. In Zelle D8 ist der heutige Preis der Aktie S_0 eingetragen. Die Zellen D9 bis D18 zeigen die simulierten Werte. Die Excel-Formeln für die Kurse sind in den Zellen E9 und E10 dargestellt.

Um einen Sachverhalt zu illustrieren oder zu untersuchen, werden üblicherweise tausende von Pfaden simuliert. Auch das ist noch mit Excel möglich, wozu sich die Programmierung eines Makros anbietet, das die oben beschriebenen Aufgaben automatisiert.

Bild 7-11 zeigt 10 über jeweils zehn Jahre simulierte Pfade des Vermögens nach Umrechnung in Geldbeträge (mit der Exponentialfunktion). Für Beurteilungen der Ergebnisse sind aber in der Regel einige wenige Pfade nicht ausreichend. Üblicherweise werden Tausende von Pfaden simuliert, um so die Verteilung beurteilen zu können. In diesen Fällen bietet sich die Programmierung eines Makros an, das die oben beschriebenen Aufgaben automatisiert.

7.3.2 Unit Root

In der Regressionsrechnung wird der Einfluss einer oder mehrerer unabhängiger Variablen auf eine abhängige Variable untersucht. Dabei wird darauf geachtet, ob die (aufgrund einer Arbeitshypothese) gewählte unabhängige Variable signifikante Erklärungskraft hat. Die Signifikanz wird mit einer t-Statistik beurteilt. Damit die t-Statistik aussagekräftig ist und die Regression nicht durch so genannte Scheinkorrelation verfälscht wird, müssen die Zeitreihen — beziehungsweise die stochastischen Prozesse, welche die Daten erzeugen — *stationär* sein. Stationarität bedeutet, dass sich Parameter wie Erwartungswert und Varianz über die Zeit hinweg nicht verändern. Gleichsam sollen Ziehungen immer aus derselben Urne erfolgen. Bei nicht-stationären Variablen sind die Parameter hingegen zeitabhängig.

Zur Illustration betrachten wir den allgemeinen Fall eines AR(1)-*Prozesses (first-order autogregressive Process)* ohne Drift:

(7-9) $\qquad y_t = \phi \cdot y_{t-1} + \varepsilon_t$

Hier hängt die unsichere Größe y_t zum Zeitpunkt t von der Realisation ab, die sie zu $t-1$ angenommen hat. Hinzu kommt als Zufallseinfluss der mit ε_t bezeichnete Störterm. Jedes Epsilon wird durch einen sehr einfachen stochastischen Prozess erzeugt, bezeichnet mit iid (*independent, identically distributed*), wobei der Erwartungswert 0 und die Varianz σ^2 ist. Nun wenden wir (7-9) auf die Periode zuvor, auf $t-1$ an:

(7-10) $\qquad y_{t-1} = \phi \cdot y_{t-2} + \varepsilon_{t-1}$

Sukzessives Einsetzen liefert:

$$
\begin{aligned}
y_t &= \phi \cdot (\phi \cdot y_{t-2} + \varepsilon_{t-1}) + \varepsilon_t = \phi^2 \cdot y_{t-2} + \phi \cdot \varepsilon_{t-1} + \varepsilon_t \\
&= \phi^3 \cdot y_{t-3} + \phi^2 \cdot \varepsilon_{t-2} + \phi \cdot \varepsilon_{t-1} + \varepsilon_t \\
&= \phi^4 \cdot y_{t-4} + \phi^3 \cdot \varepsilon_{t-3} + \phi^2 \cdot \varepsilon_{t-2} + \phi \cdot \varepsilon_{t-1} + \varepsilon_t = \dots
\end{aligned}
$$

(7-11)

Bei einem stationären Prozess ist $0 < \phi < 1$ vorauszusetzen. Der Einfluss vergangener Störterme nimmt ab, und zwar um so deutlicher, je weiter sie zurückliegen. Wäre hingegen $\phi = 1$, könnte der Prozess nicht stationär sein. im Fall $\phi = 1$, bleiben die historischen Störterme in ihrem Einfluss auf y_t vollumfänglich erhalten, selbst wenn die Zeit immer weiter fortschreitet. Der AR(1)-Prozess kann dann „irgendwohin" führen. Es besteht für die Variable y_t keine Kraft, die sie zu einem Mittelwert tendieren ließe. So könnte (im Fall $\phi = 1$) y_t laufend größer werden, weshalb der Mittelwert der Verteilung von y_t nur geringe Aussagekraft hätte. Die Situation, dass $\phi = 1$ gilt, wird als Einheitswurzel (Unit Root) angesprochen.

> Ob ein Prozess eine Unit Root hat, wird überprüft, indem die Hypothese $\phi = 1$ getestet wird. Die Gültigkeit der Hypothese kann zwar nicht aufgrund der gängigen t-Werte beurteilt werden. Doch die Statistik wurde von D. DICKEY und W. FULLER (1979) tabelliert, weshalb vom Dickey-Fuller-Test gesprochen wird. Sollte der Störterm Epsilon autokorreliert sein, dann sind Anpassungen beim Test notwendig, die im Augmented Dickey-Fuller-Test berücksichtigt sind.

Verschiedene makroökonomische Zeitreihen wie beispielsweise jene des BIP oder des Konsums sind nicht stationär. Trotzdem möchte man gerne mit diesen Daten arbeiten. Es stellt sich deshalb die Frage, wie nicht-stationäre Zeitreihen gehandhabt werden können. Ein Weg dazu besteht in der Bildung von Differenzen.

Anstelle der Zeitreihe mit den Niveaus von y_t wird die Zeitreihe der Differenzen $\Delta y_t = y_t - y_{t-1}$ verwendet. So werden für Untersuchungen von Wertpapieren üblicherweise anstelle der Kurse die stetigen Renditen (Differenzen der logarithmierten Wertpapierkurse) betrachtet. Weist die Zeitreihe der Differenzen noch immer keine Stationarität auf, dann können wiederum Differenzen (der Differenzen) gebildet werden. Nicht-stationäre Prozesse werden auch als integriert bezeichnet. Dabei gibt es verschiedene *Grade der Integration*. Kann ein nicht-stationärer Prozess durch *einmalige* Bildung der Differenzen stationär gemacht werden, spricht man von Integration erster Ordnung, was häufig mit I(1) angegeben wird. Ein stationärer Prozess ist bei dieser Bezeichnungsweise I(0).

7.3.3   Drei Merksätze

1. Stets die Standardabweichung angeben! Keine Prognose (Schätzung des Erwartungswerts) ohne Angabe der Standardabweichung, keine Prognose einer zeitabhängigen Größe ohne Angabe der Volatility Range. Wenigstens qualitativ muß auf die Standardabweichung oder auf das Sigma-Band verwiesen werden. So wird über die Genauigkeit der Schätzung informiert.

2. Die Märkte für Derivate liefern nützliche Informationen! Auch wer als Analyst oder Analystin sich mit Aktien und Anleihen als primäre Assetklassen befaßt, sollte dann und wann mit Blick auf die Märkte für Derivate die impliziten Volatilitäten (Aktien, Marktindex, Zinsinstrumente) kennen und in die Berichte und Vorträge einfließen lassen.

3. Denke in Regimes! Wenn wir das Regime-Switching als Denkbasis verwenden: In welchem Regime befinden wir uns im Augenblick?

7.3.4   Fragen und Aufgaben

1. Ein Vermögen von €1000 wird angelegt, der Random-Walk für die stetige Rendite hat den Drift 8% und die Volatilität 20%. Ermitteln Sie das einfache Sigma-Band für das Vermögen nach 7 Jahre Anlage.

2. Richtig oder falsch: Diversifikation versagt, wenn sie am dringendsten benötigt wird?

7.3.5   Antworten und Lösungen

1. Die totale stetige Rendite hat den Erwartungswert $7 \cdot 8\% = 0,56$ und die Standardabweichung $\sqrt{7} \cdot 0,20 = 0,53$. Das einfache Sigma-Band für die totale stetige Rendite ist also $0,56 \pm 0,53$, geht also von 0,03 bis 1,09. Das Vermögen als Geldbetrag liegt entsprechend zwischen $1000 \cdot \exp(0,03) = 1030$ Euro bis $1000 \cdot \exp(1,09) = 2974$ Euro.

2. Falsch, nur für ein Krisenregime sollte das Portfolio zur Diversifikation Aktien und Bonds enthalten, nicht Aktien allein.

8. Risikofaktoren

Die Kurse oder die Renditen von Wertpapieren hängen von „Vorgaben" ab, von den Realisationen einer oder mehrerer unsicherer Einflussgrößen. Der Zusammenhang zwischen den Wertpapierrenditen und diesen „Risikofaktoren" wird durch Faktormodelle erfasst, deren Parameter mit Hilfe von Regressionen aus historischen Daten bestimmt werden. In diesem Kapitel wenden wir uns eindimensionalen und mehrdimensionalen Faktormodellen zu.

8.1 Einfaktor-Modell

8.1.1 Vorbereitung des Faktormodells

Das CAPM wurde so erläutert: 1. Risiko ist eine Eigenschaft, die Investoren mehrheitlich als *abträglich* ansehen. 2. In ihrer Mehrheit, die dann die Kurse bestimmt, *meiden* die Investoren Kapitalanlagen mit dieser Eigenschaft. 3. Diese Wertpapiere haben deshalb *günstige Kurse* und in der Folge *höhere Renditen*. 4. Ein abträgliches Merkmal der Portfoliorendite ist ihre *Unsicherheit*, gemessen durch die Standardabweichung. 5. Bei den einzelnen Kapitalanlagen ist daher abträglich, wenn sie nicht mehr dazu verhelfen, zu diversifizieren. 6. Ein Portfolio, das wie der Markt als ganzes zusammengesetzt und dessen Rendite durch den Marktindex beschrieben wird, weist bereits eine gewisse Standardabweichung seiner Rendite auf. 7. Wird eine Einzelanlage hinzugefügt, *erhöht sich die Standardabweichung der Portfoliorendite* entsprechend dem *Beta* der Einzelanlage. 8. Folglich muss die Rendite einer Einzelanlage um so attraktiver sein, je höher das Beta ist. 9. In einer sehr konkreten und einfachen quantitativen Beziehung könnte sogar ganz speziell Proportionalität gelten, etwa in dieser Form: Die mit einer Einzelanlage verbundene Risikoprämie ist *proportional* zum Beta der Einzelanlage. 10. Dies ist die Aussage des CAPM.

Wenn irgend eine Einzelinvestition betrachtet wird, so lautet demnach die Frage, wie stark die Kurs- oder Renditeschwankungen der Einzelanlage im Einklang mit jenen des Marktindexes stehen. Ist die Exponiertheit größer, dann ist mehr Markrisiko in der Einzelanlage „enthalten" und entsprechend höher muss die Risikoprämie der Einzelanlage sein. Die vom Marktrisiko unabhängigen, titelspezifischen Kursschwankungen spielen hingegen bei der Bildung der Risikoprämie der Einzelanlage — letztlich ein Ergebnis der Kursbildung — keine Rolle, weil sie durch Portfoliobildung diversifiziert werden können.

Wie kann das Exposure einer einzelnen Investition gegenüber dem Marktindex bestimmt werden? Bezeichnen $r_{k,1}, r_{k,2}, ...$ die Renditen der Einzelanlage k in den Perioden $t = 1, 2, ...$ und $r_{M,1}, r_{M,2}, ...$ die Renditen des Marktindexes, so gibt es in der Zeitreihe der historischen Einzelrenditen $r_{k,1}, r_{k,2}, ...$ und in den historischen Renditen des Marktindexes $r_{M,1}, r_{M,2}, ...$ die erwähnte Parallelität. Für die Zukunft heißt dies, dass es einen Zusammenhang zwischen der zufälligen Einzelrendite $\tilde{r}_k$ und der unsicheren Marktrendite $\tilde{r}_M$ auch im kommenden Tag, Monat oder Jahr gibt, etwa der nachstehenden Form:

$$(8\text{-}1) \qquad \tilde{r}_k \;=\; \beta_k \cdot \tilde{r}_M \;+\; \tilde{\varepsilon}_k$$

> Der Betafaktor β_k drückt aus, wie stark sich zufällige „Bewegungen" der Marktrendite $\tilde{r}_M$ auf die Rendite der Einzelanlage $\tilde{r}_k$ „übertragen". Im Fall $0 < \beta_k < 1$ geschieht dies nur abgeschwächt, im Fall $1 < \beta_k$ verstärkt. Der mit Epsilon bezeichnete zufällige Einfluss $\tilde{\varepsilon}_k$ in (8-1) beschreibt die titelspezifischen, zufälligen Bewegungen der Rendite $\tilde{r}_k$.

Das titelspezifische Risiko ist von den zufälligen Bewegungen des Marktindexes unabhängig (oder zumindest mit diesen unkorreliert), weshalb $\tilde{\varepsilon}_k$ und das Marktrisiko $\tilde{r}_M$ unkorreliert sind. Weiter darf vorausgesetzt werden, dass die Erwartungswerte der titelspezifischen Risikoeinflüsse sämtlich gleich 0 sind; ansonsten würde man in (8-1) eine Konstante hinzufügen. Schließlich sollen die titelspezifischen Bewegungen der Aktie k und die der anderen Aktien $j \neq k$ unkorreliert sein:

$$(8\text{-}2) \qquad E[\tilde{\varepsilon}_k] \;=\; 0 \quad und \quad Cov[\tilde{r}_M; \tilde{\varepsilon}_k] \;=\; 0 \qquad \text{für alle } k = 1, 2, ..., n$$

$$Cov[\tilde{\varepsilon}_j; \tilde{\varepsilon}_k] \;=\; 0 \qquad \text{für alle } j, k = 1, 2, ..., n, \; j \neq k$$

Wenn ein Finanzinvestor nur die eine Investition k aber sonst keine weiteren Einzelanlagen tätigt, dann ist er entsprechend β_k dem Marktrisiko ausgesetzt. Er darf erwarten, dass er für das Tragen des Marktrisikos durch eine Prämie entschädigt wird. Das heisst, die Renditeerwartung $E[\tilde{r}_k]$ liegt über dem mit r_0 bezeichneten Zinssatz. Dieses Risiko trifft alle Investoren. Sie übernehmen das Marktrisiko nur in jenem Umfang, in dem es an eine positive Prämie gekoppelt ist. Zusätzlich trägt der nicht diversifizierende Investor das titelspezifische Risiko $\tilde{\varepsilon}_k$.

Er darf aber nicht hoffen, dass sich die Risikoprämie $E[\tilde{r}_k] - r_0$ aufgrund des Exposures gegenüber dem titelspezifischen Risiko $\tilde{\varepsilon}_k$ erhöht. Denn die titelspezifischen Risiken führen bei der Mehrheit der Investoren im Markt auf keinen besonderen Widerwillen, weil sie diversifizierbar sind. Im Kapitalmarkt ist daher keine Risikoprämie mit dem titelspezifischen Risiko verbunden.

Zusammenhänge zwischen der Rendite einer einzelnen Aktie und der des Marktindexes wurden oft untersucht. Dabei zeigt die Empirie und auch die aus der Modernen Portfoliotheorie entlehnte Theorie, dass der Zusammenhang eher auf *Überrenditen* als auf die Renditen bezogen werden sollte.

> Die Überrendite (*Excess Return*) ist der Unterschied zwischen der Rendite und dem Zinssatz r_0 — womit noch nicht gesagt wird, ob die Rendite als Zufallsgröße betrachtet wird oder die Rendite in einer bestimmten Periode. Die Risikoprämie ist die zu erwartende Überrendite, also der Unterschied zwischen der erwarten Rendite und dem Zinssatz r_0

Für eine zukünftige Periode ist die Überrendite $\tilde{r}_k - r_0$ der betrachteten Aktie k ebenso wie die Überrendite $\tilde{r}_M - r_0$ für den Marktindex eine Zufallsgröße. Überrenditen sollen fortan mit dem Buchstaben p abgekürzt werden, also:

$$(8\text{-}3) \qquad \tilde{p}_k = \tilde{r}_k - r_0 \quad und \quad \tilde{p}_M = \tilde{r}_M - r_0$$

Im Licht dieser empirischen wie theoretischen Erkenntnisse können wir anstelle von (8-1) den Zusammenhang in der nachstehenden Form schreiben:

$$(8\text{-}4) \qquad \tilde{r}_k - r_0 = \beta_k \cdot (\tilde{r}_M - r_0) + \tilde{\varepsilon}_k$$

$$\tilde{p}_k = \beta_k \cdot \tilde{p}_M + \tilde{\varepsilon}_k$$

Die obere und die untere Gleichung von (8-4) besagen dasselbe, nur sind in der unteren Zeile die beiden Überrenditen wie in (8-3) mit p bezeichnet. Der Zusammenhang (8-4) stellt einen Zusammenhang zwischen Zufallsgrößen dar. Die Überrendite der Investition k ist erstens gleich dem beta-fachen der Überrendite des Marktindexes. Hinzu kommt zweitens ein vom Marktindex unabhängiger, titelspezifischer stochastischer Einfluss $\tilde{\varepsilon}_k$. Dieser Zusammenhang ist ein Faktormodell; der Faktor $\tilde{p}_M$ erklärt $\tilde{p}_k$. Da für die Erklärung von $\tilde{p}_k$ *ein* Faktor herangezogen wird, handelt es sich um ein Einfaktor-Modell. Da der eine Faktor gleich dem Marktindex ist (beziehungsweise dessen Überrendite), wird vom Single-Index-Model gesprochen. Es geht auf W. SHARPE zurück.[1]

---

[1] Das Modell und die Längsschnittregression (8-6) zur Ermittlung von Beta geht auf SHARPE zurück: WILLIAM F. SHARPE: A Simplified Model for Portfolio Analysis. *Management Science* (1963), 277-293.

8.1.2   Interpretationen

Das Single-Index-Model (8-4) kann in verschiedener Weise interpretiert werden. Als eine erste Folgerung soll das CAPM aus (8-4) hergeleitet werden. Wir bilden die Erwartungswerte der in (8-4) erscheinenden Zufallsgrößen. Links steht die Risikoprämie der Einzelanlage:

$$E[\tilde{r}_k - r_0] \;=\; E[\tilde{r}_k] - r_0 = \mu_k - r_0$$

Rechts steht:

$$E[\beta_k \cdot (\tilde{r}_M - r_0) + \tilde{\varepsilon}_k] \;=\; \beta_k E[\tilde{r}_M - r_0] + E[\tilde{\varepsilon}_k] \overset{(8-2)}{=} \beta_k \cdot (\mu_M - r_0)$$

Hierbei bezeichnen μ_k die Renditeerwartung der Einzelanlage k und μ_M die mit dem Marktindex zu erwartende Rendite. Zusammengenommen folgt $\mu_k - r_0 = \beta_k \cdot (\mu_M - r_0)$, oder explizit nach der gesuchten Risikoerwartung aufgelöst:

$$(8\text{-}5) \qquad \mu_k \;=\; r_0 + \beta_k \cdot (\mu_M - r_0) \quad \textit{für alle Anlagen } k$$

Die Formel (8-5) ist das bereits in Kapitel 5 dargestellte Capital Asset Pricing Model (CAPM). Das CAPM erlaubt, die Renditeerwartung beziehungsweise die Risikoprämie des Marktindexes, $p_M = \mu_M - r_0$, in die gesuchte Renditeerwartung oder Risikoprämie einer Einzelinvestition umzurechnen. Das CAPM besagt, dass die Risikoprämie einer Einzelanlage k das betafache der Risikoprämie des Marktindexes ist (die mit Fragezeichen versehen zu 5% geschätzt wurde).

Die Beziehung (8-4) zwischen dem Faktor und der Überrendite der Einzelanlage besteht generell. Insbesondere muss sie daher für jede Periode t gelten (wie Tag, Woche, Monat, Jahr), in der eine Zufallsziehung für den Index vorgenommen wird, die sich dann in eine Rendite oder Überrendite für die Einzelanlage k überträgt:

$$(8\text{-}6) \qquad r_{k,t} - r_0 \;=\; \beta_k \cdot (r_{M,t} - r_0) + \varepsilon_{k,t} \quad \textit{für alle } t = 1, 2, \ldots$$

So ist eine Regressionsgleichung entstanden, die sich gut zur Schätzung von Beta eignet. Da die Gleichung den Fokus auf eine Einzelanlage legt, für diese aber alle Zeitpunkte betrachtet, wird (8-6) auch als Längsschnitt bezeichnet. Schätzungen von Beta können anhand verschiedener Methoden durchgeführt werden. Häufig wird dabei auf die Methode kleinster Quadrate (Ordinary Least Squares, OLS) abgestützt. Die Schätzung von Beta mit Regressionsanalyse, wie sie auch gängige Statistikprogramme oder Excel beinhalten, bietet Vorteile gegenüber der Berechnung über Korrelationen und Standardabweichungen nach der Formel (5-3). So werden bei einer Regression nicht nur die Koeffizienten geschätzt, hier also das Beta, sondern gleichsam statistische

Tests zu deren Signifikanz ausgewiesen. Darüber hinaus sind auch Auswertungen zur Güte des Modells möglich. Die Qualität der Schätzungen hängt unter anderem von der Anzahl Beobachtungen ab. Das heisst, je mehr Beobachtungen verwendet werden, desto besser wird die Schätzgenauigkeit. Dieser Umstand ermöglicht es auch, mit wöchentlichen Daten die über einen Einjahreszeitraum gesammelt wurden, eine hinreichende Schätzgenauigkeit zu erzielen. Die Genauigkeit beschränkt sich jedoch auf die statistische Aussagekraft. An der empirischen Tatsache der Zeitvariabilität von Beta ändert eine höhere Schätzgenauigkeit nichts.

Wenn man hingegen (8-6) für einen Zeitpunkt betrachtet, dafür aber gleichzeitig für alle Einzelanlagen untersucht, so wird ein Querschnitt vorgenommen. Insbesondere werden im Querschnitt über Aktien oder Aktiengruppen auch Mittelwerte untersucht, was auf diese Regressionsgleichungen hinausläuft:

$$(8\text{-}7) \qquad \bar{r}_k - r_0 \;=\; \beta_k \cdot (\bar{r}_M - r_0) \;+\; \textit{Fehler}_{kt} \qquad \textit{für alle } k$$

Kommen wir auf den Längsschnitt zurück: Die Regressionsgleichung (8-6) wird oft mit anderen Symbolen geschrieben. Die Überrendite des Marktportfolios in der Periode t wird mit „MKT" (wie Market) bezeichnet, die der Einzelanlage k in eben dieser Periode mit „ER" (wie Excess Return):

$$(8\text{-}8) \qquad MKT_t \;=\; r_{M,t} - r_0 \quad und \quad ER_{k,t} \;=\; r_{k,t} - r_0$$

Damit erhält die Regressionsgleichung (8-6) die nachstehende Gestalt:

$$(8\text{-}9) \qquad ER_{k,t} \;=\; \beta_k \cdot MKT_t + \varepsilon_{k,t} \quad \textit{für alle } t = 1, 2, \dots$$

Faktormodelle werden auch dazu verwendet, die Renditen einzelner Perioden und ihre Veränderung im Zeitablauf zu erklären.

1. Hierzu wird bewusst von der Annahme der Stationarität abgesehen: Die Parameter sollen sich über die Zeit hinweg verändern dürfen. Man konzentriert sich auf wenige Assetklassen, beispielsweise nur auf Aktien und auf Festverzinsliche. Die Betonung liegt auf der Untersuchung des Längsschnitts, der sogenannten *„time variation of returns"*.

2. Ebenso wird versucht, *erwartete* Renditen und Unterscheide hinsichtlich der Renditeerwartungen zwischen Aktien oder zwischen Gruppen von Aktien zu erklären. Hier ist ein Standard geworden, die Unterschiede in den Returns der Aktienindizes von vielleicht zehn Aktiengruppen oder Sektoren zu betrachten. Die Betonung liegt auf der Querschnittsanalyse, der *„cross-sectional variation of returns"*.

8.2 Mehrfaktor-Modelle

8.2.1   Mikroökonomische Faktoren

Bald begann die Suche nach weiteren Faktoren, die dazu verhelfen sollten, die Renditen oder Prämien über die Sektoren hinweg besser zu erklären, als dies mit dem einen Faktor *MKT* möglich ist. Als erstes wurde erkannt, dass sich ein Ersatz von *MKT* durch einen anderen Faktor, aber unter Festhalten an einem Einfaktor-Modell, nicht lohnt. So wurde der Weg eingeschlagen, das Einfaktor-Modell durch weitere Faktoren zu einem Mehrfaktor-Modell zu erweitern und dabei *MKT* als einen der Faktoren beizubehalten.

Für die zusätzlichen Faktoren kamen betriebswirtschaftliche Daten und Kennzahlen aus dem Rechnungswesen in Frage. Die Idee war, der Fundamentalanalyse von B. GRAHAM zu folgen, nach der sich Unternehmenswerte aus den Fundamentaldaten ableiten. Zu den Fundamentaldaten gehören vor allem betriebswirtschaftliche Fakten (und daneben auch solche aus dem gesamtwirtschaftlichen und rechtlichen Umfeld) der Unternehmung.

Besonders in der Anfangszeit der Mehrfaktor-Modelle wurde *MKT* als erster Faktor durch Größen aus dem Rechnungswesen als weitere Faktoren ergänzt. Beispiele solcher Faktoren für eine Querschnittsanalyse sind diese Merkmale:

1. Unternehmensgröße,

2. Relation zwischen dem Buchwert des Eigenkapitals und dem Marktwert (Book-to-Market oder der KGV als Kehrwert),

3. Dividendenrendite,

4. Gewinnrendite oder ihr Kehrwert, das Kurs-Gewinn-Verhältnis *KGV* .

Die Frage war jedoch stets, ob diese Faktoren möglicherweise dasselbe beschreiben wie Beta. Mehrfaktor-Modelle für Querschnittsanalysen, die solche Größen als Faktoren einbeziehen, werden als mikroökonomisch bezeichnet. Untersuchungen brachten zu Tage, dass diese Faktoren Erklärungskraft für die Renditen beziehungsweise Überrenditen besitzen. Zu diesen anderen Faktoren gehören das Kurs-Gewinn-Verhältnis, der *P/E Ratio Effect* (BASU 1977), der *Book-to-Market Effect* (STATTMAN 1980) und die Größe der Unternehmung, der *Size Effect* (BANZ 1981).[2]

[2] 1. S. BASU: Investment Performance of Common Stocks in Relation to Their Price-Earnings Ratios: A Test of the Efficient Market Hypothesis. *Journal of Finance* 32 (1977), 663-682. 2. RAY BALL: Anomalies in Relationships between Securities' Yields and Yield-Surrogates. *Journal of Financial Economics* 6 (1978), 103-126. 3. DENNIS STATTMAN: *Book values and expected stock returns.* MBA Thesis, University of Chicago 1980. 4. ROLF W. BANZ: The Relationship beween Return and Market Value of Common Stocks. *Journal of Financial Economics* 9 (1981), 3-18. 5. M. R. REINGANUM: Misspecification of Capital Asset Pricing: Empiriucal Anomalies Based on Earnings Yields and Market Values. *Journal of Financial Economies* 9 (1981), 19-46. 6. S. BASU: The Relationship between Earnings Yield, Market Value and Return for NYSE Common Stocks: Further Evidence. *Journal of Financial Economics* (1983) 12, 129-156. 7. B. ROSENBERG, K. REID und R. LANSTEIN: Persuasive Evidence of Market Inefficiency. *Journal of Portfolio Management* 11 (1985), 9-17.

Auf den ersten Blick widersprechen diese Entdeckungen dem CAPM. Allerdings war um 1985 zunächst nicht klar, ob die genannten Faktoren eventuell Approximationen für das Beta darstellen und das CAPM doch gilt. Denn wenn eine Größe so schwer zu fassen und nur so ungenau zu messen ist wie das Beta, dann sollte nicht überraschen, wenn genauere Erklärungen der Rendite oder Überrendite möglich werden, wenn man das Beta auf mehrere Arten schätzt, etwa als historisches Beta und dann beispielsweise noch über das KBV.

8.2.2 Makroökonoomische Faktoren

Weitere Untersuchungen ziehen Faktoren heran, die mit dem volkswirtschaftlichen Umfeld der Unternehmung in Verbindung stehen. Diese Faktoren beschreiben die gesamtwirtschaftliche Lage zu t. Sie werden daher als makroökonomisch bezeichnet. Die makroökonomischen Faktoren beziehen sich stets auf den Zustand der Volkswirtschaft zwischen Wirtschaftsaufschwung, Boom, Kontraktion und Rezession, also die konjunkturelle Lage. Um sie zu messen, bieten sich mehrere Indikatoren an.

- Einer ist die Wachstumsrate des Bruttosozialprodukts zu t oder, alternativ dazu, die Änderung der Wachstumsrate zwischen $t-1$ und t. Intuitiv würde man Änderungen der konjunkturellen Lage größere Erklärungskraft für die Renditen beimessen, und das hat sich in den Modellen auch bestätigt. Praktisch alle verwendeten makroökonomischen Faktoren beschreiben konjunkturelle Änderungen. Die Änderung der Wachstumsrate des Bruttosozialprodukts kann von der Seite der gesamtwirtschaftlichen Produktion gesehen werden und ebenso von der Konsumseite. Von daher gibt es alternative Wege, Änderungen der konjunkturellen Lage zu erfassen.

- Ein weiterer makroökonomischer Faktor ist die Steilheit der Zinsstrukturkurve, gemessen durch den Term-Spread (Renditeunterschied von Bonds mit langer und kurzer Laufzeit) zum Zeitpunkt t. Der Term-Spread hängt eng mit der Realwirtschaft zusammen: Eine steigende Zinskurve (positiver Term-Spread) ist in Phasen des Wirtschaftswachstums dominant, während eine inverse Zinskurve (negativer Term-Spread) das Bevorstehen einer Rezession anzeigt.

Versuchsweise erweitern wir das Einfaktor-Modell (8-4) um den Term-Spread als Faktor. Er sei die Differenz langfristiger minus kurzfristiger Zinssatz und mit TS bezeichnet. In der Periode t hat dieser Faktor den Zahlenwert TS_t. Das Zweifaktor-Modell lautet:

$$(8\text{-}10) \qquad ER_{k,t} = b_k \cdot MKT_t + c_k \cdot TS_t + \varepsilon_{k,t}$$

Der Term-Spread kann bei starkem Wirtschaftsaufschwung 2% betragen. In der Kontraktion, vor einer Rezession, ist der Term-Spread vielleicht -1%. Der kurzfristige Zinssatz ist dann höher als der langfristige Zinssatz. Allerdings ändert sich der Term-Spread nur langsam von Monat zu Mo-

nat. Deshalb dürfte *TS* als zweiter Faktor die Erklärungskraft der Renditen nicht deutlich erhöhen. Versprechender ist, die Änderungen des Term-Spreads von $t-1$ auf t als Faktor zu verwenden. Der Faktor ΔTS_t ist durch $TS_t - TS_{t-1}$ definiert. Deshalb wollen wir die Änderung
$DTS_t = TS_t - TS_{t-1}$ und nicht TS_t als zweiten Faktor verwenden. Anstelle von (8-10) lautet das
Zweifaktor-Modell so:

$$(8\text{-}11) \qquad ER_{k,t} = b_k \cdot MKT_t + c_k \cdot DTS_t + \varepsilon_{k,t}$$

Die Koeffizienten b und c hängen davon ab, für welche Einzelanlage k die Überrendite erklärt
werden soll, jedoch sind sie von der Periode t unabhängig. Allerdings wird oft der gesamte Zeitraum, für den Daten zur Verfügung stehen, um diese Koeffizienten zu schätzen, in Abschnitte unterteilt. So kann geprüft werden, ob sich die Exposures b und c gegenüber den Risikofaktoren
eventuell über die Jahre hinweg geändert haben.

Weiterhin können DTS_t in eine *erwartete* Änderung und eine *unerwartete* Änderung des Term-
Spreads zerlegt werden. Letztere wird mit UTS_t bezeichnet. Die unerwartete Änderung des
Term-Spreads UTS_t dürften die größere Erklärungskraft für Unterschiede in den Renditen besitzen, weil die erwarteten Änderungen womöglich schon früh antizipiert sind. Anstelle von (8-11)
würde das Zweifaktor-Modell so lauten:

$$(8\text{-}12) \qquad ER_{k,t} = b_k \cdot MKT_t + c_k \cdot UTS_t + \varepsilon_{k,t}$$

Alternativ zu DTS_t beziehungsweise UTS_t, oder als dritter makroökonomischer Faktor, bietet
sich die Änderung des Credit-Spreads an. Der Credit-Spread ist der Renditeunterschied von Unternehmensanleihen mit Rating BBB zu solchen mit Rating AAA. Auch er zeigt ähnlich wie der
Term-Spread den Zustand an, in dem sich die Volkswirtschaft befindet.

- Ein fallender Credit-Spread bedeutet, dass die Anleger am Rentenmarkt für die kommende Zeit eine geringer werdende Ausfallgefahr bei den Unternehmensanleihen sehen.
  Sie erwarten folglich eine Verbesserung der wirtschaftlichen Situation, einen Wirtschaftsaufschwung.

- Erhöht sich der Credit-Spread hingegen, dann befürchten die Bondinvestoren dass De-
  faults wahrscheinlicher werden. Sie erwarten eine sich abschwächende Wirtschaftsent-
  wicklung oder sogar eine Rezession.

Der Credit-Spread kann sich unerwartet ändern, und als Faktor würde man entsprechend eine unerwartete Änderung des Credit-Spreads verwenden. Sie sei mit UPR_t bezeichnet.

Wird dieser Faktor UPR_t in das Modell (8-12) einbezogen, dann entsteht ein Dreifaktor-Modell:

$$(8\text{-}13) \qquad ER_{k,t} \;=\; b_k \cdot MKT_t + c_k \cdot UTS_t + d \cdot UPR_t + \varepsilon_{k,t}$$

Des weiteren kann die Veränderung des gesamtwirtschaftlichen Konsums $\Delta C_t = C_t / C_{t-1}$ als Faktor dienen, und ähnliches ist zur erwarteten und zur unerwarteten Inflation zu sagen.

8.2.3   Chen, Roll, Ross 1986

Hier nochmals die erwähnten makroökonomischen Faktoren:

1. MP : Änderungen der (monatlichen) Wachstumsraten des Bruttosozialprodukts — offensichtlich weil diese Wachstumsänderungen die Erwartungen der Investoren hinsichtlich der zukünftigen Unternehmensgewinne beeinflussen. Sie tätigen aufgrund dieser Erwartungen Käufe und Verkäufe von Aktien, was die Renditen beeinflusst.

2. UTS : Unerwartete Änderungen beim Term-Spread.

3. UPR : Unerwartete Änderungen beim Credit-Spread — denn wenn die Prämie für das Ausfallrisiko zunimmt, befürchten die Bondinvestoren eine Zunahme der Konkurse, was als Zeichen einer düsteren konjunkturellen Entwicklung gilt. Sie verkaufen Aktien und deren Renditen fallen.

4. DEI : Änderungen der erwarteten Inflation, da sie Wirtschaftspolitik und Konsumentenvertrauen beeinflussen.

5. UI : Unerwartete Inflation (tatsächliche minus erwartete Inflation). Tritt sie ein, ändern die Investoren die Asset-Allokation und die Kurse fallen.

Ein bekanntes Mehrfaktor-Modell stammt von CHEN, ROLL und ROSS 1986.[3] Es untersucht den US-Aktienmarkt 1958-1984 und verwendet dazu die genannten makroökonomischen Faktoren sowie zusätzlich die Überrendite des Marktindexes MKT — in der Arbeit mit $VWNY$ bezeichnet (value-weighted NYSE index). Das Modell mit den sechs Faktoren hat diese Gleichung:

$$(8\text{-}14) \qquad \begin{aligned} ER_{k,t} \;=\;& a_k + b_k \cdot MKT_t + c_k \cdot MP_t + d_k \cdot DEI_t + \\ &+ e_k \cdot UI_t + f_k \cdot UPR_t + h_k \cdot UTS_t + \varepsilon_{k,t} \end{aligned}$$

CHEN, ROLL und ROSS erklären nicht die Renditen oder Überrenditen einzelner Aktien, sondern von Aktiengruppen, von Sektoren. Alle fünf makroökonomischen Faktoren $MP,...,UTS$, die den Faktor MKT ergänzen, tragen zur Verbesserung der Erklärung der Renditen der Sektoren bei.[4]

---

[3] NAI-FU CHEN, RICHARD ROLL und STEPHEN A. ROSS: Economic Forces and the Stock Market. *Journal of Business* 59 (1986) 3, 383-403.

[4] Die Autoren haben ihr Modell für unterschiedliche Zeitfenster kalibriert (1958-67, 1968-77, 1978-84). Dabei zeigt sich: Die Faktorsensitivitäten ändern sich über die drei Zeitfenster hinweg etwas.

Fazit:

Besonders kraftvoll in der Erklärungskraft sind:

1. Die Wachstumsrate der industriellen Produktion MP.

2. Die unerwartete Änderung des Credit-Spreads UPR.

3. Die unerwartete Änderung des Term-Spreads UTS.

Generell gilt: Durch Hinzunehmen von *makroökonomischen Faktoren*, die Änderungen der konjunkturellen Lage zeigen, werden die Renditen besser erklärt. Auch das Einfaktor-Modell erklärt die Unterschiede der Renditen oder der Prämien zwischen den Sektoren. Doch Modelle mit *weiteren* Faktoren erhöhen die Erklärungskraft (sofern die Faktoren Änderungen der konjunkturellen Lage erfassen). 3. Das Mehrfaktor-Modell verwendet *auch MKT*. Das in Anlehnung an das CAPM formulierte Einfaktor-Modell ist empirisch gesehen nicht falsch. Das Single-Index-Model ist angesichts seiner Einfachheit akzeptabel. Allerdings ist es ein grobes Modell und kann durch die Hinzunehmen von makroökonomischen Faktoren in seiner Erklärungskraft verbessert werden.

Die Literatur zu Mehrfaktor-Modellen ist inzwischen umfangreich.[5] Am Modell von CHEN, ROLL und ROSS orientieren sich einige Varianten von Mehrfaktor-Modellen.[6]

BERRY, BURMEISTER und MCELROY 1988 verwenden neben dem Marktindex MKT weitere vier Faktoren: 1. Änderung der Dividenden. 2. Term-Spread. 3. Unerwartete Inflation. 4. Langfristige Wachstumserwartungen. Für $k = 1,2,...,n$ nehmen sie jeweils ein gleich gewichtetes Portfolio der Aktien von $n = 7$ Sektoren: Cyclical, Growth, Stable, Oil, Utility, Transportation, Financials.

BESSLER und OPFER 2003 verwenden als Faktoren: 1. Term-Spread, 2. Höhe des langfristigen Zinssatzes, 3. Währungsparität zum USD, 4. IFO Geschäftsklimaindex, 5. Deutscher Aktienforschungsindex DAFOX. Sie stellen ihre Ergebnisse in Form einer Varianzdekomposition dar (siehe Folgeabschnitt).

---

[5] Eine Auswahl: 1. NAI-FU CHEN, RICHARD ROLL und STEPHEN A. ROSS: Economic Forces and the Stock Market. *Journal of Business* 59 (1986), 383-403. 2. K. C. CHAN, NAI-FU CHEN und DAVID HSIEH: An Exploratory Investigation on the Firm Size Effect, *Journal of Financial Economics* 14 (1985), 451-471. 3. STAN BECKERS, PAUL CUMMINS und CHRIS WOODS: The Estimation of Multiple Factor Models and their Applications: The Swiss Equity Market. Finanzmarkt und Portfolio Management 7 (1993) 1, 24-45. 4. OTTO L. ADELBERGER und GERD LOCKERT: An Investigation into the Number of Factors Generating German Stock Returns, in: WOLFGANG BÜHLER, HERBERT HAX und REINHART SCHMIDT (eds.): *Empirical Research on the German Capital Market*, Physica-Verlag 1999, 151-170. 7. MARTIN WALLMEIER: Determinanten erwarteter Renditen am deutschen Aktienmarkt — Eine empirische Untersuchung anhand ausgewählter Kennzahlen, *Schmalenbachs Business Review* 52 (2000), 27-57.

[6] 1. M. A. BERRY, E. BURMEISTER und MARJORIE B. MCELROY: Sorting Out Risks Using known APT Factors. *Financial Analysts Journal* 44 (1988) 2, 29-42. 2. WOLFGANG BESSLER und HEIKO OPFER: Eine empirische Untersuchung zur Bedeutung makroökonomischer Einflussfaktoren auf Aktienrenditen am deutschen Kapitalmarkt. *Finanzmarkt und Portfoliomanagement* 17 (2003) 4, 412-436. 3. PHILIP SCHNEDLER: *Der Nutzen aktiver Portfoliostrategien*. Bank- und finanzwirtschaftliche Forschungen 347. Verlag Haupt, Bern 2003.

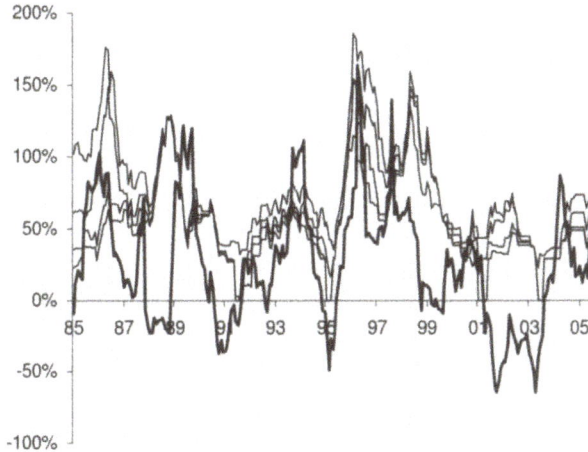

Bild 8-1: Darstellung der Sharpe-Ratios bei Timing-Strategie für die Assetklasse Aktien mit vier verschiedenen Transaktionskosten zwischen 0% und 2% im Zeitfenster 1985 bis 2005. Die Sharpe-Ratios aller aktiven Strategien (dünne Linien) sind durchgängig größer als die von Buy-and-Hold (unterster, dicker Kurvenzug). Quelle: GANTENBEIN.

SCHNEDLER 2003 bildet ein Mehrfaktor-Modell um Signale für das Timing zu gewinnen. Er untersucht den Schweizer Aktien- und Bondmarkt (1984-2001). Der Term-Spread und Änderungen des Term-Spreads zeigen, wann der Bondindex und wann der Aktienindex gekauft und verkauft werden sollen. Die empirischen Ergebnisse belegen, dass es ein taktisches Markt-Timing gibt, dessen Performance — die nach dem CAPM risikoadjustierte Rendite — die von Buy-and-Hold übertrifft.

Das Modell von SCHNEDLER wird von GANTENBEIN weiter gepflegt.[7] Die Renditen von Aktien und Bonds werden mit einem Mehrfaktor-Modell prognostiziert, das Monat für Monat mit den Daten der letzten 36 Monate kalibriert wird. Es werden verschiedene Varianten gerechnet; die Faktoren sind eine Auswahl aus: Einmonatszinssatz, Term-Spread 3m-1m, Term-Spread 6m-1m, Term-Spread 1y-1m, Term-Spread 10y-1y, Dividend Yield, Inflationsrate, Rendite CHF/USD, Rendite CHF/DM beziehungsweise CHF/EUR. Die Ergebnisse werden risikoadjustiert als Sharpe-Ratio dargestellt, die monatlich aufgrund von 12-Monatsfenstern gleitend neu berechnet wird.

Wie kann erklärt werden, dass die Berücksichtigung der konjunkturellen Lage und ihrer Veränderung den Erklärungsgehalt der sektoralen Prämienunterschiede erhöht? Ist der Einfluss der Realwirtschaft auf die Renditen nicht schon in der Modernen Portfoliotheorie berücksichtigt? Die Antwort lautet: Ja.

---

[7] Universität Basel sowie Schweizerisches Institut für Banken und Finanzen, Universität St. Gallen.

Die Moderne Portfoliotheorie MPT berücksichtigt den Zusammenhang zwischen Finanzwirtschaft und Realwirtschaft, allerdings etwas pauschal. Die MPT behauptet *nicht*, das Geschehen an den Finanzmärkten sei von der Realwirtschaft und makroökonomischen Entwicklungen losgelöst. Doch die MPT trifft diese Aussage: Alle Informationen, die bei der Erklärung der Rendite eines Wertpapiers nützen, sind bereits im Marktportfolio oder im Index erfasst. Anders ausgedrückt: Änderungen der Konjunktur wirken sich nach der MPT auf die Rendite einer Einzelanlage *proportional* zu ihrem Beta aus. Überhaupt wirken sich alle Arten von Unsicherheiten nach der MPT *proportional* zum Beta aus. Von daher genügt in der MPT ein einziges Risikomaß, eben das Beta. Das Risiko ist in der MPT *eindimensional*.

Beispiele: 1. Aktien der Sektoren Bau und Pharma haben in etwa dasselbe Beta. Die täglichen Kursschwankungen bewegen sich bei Aktien der beiden Sektoren in derselben Größenordnung in Assoziation mit den Schwankungen des Marktindexes, abgesehen vom jeweiligen titelspezifischen Risiko. Dennoch ist allen Personen klar, dass die Kurse der Aktien von Bauunternehmen stark konjunkturabhängig sind, während das bei Pharmaaktien nicht der Fall ist. 2. Staatsanleihen mit Rating AAA bewegen sich mit den Schwankungen der Zinssätze genau wie Corporate Bonds derselben Restlaufzeit, die das Rating BBB haben. Dennoch ist Bondinvestoren klar: Wenn sich die Wirtschaft abkühlt oder eine Rezession droht, erhöhen sich die Credit-Spreads und die Kurse der Unternehmensanleihen fallen, während Staatsanleihen davon nicht betroffen sind. ■

Die Investoren geben sich mit der groben Sicht, das konjunkturelle Risiko sei bei jeder Anlage proportional zu ihrem Marktrisiko, dem Beta, nicht zufrieden. Sie sehen das Risiko zweidimensional. Daher bilden sich die Marktkapitalisierungen nicht so aus, als ob die Investoren das Risiko nur eindimensional sehen würden. Die tatsächlichen Marktkapitalisierungen lassen erkennen, dass die Investoren das Exposure gegenüber dem Marktindex von dem Exposure gegenüber Änderungen der konjunkturellen Lage unterscheiden und bei ihren Portfolios berücksichtigen. Deshalb sind Modelle, die neben dem Exposure gegenüber *MKT* das gegenüber der Konjunktur eigens erfassen, besser. Sie sind besser in der Beschreibung des Kapitalmarktgeschehens und sie erlauben auch eine differenziertere Erklärung.

Warum unterscheiden die Investoren zwei Risikoarten? In beiden Fällen geht es doch um dasselbe, nämlich um Renditeschwankungen. Eigentlich könnte den Investoren doch egal sein, ob die Kurse aus einem rein „markttechnischen" Grund steigen oder fallen oder weil der Konjunkturhimmel Aufhellungen zeigt oder sich verdüstert. COCHRANE hat den Grund 1999 so erklärt: Die meisten Investoren sind mit ihren Arbeitseinkommen bereits zu einem guten Maß dem realwirtschaftlichen Risiko ausgesetzt und stellen daher bei jeder Aktie nicht nur die Frage, welches Beta sie hat, sondern auch, welches Exposure sie gegenüber der Konjunktur hat.

8.2.4 Forschung, Prognose, Risikoanalyse

Faktormodelle werden nicht allein für wissenschaftliche Untersuchungen verwendet, in denen es darum geht, welchen Erklärungen der sektoralen Unterschiede in den Renditen die größte Kraft beizumessen ist. Der Finanzanalyst möchte Modelle kalibrieren um sie sodann für die Prognose einzusetzen. So wurden Mehrfaktor-Modelle konzipiert, die Signale für den Kauf und Verkauf von Wertpapieren liefern: Auch hierzu haben sich makroökonomische Faktoren als geeignet erweisen. Dabei steht dann der Längsschnitt im Vordergrund.

Die verwendeten Faktoren können von Analysten im Rahmen des volkswirtschaftlichen Research durchaus erfasst werden. Beispielsweise deuten die unternehmerischen Investitionen, die in der volkswirtschaftlichen Statistik klar abgegrenzt sind, auf kommendes Wachstum des Bruttosozialprodukts hin. Informationen zum Wachstum der Realwirtschaft werden ebenso bekannt durch Statistiken wie etwa die Lage am Arbeitsmarkt oder Änderungen des Konsumentenpreisindexes. Das Mehrfaktor-Modell legt fest, wie diese Daten oder Änderungen der Daten in eine Prognose übersetzt werden können. Wirksame makroökonomische Faktoren wurden genannt:

1. Änderungen der Wachstumsraten der industriellen Produktion.

2. Änderungen der Risikoprämie für Anleihen geringerer Bonität.

3. Steigung der Zinskurve.

> Neben dem ersten Zweck der wissenschaftlichen Untersuchung (Querschnitt) und dem zweiten der Prognose (Längsschnitt) haben Mehrfaktor-Modelle eine wichtige dritte Anwendung: Institutionelle Investoren möchten das Exposure und die Sensitivität ihres Portfolios im Hinblick auf verschiedene „Risikofaktoren" ermitteln.

Risikofaktoren, die für einen solchen Investor Bedeutung haben können, sind die Währungsparität (sofern der Investor Verpflichtungen in der Referenzwährung zu befriedigen hat) oder die Inflation (falls der institutionelle Investor Ansprüche seiner Kunden zu erfüllen hat, die sich stärker an der Kaufkraft als an der nominellen Höhe eines Geldbetrags orientieren). Der Investor wird dann in einem Mehrfaktor-Modell die Faktoren so wählen, dass sie die für ihn relevanten Risikofaktoren repräsentieren. Die Faktorsensitivitäten zeigen das eingegangene Exposure gegenüber diesen Risiken.

Den drei Zwecken — wissenschaftliche Untersuchung, Marktprognose für die taktische Asset-Allokation, Ermittlung der Exposure gegenüber relevanten Risiken — entsprechend vielfältig sind die Ergebnisse, die mit Mehrfaktor-Modellen erzielt werden.[8]

---

[8] 1. GREGORY CONNOR: The Three Types of Factor Models: A Comparison of Their Explanatory Power. *Financial Analysts Journal* (May-June 1995), pp. 42-46. 2. KLAUS RIPPER und THEO KEMPF: Bedeutung der Risikofaktoren am deutschen Aktienmarkt. *Die Bank* 12 (Dezember 1998), 754-758.

8.3 Arbitrage Pricing Theory

8.3.1 APT — Ross 1976

Von einem Mehrfaktor-Modell wie (8-4) führt ein kleiner Schritt zur *Arbitrage Pricing Theory* (APT). Dieser Schritt wurde 1976 von S. ROSS vorgeführt.[9] Wir betrachten einen Finanzmarkt; n sei die Anzahl der gehandelten Instrumente. Diese Anzahl soll groß sein. Ferner sollen der Finanzmarkt und die dort gehandelten Instrumente $k = 1,2,...,n$ durch ein Mehrfaktor-Modell mit m Faktoren $F_1,F_2,...,F_m$ beschrieben werden können:

$$(8\text{-}15) \qquad R_k \quad = \quad a_k \quad + b_{k,1} \cdot F_1 \quad + b_{k,2} \cdot F_2 + ... + b_{k,m} \cdot F_m + ... + \varepsilon_k$$

In diesem Modell sollen die auftretenden Fehlerterme unkorreliert sein. Es muss daher nicht noch ein weiterer Faktor F_{m+1} gesucht und eingeführt werden, um die Unkorreliertheit der spezifischen Risiken zu erreichen. Zur Vereinfachung der Notation sollen die Faktoren $F_1,F_2,...,F_m$ sämtlich den Erwartungswert 0 besitzen. Dann wissen wir, dass für alle betrachteten Wertpapiere oder Gruppen von Wertpapieren $k = 1,2,...,n$ die Konstante dem Return $E[R_k] = a_k$ gleich ist.

> Die APT besagt: Wenn der betrachtete Finanzmarkt *keine Arbitrage* mehr erlaubt, dann existieren positive Zahlen $p_1,p_2,...,p_m$, die beschreiben, welche Renditeerwartung mit einem Exposure gegenüber den Faktoren $F_1,F_2,...,F_m$ verbunden ist — genau wie Prämien. Für *alle* Einzelanlagen $k = 1,2,...,n$ muss daher gelten:

$$(8\text{-}16) \qquad a_k = p_1 \cdot b_{k,1} + p_2 \cdot b_{k,2} + ... + p_m \cdot b_{k,m}$$

> Die APT postuliert mithin die *Existenz* klar definierter *Risikoprämien* für die m Faktoren des Mehrfaktor-Modells. Diese Risikoprämien können der Höhe nach aus den Gleichungen (16-9) bestimmt werden. Sei heißen APT-Prämien. Jedes in dem Markt gehandelte Instrument muss eine Renditeerwartung besitzen, die sich genau als Summe zusammensetzt: Addiert werden die m Exposures oder Faktorsensitivitäten bezüglich der m Risikofaktoren $F_1,F_2,...,F_m$, multipliziert mit den APT-Prämien $p_1,p_2,...,p_m$.

[9] 1. STEPHEN A. ROSS: The Arbitrage Theory of Capital Asset Pricing. *Journal of Economic Theory* 13 (1976), 341-360. 2. STEPHEN A. ROSS: A Simple Approach to the Valuation of Risky Streams. *Journal of Business* 51 (1978) 3, 453-475. 3. RICHARD ROLL und STEPHEN A. ROSS: An Empirical Investigation of the Arbitrage Pricing Theory. *Journal of Finance* 35 (1980) 5, 1073-1103. 3. MICHAEL J. BRENNAN: The Pricing of Contingent Claims in Discrete Time Models. *Journal of Finance* 34 (1979), 637-659. 4. JOCHEN WILHELM: Zum Verhältnis von Capital Asset Pricing Model, Arbitrage Pricing Theory und Bedingungen der Arbitragefreiheit von Finanzmärkten. *Zeitschrift für betriebswirtschaftliche Forschung* 33 (1981) 10, 891-905. 5. KLAUS SPREMANN: The Simple Analytics of Arbitrage, in: GÜNTER BAMBERG und KLAUS SPREMANN: Capital Market Equilibria. Springer-Verlag, Berlin 1986, 189-207.

Dieses Ergebnis ist für die Arbeit mit Faktormodellen wichtig. Zur Berechnung der APT-Prämien dienen die Gleichungen (8-13) für $k = 1,2,...,n$. Sie bilden ein Lineares Gleichungssystem. Wir notieren es in Matrizenschreibweise. Die Systemmatrix hat n Zeilen und m Spalten. Das System (8-13) hat n Gleichungen — das ist die Anzahl der betrachteten Wertpapiere oder Gruppen von Wertpapieren. Es hat m Variablen — das ist die Anzahl der einbezogenen Faktoren. Dass es lösbar ist, und welche Bedeutung die Lösung hat, ist die Aussage der APT:

$$(8\text{-}17) \quad \begin{pmatrix} b_{1,1} & b_{1,2} & ... & b_{1,m} \\ b_{2,1} & b_{2,2} & ... & b_{2,m} \\ ... & ... & ... & ... \\ b_{n,1} & b_{n,2} & ... & b_{n,m} \end{pmatrix} \begin{pmatrix} p_1 \\ p_2 \\ ... \\ p_m \end{pmatrix} = \begin{pmatrix} a_1 \\ a_2 \\ ... \\ a_n \end{pmatrix}$$

Hinweis zum Beweis: Die Aussage der APT folgt aus einem Theorem der Funktionalanalysis, dem Minkowski-Farkas-Lemma.[10] Es besagt für den vorliegenden Zusammenhang: Entweder gibt es noch Arbitrage, oder aber es gibt nicht-negative Zahlen $p_1, p_2,...,p_m$, die zudem nicht alle gleich Null sind, so dass $a_k = p_1 \cdot b_{k,1} + p_2 \cdot b_{k,2} + ... + p_m \cdot b_{k,m}$ für alle Einzelanlagen $k = 1,2,...,n$ gilt. Die Aussage also lautet: Entweder gibt es noch wenigstens eine Möglichkeit zur Arbitrage im Finanzmarkt oder es existieren die benannten Risikoprämien. Es gibt keine dritte Möglichkeit. Die Prämien bedeuten, dass bei jeder Einzelanlage die Renditeerwartung genau gleich der Summe der mit den Prämien multiplizierten Faktorsensitivitäten ist.

8.3.2   Die APT und Mehrfaktor-Modelle

Es ist mittlerweile üblich, die Ergebnisse eines Mehrfaktor-Modells durch die APT-Prämien $p_1, p_2,...,p_m$ auszudrücken. So zeigen beispielsweise CHEN, ROLL und ROSS diese Risikoprämien für die einbezogenen sechs Faktoren:

	CHEN, ROLL, ROSS 1986					
	VWNY	*MP*	*DEI*	*UI*	*UPR*	*UTS*
1958-84	-2,403	11,756*	-0,123*	-0,795	8,274*	-5,905

Bild 8-2: APT-Risikoprämien zu den sechs Faktoren; der Asterix * bedeutet eine t-Statistik betragsmäßig > 2.

Sie bedeuten: Wer eine Aktie hat, die ein starkes Exposure gegenüber dem Risikofaktor *MP* (Wachstumsrate der industriellen Produktion) hat, kann mit einer hohen Prämie für dieses Expo-

---

[10] Näheres etwa in: 1. AKIRA TAKAYAMA: *Mathematical Economics*. Dryden Press, Hinsdale, Illinois 1974, p. 42. 2. HUKUKANE NIKAIDO: *Convex Structures and Economic Theory*. Academic Press, New York, 1968, p. 38.

sure rechnen. Das klingt attraktiv. Andererseits: Solche Aktien leiden an starken Kursrückgängen, wenn einmal die Wachstumsrate der industriellen Produktion zurückgeht. Doch wer möchte Aktien haben, deren Kurse bei jeder Wachstumsdelle in den Keller fallen? Eigentlich niemand. Wer diese Aktien dennoch kauft, kann eine hohe Prämie erwarten. Dieser Investor kann sagen: "Ich trage das Risiko, dass die Wachstumsrate der industriellen Produktion schwankt, und für dieses Risiko werde ich belohnt."

Gleiches gilt für den Faktor *UPR* (Unerwartete Änderung des Credit-Spread). Wer Aktien hält, die diesem zufälligen Faktor gegenüber ein hohes Exposure zeigen, kann eine hohen Prämie erwarten. Dieser Faktor Credit-Spread drückt aus, ob sich Licht oder Dunkel am Konjunkturhorizont zeigt. Wer Aktien kauft, die gegenüber diesem Wechselspiel der Einschätzung wirtschaftlicher Zukunft ein starkes Exposure zeigen, wird wieder mit einer Prämie belohnt.

Die APT-Prämien für die beiden Inflationsfaktoren *DEI* und *UI* sind hingegen negativ. Das ist etwas schwer zu interpretieren. Die Ergebnisse der Empirie besagen dies: Je höher das Exposure einer Aktie gegenüber diesen Änderungen der Inflation ist, desto geringer ist ihre Risikoerwartung. Vielleicht ist es so, dass diese Aktien als Hedge gegen Inflationsrisiken benutzt werden können, und das macht den Renditeabschlag verständlich. Auffällig ist auch der Renditeabschlag, der mit dem Faktor *UTS* (unerwartete Veränderung des Term-Spread) einhergeht. Fazit:

1. Aktien, deren Kurse stark bei einem Wachstum der Wirtschaft (Wachstumsrate der industriellen Produktion) anspringen (und bei einem Abflauen der Wirtschaft zurückfallen), lassen eine *ausgesprochen hohe* Rendite erwarten.

2. Aktien, die Kursavancen haben, wenn sich der Credit-Spread reduziert (und Kursrückgänge, wenn der Credit-Spread zunimmt), haben *ausgesprochen hohe* Renditeerwartungen. Hier steht offenbar das Default-Risiko im Hintergrund. Für das Tragen dieses Ausfallrisikos gibt es im Finanzmarkt eine hohe Prämie.

3. Aktien, die typischerweise Kursavancen haben, wenn die Zinsstruktur steiler wird (und Kursrückgänge, wenn sie flacher wird), haben *deutlich geringere* Renditeerwartungen

4. Aktien, deren Kurse stark bei Änderungen der Inflation variieren, haben *leicht verringerte* Renditeerwartungen.

8.3.3   Varianzdekomposition in Mehrfaktor-Modellen

Die Gleichung eines Mehrfaktor-Modells mit den Faktoren $F, G, H, \ldots$ ist:

$$(8\text{-}18) \qquad R_k \;=\; a_k + b_k \cdot F + c_k \cdot G + d_k \cdot H + \ldots + \varepsilon_k$$

Wir unterscheiden jetzt weder sprachlich noch von den Symbolen her, ob Renditen oder Überrenditen erklärt werden. Bei einem solchen Mehrfaktor-Modell wie (8-16) sollen wieder die Residuen unkorreliert ein. Denn wenn die Faktoren eine gewisse Korrelation zeigen, entsteht das

Phänomen, dass die errechneten Faktorsensitivitäten davon abhängen, wie viele der Faktoren $F,G,H,...$ einbezogen werden. Wenn also die Regressionen $R_k = a_k + b_k \cdot F + \varepsilon_k$, $R_k = a_k + b_k \cdot F + c_k \cdot G + d_k \cdot H + \varepsilon_k$, ... gerechnet werden, erhält man immer andere Koeffizienten b_k, $k = 1,2,...,n$. Das stört bei Anwendungen zwar nicht immer. Aber gewisse weitere Möglichkeiten, die Mehrfaktor-Modelle bieten, sind bei korrelierten Faktoren verschlossen.[11]

Die Faktorsensitivitäten sind von der Menge der einbezogenen Faktoren unabhängig, wenn die Faktoren *und* die Residuen unkorreliert sind. In diesem Abschnitt gehen wir von folgenden Voraussetzungen aus:

- Die Zufallsgrößen $\varepsilon_1, \varepsilon_2, ..., \varepsilon_n$ werden jeweils als mit allen Faktoren $F,G,H,...$ unkorreliert vorausgesetzt (diese Voraussetzung überrascht nicht weiter, weil sie vom Einfaktor-Modell bekannt ist).

- Zusätzlich sollen die *Faktoren untereinander nicht korreliert* sein.

Unter diesen Bedingungen ist eine Varianz-Dekomposition möglich:

$$(8\text{-}19) \qquad Var[R_k] \;=\; b_k^2 \cdot Var[F] \;+\; c_k^2 \cdot Var[G] \;+\; d_k^2 \cdot Var[H] + ... + \; Var[\varepsilon_k]$$

Die Variation der Rendite jeder betrachteten Einzelanlage $k = 1,2,...,n$ ergibt sich, indem die Variationen der Faktoren mit den Quadraten der Sensitivitäten multipliziert und addiert werden. Hinzu kommt die unerklärte Variation, das spezifische (unsystematische) Risiko.

Die Varianz-Dekomposition hat interessante Anwendungen gefunden. Beispielsweise könnte man als Faktor F den Index des nationalen Marktes wählen, für G einen Branchenindex, und für H eine Währungsparität. Dann kann durch eine dem Modell entsprechende lineare Regression (mit mehreren Faktoren) herausgefunden werden, wie für eine konkrete Aktie, zum Beispiel die der UBS, sich das "Risiko" $Var[\tilde{r}_{UBS}]$ darstellen lässt als Summe

- eines Marktrisikos $b_{UBS,F}^2 \cdot Var[F]$

- eines Branchenrisikos $c_{UBS,G}^2 \cdot Var[G]$

- eines Währungsrisikos $d_{UBS,H}^2 \cdot Var[H]$

- und eines titelspezifischen Risikos $Var[\varepsilon_{UBS}]$.

Wie gesagt, sind die Faktoren eventuell so zu modifizieren, dass sie keine Korrelationen untereinander mehr zeigen, und es darf auch keinen weiteren Faktor geben, der möglicherweise hinter den Residuen und den Faktoren steht.

---

[11] Die Faktorenanalyse beginnt mit einer Untersuchung der Kovarianzstruktur und gelangt zur Identifikation jener Faktoren, die sie am besten erklären: RICHARD ROLL und STEPHEN A. ROSS: An Empirical Investigation of the Arbitrage Pricing Theory. *Journal of Finance* 35 (1980), pp. 1073-1103.

Unter diesen Voraussetzungen wird die Kovarianzstruktur durch die Faktorsensitivitäten und die Kovarianzen der Faktoren erzeugt. Bei zwei Faktoren, F und G, lautet die Formel

$$
\begin{aligned}
Cov\lfloor R_j, R_k \rfloor &= \\
&= b_j \cdot b_k \cdot Var[F] + \left(b_j \cdot c_k + c_j \cdot b_k \right) \cdot Cov[F,G] + c_j \cdot c_k \cdot Var[G]
\end{aligned}
$$

(8-20)

So haben BESSLER und OPFER 2003 eine Varianz-Dekomposition für $n = 6$ Branchenindizes (Chemie, Versorger, Finanzintermediäre, Automobil, Bau, Konsum) anhand der zuvor erwähnten Faktoren durchgeführt. Um einige ihrer Ergebnisse zu nennen:

1. Der IFO Geschäftsklimaindex erklärt nur bei Automobil einen bemerkenswerten Teil der Variation.

2. Von der Höhe des langfristigen Zinses sind besonders die Finanzintermediäre abhängig.

3. Das spezifische Risiko war in den Sektoren Bau und Versorger vergleichsweise hoch, bei den Finanzintermediären und Automobil gering.

8.4 Ergänzungen und Fragen

8.4.1 Drei Abschnitte empirischer Kapitalmarktforschung

Empirische Forschung zur Funktionsweise von Kapitalmärkten gibt es seit einem Jahrhundert.

- BACHELIER hat bereits 1900 nicht nur theoretisch sondern auch empirisch gearbeitet. Die ersten empirischen Untersuchungen zur seriellen Unkorreliertheit von Renditen und zum Random-Walk sind ab 1930 entstanden; sie wurden ausgeführt von WORKING, COWLES und JONES, KENDALL, OSBORNE und anderen.

- In der Zeit nach 1960 haben 1. die These der Informationseffizienz und 2. das CAPM einen neuen Schub empirischer Untersuchungen ausgelöst. In diesen Jahren wurden für die großen Finanzmärkte Datenbanken geschaffen. Alle Forscher konnten auf Computer zugreifen: Ab 1965 hatten alle Universitätsrechenzentren große Computer von IBM und 1982 hat IBM den PC eingeführt.

- Einen weiteren Schub hat die empirische Forschung um 1990 erfahren. Seit dieser Zeit stehen neue Methodologien und kraftvolle statistische Tests zur Verfügung. Die empirische Forschung dieser letzten 20 Jahre hat verschiedenste neue Fakten aufgezeigt, die sogenannten „New Facts" in der Finance. Die empirischen Fakten haben auf die Theorie der Kapitalmärkte ausgestrahlt: Denn dort, wo der empirische Befund mit dem theoretischen Wissen verschmilzt, ist eine gegenüber der Modernen Portfoliotheorie (MPT) reichhaltigere Basis für das Portfoliomanagement entstanden. Die *neuen Fakten* widerlegen zwar die Aussagen der MPT nicht grundsätzlich, ergänzen und verfeinern sie indessen so, dass die Wirklichkeit besser beschreibend erfasst und erklärt wird.

Die meisten Forschungen ab 1990 verwenden Faktormodelle. Faktormodelle stellen ein reichhaltiges Instrumentarium dar. Die Untersuchung kann dabei *längs* über die Zeit hinweg oder *quer* über die Anlagen oder Sektoren hinweg erfolgen.

8.4.2 Hedonische Bewertung von Immobilien

Die Multiplikator-Methode (Kapitel 3) hat eine Unternehmung im Hinblick auf ein Merkmal, beispielsweise den Gewinn, mit anderen Unternehmungen verglichen, für die bereits ein Preis vorliegt. Dem Vielfachen des Gewinns entsprechend wird der Vergleichspreis für die zu beurteilende Unternehmung bestimmt. Die hedonische Bewertung dient dazu, Vergleichspreise für Güter aller Arten zu finden, darunter auch für Unternehmungen und Immobilien. Im Unterschied zur Multiplikator-Methode (Kapitel 3) ist sie nicht auf einen einzigen Faktor beschränkt. Für Immobilien beispielsweise werden die Ausprägungen hinsichtlich verschiedener Faktoren erhoben. Für die Peer-Group sollen dann Preise vorliegen. Dann wird eine Regression gerechnet. Sie zeigt, wie (auf als linear unterstellte Art) der Preis der Objekte der Vergleichsgruppe sich aus einer Konstante und den jeweiligen Merkmalsausprägungen errechnet, indem diese mit Koeffizienten multipliziert werden. Sehr beliebt ist die hedonische Methode bei Objekten, die mehrdimensionale Charakteristika aufweisen. Bei Immobilien handelt es sich dabei um die Anzahl Quadratmeter, um das (als Skalar ausgedrückte) Qualitätsniveau, das Alter der Immobilie, die Entfernung zu Zentren, und so fort.

Zahlenbeispiel: W. ZHANG (2010) hat eine hedonische Bewertung anhand von Apartments der Art Condominium in Singapur vorgenommen und diverse Merkmale in die multiple Regression einbezogen. Alle Faktoren wurden in logarithmischer Skala ausgedrückt. Hier sind die Ergebnisse auf ein Merkmal reduziert wiedergegeben: Der Kaufpreis pro Quadratfuß (PSF) beträgt 1.673 SGD, abzüglich 3% für jeden Kilometer Entfernung zur U-Bahn-Station Orchard Road. Das sind ziemlich genau 9,000 Euro / m^2, zu multiplizieren mit $0,97^D$ bei D Kilometer Entfernung vom genannten Zentrum. In 3 km Entfernung sollte der Quadratmeterpreis den Ergebnissen folgend $9000 \cdot 0,97^3 = 8214$ Euro betragen. ■

8.4.3 Drei Rezepte für die Arbeit

• Das Risiko ist mehrdimensional! Mehrfaktor-Modelle zeigen, dass neben dem Marktrisiko zumindest ein weiterer Faktor oder auch zwei beziehungsweise drei weitere Faktoren das Exposure erfassen können, dass die Aktien oder die Assetklasse gegenüber der Realwirtschaft hat, insbesondere gegenüber der Konjunktur.

- Taktiken können funktionieren! Doch an den Märkten gibt es keinen *Free Lunch*. Es muss damit gerechnet werden, dass gewisse Anlagestile und Taktiken mit der Übernahme realwirtschaftlicher Risiken verbunden sind. Wird dann die Sharpe-Ratio berechnet, die erzielte Rendite also zwar risikoadjustiert, doch nur im Hinblick auf das Marktrisiko, dann wird das Exposure gegenüber der realwirtschaftlichen Risiken übersehen, dass die Taktik mit sich bringt.

- Ab und zu mal nach dem Bondmarkt schauen! Auch die Rentenmärkte erzeugen Informationen, und neben der Zinsstruktur (Term-Spread) entsteht über die Preisbildung bei den Festverzinslichen der Credit-Spread. Beides sind Faktoren, die zum Teil die Kursbildung bei Aktien erklären können.

8.4.4 Fragen und Aufgaben

1. Nennen Sie a) mikroökonomische und b) makroökonomische Faktoren, die in Mehrfaktor-Modellen untersucht worden sind, um Renditen zu erklären.

2. Berechnen Sie für die hedonische Bewertung (Abschnitt 8.4.2), nach welcher Entfernung vom Zentrum eine Immobilie nur den halben Preis hat.

3. Geben Sie Beispiele zweier Aktien, die in etwa dasselbe Beta haben und sich doch stark hinsichtlich ihres Exposures gegenüber der Konjunktur unterscheiden (und daher auch unterschiedliche Risikoprämien haben).

4. In wie fern könnte es sein, dass mikroökonomische Faktoren ein realwirtschaftliches Risiko ausdrücken?

8.4.5 Antworten und Lösungen

1. a) Marktkapitalisierung als Proxy für die Größe der Unternehmung, KBV, KGV. b) Die Wachstumsrate der industriellen Produktion, die unerwartete Änderung des Credit-Spreads, die unerwartete Änderung des Term-Spreads.

2. $0{,}97^{D} = 0{,}5$ führt auf $D = \ln(0{,}5)/\ln(0{,}97)$, also $D = -0{,}69315/(-0{,}03046) \approx 23$ km.

3. Ein hohes Exposure gegenüber der Konjunktur haben zum Beispiel Bauunternehmungen oder Banken, ein geringes Dienstleistungen oder Pharma.

4. Mikroökonomische Faktoren drücken Charakteristika der Unternehmung aus, und diese können bedeuten, dass die Unternehmung in besonderen Phasen der Konjunktur typischerweise Erfolge beziehungsweise Rückschläge hat. So dürften kleine Unternehmungen gerade in der Phase des frühen Aufschwungs große Erfolge haben.

9. Zyklische Risiken

FAMA und FRENCH haben Mehrfaktor-Modelle eingeführt, in denen als Faktoren die Renditen speziell gebildeter Portfolios dienen. Wir gehen diesen Untersuchungen nach und illustrieren die wirtschaftlichen Situationen, die durch die Portfolios repräsentiert werden.

9.1   FAMA und FRENCH 1993-98

9.1.1   Factor-Mimicking-Portfolios

EUGENE F. FAMA und KENNETH R. FRENCH haben 1993 einen neue Art von Mehrfaktor-Modell eingeführt und bis 1998 in mehreren Arbeiten ausgebaut. Wir bezeichnen die damit gebahnte Forschungsrichtung deshalb mit FF93-98. Anstatt wie es CHEN, ROLL und ROSS sowie andere getan haben (siehe Kapitel 8), verwenden FF93-98 als Faktoren *nicht* makroökonomische Variable wie die Produktion, den Konsum oder den Term-Spread direkt. Statt dessen wählen sie als Faktoren die Renditen speziell zusammengesetzter Portfolios, die gleichsam die Faktoren repräsentieren, an die eigentlich gedacht wird. Deshalb wird von **Factor-Mimicking-Portfolios** gesprochen.

> Konkret betrachten FF93-98 neben dem Marktindex die beiden Portfolios SMB und HML. SMB steht für Small Minus Big und ist ein Portfolio, das in Aktien kleiner Firmen investiert ist und gleichzeitig die Aktien der großen Unternehmungen leer verkauft. HML steht für High Minus   und bezeichnet ein Portfolio, das Aktien von Firmen mit einem hohen Book-to-Market (geringem KBV) hält, also *Value-Stocks*, und gleichzeitig Aktien mit einem geringen B/M (hohes KBV), also *Glamour-Stocks*, leer verkauft.

Die Rendite des Portfolios SMB im Monat t — die Untersuchungen werden mit Monatsdaten ausgeführt — ist mit SMB_t bezeichnet. Sie ist besonders in jenen Monaten hoch, wenn das gesamtwirtschaftliche Umfeld es nahe legt, die Aktien kleiner Firmen zu kaufen und die großer Firmen vielleicht sogar zu verkaufen. Die Rendite des Portfolios HML im Monat t ist mit HML_t bezeichnet. Sie ist besonders dann hoch, wenn das gesamtwirtschaftliche Umfeld es nahe legt, Value-Stocks zu kaufen und die der Glamour-Stocks vielleicht sogar zu verkaufen.

Umgekehrt ist die Rendite SMB_t besonders gering oder vielleicht sogar negativ in Monaten t, in denen das gesamtwirtschaftliche Umfeld es nahe legt, die Aktien kleiner Firmen abzustoßen und dafür die der großen Gesellschaften zu kaufen. Die Rendite des Portfolios HML ist in jenen Monaten t gering oder negativ, wenn das gesamtwirtschaftliche Umfeld es nahe legt, die Value-Stocks zu verkaufen und Glamour-Stocks zu kaufen.

Das Mehrfaktor-Modell lautet:

$$(9\text{-}1) \qquad p_{j,t} = a_j + b_j \cdot MKT_t + c_j \cdot SMB_t + d_j \cdot HML_t + \varepsilon_{j,t}$$

Hierin ist wie schon zuvor

- $p_{j,t} = r_{j,t} - r_0$ die Überrendite der Aktie oder Aktiengruppe j in der Periode t

- und MKT_t die Überrendite des Marktindexes in der selben Periode.

- Die Koeffizienten b_j, c_j und d_j zeigen das Exposure, das die Kapitalanlage j gegenüber den von SMB und HML repräsentierten Faktoren hat. Kurz: Die Koeffizienten b_j, c_j und d_j drücken aus, in welchem Maß sich die Überrendite der Kapitalanlage j über die Monate hinweg gesehen so verhält wie der Marktindex, das Portfolio SMB und das Portfolio HML.

- In der Regressionsgleichung steht noch a_j als Konstante und $\varepsilon_{j,t}$ als Fehlerterm.

Um die Parameter zu schätzen, wird die Konstante als gleich null angenommen.

9.1.2   Konstruktion der Portfolios

Bei der Berechnung der monatlichen Renditen von SMB und HML sind einige Besonderheiten zu erwähnen. Die beiden Long-Short-Portfolios werden als Schnittmengen gebildet, die wiederum aufgrund zweier voneinander unabhängiger Rankings gebildet werden.

Die Aktien im betrachteten Universum — dabei kann es sich um die eines Landes handeln — werden zuerst nach ihrer Marktkapitalisierung sortiert. Sodann wird eine Einteilung in die zwei Teilgruppen *Small* und *Big* vorgenommen. Die Grenze für Small oder Big ist als *Median* der Marktkapitalisierung festgelegt. In der Gruppe *Small* sind die Aktien jener Firmen, deren Marktkapitalisierung unter dem Median der Marktkapitalisierung liegt. Der Gruppe *Big* werden die Aktien jener Unternehmen zugeordnet, die eine über dem Median gelegene Marktkapitalisierung aufweisen.

Den beiden Gruppen sind aufgrund der Konstruktion gleich viele Gesellschaften zugeordnet. FF93-98 wählen als Universum jene Titel, die entweder an der NYSE, AMEX oder an der NASDAQ gehandelt werden. Die Bestimmung des Medians der Marktkapitalisierung nehmen sie jedoch auf Basis allein der an der NYSE gehandelten Aktien vor. Denn würden AMEX und NASDAQ beim Ranking ebenfalls berücksichtigt, dann wären die Small-Caps (jene Titel unter dem Median der Marktkapitalisierung) nur die Aktien ausgesprochen kleiner Firmen.

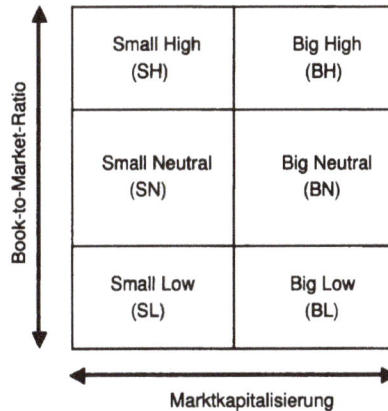

Bild 9-1: Die sechs Fama-French-Portfolios. Jeder Titel ist in genau einer der sechs Gruppen. Die großen Value-Stocks beispielsweise sind rechts oben in BH, die kleinen Glamour-Stocks links unten in SL.

Die Titel des Universums werden anschließend auch nach ihrer Book-to-Market-Ratio B/M sortiert. Diesmal werden *drei* Gruppen gebildet. Die erste Gruppe besteht aus jenen 3/10 der Titel (der Anzahl der Firmen nach) mit der höchsten Kennzahl B/M (Value-Stocks). Die zweite Gruppe besteht aus 4/10 der Titel mit einer mittleren B/M (Neutral-Stocks). Die dritte Gruppe beinhaltet jene restlichen 3/10 der Aktien mit der tiefsten B/M (Growth-Stocks).

> Insgesamt entstehen durch das doppelte Ranking sechs Portfolios. Innerhalb der Small-Caps kann ein Titel entweder zu den Value-Stocks, zu den mittleren Stocks oder zu den Growth-Stocks zählen. Gleiches gilt innerhalb der Large-Caps. Das Portfolio SH (Small High) etwa besteht aus kleinen Value-Stocks und BL umfasst große Growth-Stocks. [1]

Beispiel: Der deutsche Aktienmarkt soll die Vorgehensweise verdeutlichen. Wir gehen von einem Anlageuniversum von (zur Illustration) 10 Aktien aus und verwenden Daten per 31. Dezember 2008. Die Titel dieses Universums werden nachstehend zweimal aufgeführt, um die Ergebnisse der beiden Rankings zu zeigen. Auf der linken Seite in Bild 9-2 sind die Titel nach der Marktkapitalisierung (in Millionen Euro) sortiert. Der Median der Marktkapitalisierung beträgt etwas mehr als 28 Mrd. Euro. Die Marktkapitalisierung von 5 Unternehmen ist größer als dieser Zahlenwert und 5 Unternehmen weisen eine Marktkapitalisierung unter 28 Mrd. Euro auf. Mit dem

---

[1] Die Festlegung des Medians der Marktkapitalisierung auf einer anderen Basis als der vollen Stichprobe ist allerdings nicht immer praktikabel. Für kleinere Märkte führt dies beispielsweise auf eine ungenügende Anzahl von Titeln in den einzelnen Gruppen.

Median der Marktkapitalisierung können die 10 Unternehmen in die Felder Small (S) und Big (B) eingeteilt werden.

#	Ranking 1	Marktwert	Gruppe	Ranking 2	B/M-Ratio	Gruppe
1	Fresenius SE	3,297.7	S	SAP AG	0.21	L
2	Adidas AG	5,368.6	S	Fresenius SE	0.52	L
3	Linde AG	10,218.8	S	Bayer AG	0.53	L
4	Deutsche Bank AG	16,018.3	S	Siemens AG	0.56	N
5	Daimler AG	25,464.3	S	Adidas AG	0.56	N
6	SAP AG	30,699.1	B	Linde AG	0.85	N
7	Bayer AG	31,636.1	B	E On AG	0.88	N
8	Allianz SE	33,933.4	B	Allianz SE	1.10	H
9	Siemens AG	48,260.8	B	Daimler AG	1.45	H
10	E On AG	56,068.0	B	Deutsche Bank AG	2.33	H
	Median	28,081.7		30. Perzentil	0.55	
				70. Perzentil	0.94	

Bild 9-2: Beispiel für das doppelte Ranking (Datenquelle: Datastream)

Auf der rechten Seite in Bild 9-2 sind die zehn Titel nach der Book-to-Market-Ratio B/M sortiert. Die zwei Grenzen sind durch die Perzentile 0,3 und 0,7 gegeben und betragen B/M = 0,55 beziehungsweise B/M = 0,94.

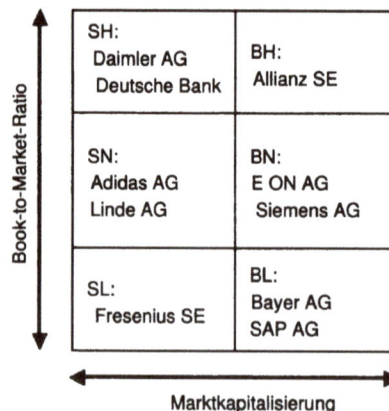

Bild 9-3: Beispiel: Zusammensetzung der sechs Fama-French-Portfolios

Also: 30% der Unternehmen im gewählten Universum weisen eine B/M-Relation von unter 0,55 auf (KBV über 1,82). Der Buchwert ist klein im Verhältnis zum Marktwert. Das sind die Growth-Stocks, die in Abbildung 9-2 zur Gruppe L (wie Low Book-to-Market-Ratio) hinzugefügt werden. Sodann zeigen 30% der Unternehmen eine Book-to-Market-Ratio, die über 0,94 (KBV unter 1,06) liegt. Dies sind die Value-Stocks. Der Buchwert ist beinahe so groß wie der Marktwert oder sogar größer (High Book-to-Market-Ratio). Zwischen den Value- und Growth-Stocks liegen jene 40% der Unternehmen mit einer Book-to-Market-Ratio zwischen 0,55 und 0,94 (KBV zwischen 1,06 und 1,82). Das sind die Neutral-Stocks.

Die Schnittmengen definieren die sechs Fama-French-Portfolios SH,...,BL. Bild 9-3 zeigt sie für den (auf zehn Aktien reduzierten) deutschen Aktienmarkt. So gehören Daimler und die Deutsche Bank zur Gruppe SH, also zu Unternehmen mit einer Marktkapitalisierung unter dem Median und einer hohen Book-to-Market-Ratio. Bayer und SAP zählen zu den Unternehmen mit einer Marktkapitalisierung über dem Median und einer tiefen Book-to-Market-Ratio, also zu den großen Growth-Stocks. ■

Die Rankings nach der Marktkapitalisierung und nach der Book-to-Market-Ratio werden jährlich (per Ende Juni) wiederholt. Der Stichtag für die Marktkapitalisierung und die Book-to-Market-Ratio ist der 31. Dezember des Vorjahres. Die Durchführung der Rankings im Juni verhindert den so genannten Look-Ahead-Bias. Wer ein Backtesting einer Anlagestrategie vornimmt, muss sicherstellen, dass die für die Investitionsentscheidung relevanten Daten zum Zeitpunkt der Anlageentscheidung auch verfügbar waren. Jahresabschlüsse von großen Unternehmen werden aber erst zwischen März und Juni vorgelegt. Einem Anleger wäre es daher nicht möglich, bereits im Januar Investitionsentscheidungen auf Basis des Jahresabschlusses zu fällen.

> Die jährliche Wiederholung des Rankings ist wichtig, da sich Unternehmen über die Zeit hinweg verändern. Kleine Unternehmen werden groß und gelegentlich tritt auch der umgekehrte Fall ein. Zudem können sich Value-Stocks zu Growth-Stocks entwickeln und Growth-Stocks können zu Value-Stocks werden. Es findet eine gewisse Migration statt.

Beispiel: Der schweizerische Aktienmarkt soll dies verdeutlichen. Per Ende Juni 2007 befanden sich 56 Unternehmen im Portfolio BL, also der großen Growth-Stocks. Darunter befinden sich beispielsweise Titel wie Nestlé, Novartis und Roche. Ein Jahr später sind von diesen 56 Titeln noch 42 im Portfolio BL; 11 der 56 Aktien — darunter Adecco und OC Oerlikon — wurden ein Jahr später jedoch dem Portfolio BM zugeordnet und 2 Titel — Evolva (vormals Arpida) und Cytos — wanderten zu den kleinen Growth-Stocks ab. Ein Titel — Komax — wurde schließlich anhand der neuen Rankings im nächsten Juni dem Portfolio SM zugeordnet.[2] ■

Sodann werden die monatlichen Renditen der sechs Portfolios SH,...,BL ermittelt. Die Renditen der einzelnen Aktien in diesen Portfolios werden dazu nach ihrer relativen Marktkapitalisierung gewichtet. Hier sei daran erinnert, dass sich die Zusammensetzungen der sechs Fama-French-Portfolios über die Zeit hinweg ändern. Die Portfolios SH,...,BL bleiben also zunächst nur für ein

---

[2] FAMA und FRENCH untersuchen die Migration zwischen den sechs Portfolios detailliert. Zudem gehen sie auch der Frage nach, welchen Beitrag Veränderungen des KGV oder Profitabilität haben. EUGENE F. FAMA und KENNETH R. FRENCH: Migration. *Financial Analysts Journal* 63 (2007), 48-58. EUGENE F. FAMA und KENNETH R. FRENCH: The Anatomy of Value and Growth Stock Returns. *Financial Analysts Journal* 63 (2007), 44-54.

Jahr in derselben Konstellation. Danach werden von neuem die beiden Rankings nach der Größe und nach der Book-to-Market-Ratio durchgeführt, wobei sich möglicherweise neue Zusammensetzungen ergeben.

(9-2)

$$SMB_t = \frac{1}{3} \cdot (SH_t + SN_t + SL_t) - \frac{1}{3} \cdot (BH_t + BN_t + BL_t)$$

$$HML_t = \frac{1}{2} \cdot (SH_t + BH_t) - \frac{1}{2} \cdot (SL_t + BL_t)$$

Mit den Zeitreihen der berechneten Renditen für SH,...,BL werden anschließend die monatlichen Renditen von SMB und HML ermittelt. Die Renditen von SMB und HML sind die arithmetischen Mittelwerte der sechs Fama-French-Portfolios SH,...,BL. Die Berechnungen bei HML basieren jedoch lediglich auf den extremen Portfolios, weil die Small- und Large-Caps mit mittlerer Book-to-Market-Ratio nicht berücksichtigt werden. Das heißt:

Die Rendite SMB_t ergibt sich aus dem Mittelwert der drei Renditen SH_t (Monatsrendite kleiner Value-Stocks), SN_t (Monatsrendite kleiner neutraler Aktien) und SL_t (Rendite kleiner Growth-Stocks) abzüglich — SMB ist ein Long-Short-Portfolio — dem Mittelwert der drei Renditen BH_t (Monatsrendite großer Value-Stocks), BN_t (Monatsrendite großer neutraler Titel) und BL_t (Monatsrendite großer Growth-Stocks).

Die Rendite HML_t des Portfolios HML im Monat t ergibt sich aus dem Mittelwert von SH_t (Monatsrendite kleiner Value-Stocks) und BH_t (Monatsrendite großer Value-Stocks) abzüglich dem Mittelwert von SL_t (Monatsrendite kleiner Growth-Stocks) und BL_t (Monatsrendite großer Growth-Stocks).

Die Verwendung von Portfolios als Faktoren bietet drei Vorteile:

1. In der Regressionsrechnung tauchen ausschließlich Renditen auftauchen, deren statistische Eigenschaften — wie beispielsweise Normalverteilung oder serielle Unkorreliertheit — die Schätzungen der Parameter erleichtern.

2. Die Erklärungskraft des Modells wird sicherlich dadurch gestärkt, dass die unabhängigen Variablen der gleichen „Natur" wie die abhängigen Variable sind, nämlich Renditen.

3. Aufgrund der Long-Short-Konstruktion kann auf die Berechnung von Überrenditen (gegenüber dem Zinssatz) verzichtet werden. Denn der Zinssatz müsste sowohl bei der Long-Position als auch bei der Short-Position abgezogen werden. Mit hinreichender Genauigkeit führen beide Wege auf ähnliche Resultate.

Die Idee der Factor-Mimicking-Portfolios wurde schließlich auch von anderen Forschern aufgegriffen. MARK M. CARHART erweiterte das Fama-French-Modell 1995 mit einem zusätzlichen Momentum Faktor, der bereits 1993 von N. JEGADEESH und S. TITMAN eingeführt wurde.[3] Das Modell heißt Carhart-Modell:

$$(9\text{-}3) \qquad p_{j,t} = a_j + b_j \cdot MKT_t + c_j \cdot SMB_t + d_j \cdot HML_t + e_j \cdot WML_t + \varepsilon_{j,t}$$

Die Bezeichnung WML steht für Winner Minus Loser. Dieser Momentum-Faktor wird wiederum durch ein Long-Short-Portfolio repräsentiert. Das Portfolio ist *long* in Gewinner-Aktien der kurzfristigen Vergangenheit und *short* in den Verlierer-Aktien derselben Periode. Die Zeitperiode für die Renditeberechnung zur Einteilung in Gewinner und Verlierer ist üblicherweise zwischen 3 und 12 Monaten. WML drückt den in (9-3) zusätzlichen Momentum-Faktor aus. Andere Arbeiten verwenden als Portfolios UMD (Up Minus Down) und MOM (für Momentum).

9.2 Risikofaktoren

9.2.1 Cochrane

Soweit wissen wir, wie die von FAMA und FRENCH entwickelten Portfolios (siehe Bild 9-1) zusammengestellt werden, wie sie jährlich revidiert werden und wie die Renditen zu berechnen sind, die dann in der Regressionsrechnung (9-1) als erklärende Variablen eingesetzt werden. Nun stellt sich die Frage, was mit den Factor-Mimicking-Portfolios überhaupt erfasst werden soll oder weshalb die Faktoren zur Erklärung von Aktienrenditen herangezogen werden.

JOHN H. COCHRANE (1999) liefert dazu eine theoretische Erklärung.[4] Die beiden Faktoren SMB und HML erfassen makroökonomische Risiken, die nicht schon im Einfaktor-Modell mit MKT abgedeckt sind. Konkret geht es um Risiken, die durch eine hohe Kovarianz von SMB und HML mit der Realwirtschaft charakterisiert sind. Die Renditen der beiden Portfolios SMB und HML sind besonders hoch in Zeiten, in denen die Konjunktur anspringt und gut läuft. Dagegen sind die Renditen der beiden Portfolios tief, wenn sich die Konjunktur abkühlt und in eine Rezession zu fallen droht. Da die Mehrheit der Investoren mit ihrem Arbeitseinkommen, mit Mieteinkommen oder auch mit Einkommen aus einem Gewerbe bereits ein Exposure gegenüber der Realwirtschaft haben, meiden sie Anlagen, die dieses Exposure zusätzlich erhöhen.

---

[3] 1. MARK M. CARHART: On Persistence of Mutual Fund Performance. *Journal of Finance* 52 (1997), 57-82. 2. NARASIMHAN JEGADEESH und SHERIDAN TITMAN: Returns to Buying Winners and Selling Losers. *Journal of Finance* 48 (1998), 65-91.

[4] JOHN H. COCHRANE: New Facts in Finance. *Economic Perspectives* 23 (1999), 36-58.

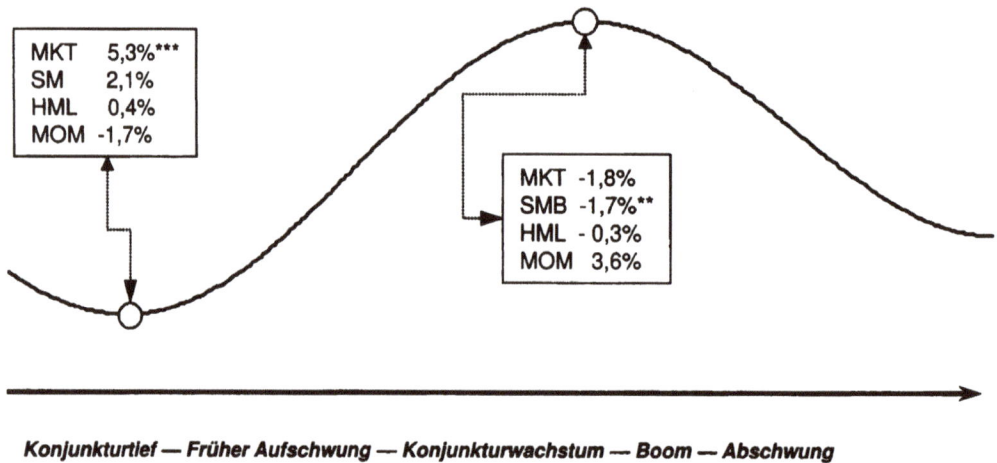

MKT	5,3%***
SM	2,1%
HML	0,4%
MOM	-1,7%

MKT	-1,8%
SMB	-1,7%**
HML	- 0,3%
MOM	3,6%

Konjunkturtief — Früher Aufschwung — Konjunkturwachstum — Boom — Abschwung

Bild 9-4: Die Renditen der vier Portfolios MKT, SMB, HML und MOM während konjunktureller Wendepunkte im Mittel über mehrere Konjunkturzyklen (Quelle: SCHEURLE und SPREMANN 2010)

Mit anderen Worten: Anlagen, die genau dann einbrechen, wenn sich die konjunkturelle Situation eintrübt und Arbeitslosigkeit droht, sind für die Mehrheit der Anleger abträglich. Im schlimmsten Fall müssten diese Personen am Konsum sparen, was die von COCHRANE gewählte Begriffsbildung „*hunger*" erklärt. Da die Risiken im Zusammenhang mit dem Konjunkturzyklus stehen können wir aber auch von zyklischen Risiken sprechen.

Die Überlegung von COCHRANE gilt für die kursbestimmende Mehrheit der Anleger, aber nicht für alle Investoren. Manche Anleger können — weil sie über sehr sichere Einkommen verfügen — zyklische Risiken durchaus eingehen. Diese Anleger sind aber in der Minderheit.

> Warum SMB und HML eine hohe Kovarianz mit der Realwirtschaft aufweisen, ist auf den ersten Blick nicht leicht erkennbar. Denn die Faktoren basieren auf mikroökonomischen und nicht makroökonomischen Größen. Doch es ist zu fragen, zu welchen Zeiten SMB und HML besonders hohe oder tiefe Renditen aufweisen.

SMB erzielt dann hohe Renditen, wenn Small-Caps deutlicher gesucht sind als Large-Caps. Das ist während der frühen Phase eines Konjunkturaufschwungs der Fall, wenn der Silberstreif am Horizont erscheint. Die Flexibilität der kleinen Unternehmen erlaubt es, rasch hohe Gewinnsteigerungen zu erzielen. Umgekehrt, wenn sich die realwirtschaftliche Situation einzutrüben beginnt, werden Small-Caps verkauft. Kleinere Unternehmen sind geographisch und von ihren Produkten her meistens viel fokussierter als Großunternehmungen. Ein möglicher wirtschaftlicher Abschwung dürfte die kleinen Firmen typischerweise deutlich härter treffen als größere Gesellschaften.

> Small-Caps reagieren aufgrund dieser Vorüberlegung insbesondere um konjunkturelle Wendepunkte herum stark. Die Betrachtung wird von empirischen Untersuchungen gestützt.[5]

Bild 9-4 zeigt die durchschnittlichen Renditen von MKT, SMB, HML und einem Momentumfaktor MOM während konjunktureller Hochs und Tiefs. Die Renditen beziehen sich auf den jeweiligen Monat des Hochs beziehungsweise Tiefs (und den US-Markt) über alle Konjunkturzyklen zwischen 1920 und 2009 hinweg. Das Portfolio SMB zeigte während der Tiefs eine durchschnittliche Rendite von 2,1%. Im Monat des realwirtschaftlichen Tiefs schneiden Small-Caps demnach 2,1% besser ab als Large-Caps. Ein dreifacher Asterisk zeigt Signifikanz auf dem 1%-Niveau. Während konjunkturellen Hochs präsentiert sich die Situation genau umgekehrt. Die durchschnittliche Rendite von Small-Caps liegt 1,7% unter der durchschnittlichen Rendite von Large-Caps (Signifikanz 5%).

> Die Abbildung zeigt, dass auch der Gesamtmarkt zumindest während des unteren konjunkturellen Wendepunktes reagiert. Hellt sich die gesamtwirtschaftliche Lage auf, gewinnen Aktien. Small-Caps gewinnen im frühen Aufschwung jedoch signifikant deutlicher als Large-Caps.

Kommen wir zu HML. Die Renditen von HML sind positiv, wenn Value-Stocks höhere Renditen erzielen als Growth-Stocks. Auch hier ist zu fragen, in welchen Zeiten Value-Stocks im Vergleich mit Growth-Stocks attraktiv sind. Hierzu skizzieren wir zuerst die Situation von Value-Unternehmen.

- Die Aktien von Unternehmen, die als Value bezeichnet werden, weisen einen Marktwert auf, der in etwa dem Buchwert entspricht oder vielleicht sogar darunter liegt. Die Investoren erkennen bei solchen Unternehmen demnach wenig oder keinen Goodwill. Mit anderen Worten, es sind praktisch keine immateriellen Vermögenswerte vorhanden.

- Dies könnten Unternehmen sein, die auf alten und wenig zukunftsträchtigen Technologien „sitzen" oder sich auf eine andere Weise in einer ungünstigen Situation befinden. Solche Unternehmen dürften versuchen, durch Maßnahmen wie Umstrukturierungen, Forschungsoffensiven, Neuausrichtung des Produktportfolios und so fort wieder attraktiver zu werden.

- Diese Maßnahmen benötigen jedoch Zeit — und vor allem begünstigende Rahmenbedingungen. Die Maßnahmen sind erfolgversprechend, wenn die Realwirtschaft weiterhin gut läuft und die Finanzinvestoren Geld für Projekte zur Verfügung stellen. Dies dürfte kaum bereits in einer frühen Phase der konjunkturellen Erholung der Fall sein. Wenn sich jedoch andeutet, dass aus einer zaghaften wirtschaftlichen Erholung ein solider konjunktureller Aufschwung entsteht, dann stehen die Chancen für Value-Stocks gut. Wenn

---

[5] PATRICK SCHEURLE und KLAUS SPREMANN: Size, Book-to-Market, and Momentum during the Business Cycle. *Review of Managerial Science* (2010).

jedoch bereits nach einer ersten Aufhellung der Konjunktur neues Ungemach droht, dann sind Umstrukturierungen und Neuausrichtungen schwierig.

- Value-Stocks sind nach dieser Betrachtung besonders dann an der Börse im Vergleich zu Growth-Stocks gut, wenn sich die konjunkturelle Erholung verfestigt, also in einer *späteren Phase* des Konjunkturzyklus.

Dieser Zusammenhang zwischen Realwirtschaft und HML wurde ebenfalls dokumentiert,[6] auch wenn er etwas verdeckter zu sein scheint, als das bei SMB der Fall ist.

> Ob der Momentum-Faktor ebenfalls einen Risikofaktor darstellt, ist noch umstritten.

GRIFFIN, JI UND MARTIN (2003) untersuchen für verschiedene Märkte den Zusammenhang zwischen Momentum und zyklischen, makroökonomischen Risiken.[7] Dazu testen sie auch die von CHEN, ROLL und ROSS (1986) verwendeten Variablen, wobei sie allerdings keine Relationen zu Momentum feststellen. Wenn Momentum makroökonomische Risiken abbildet, dann sind es solche, die nicht im Modell von CHEN ROLL und ROSS berücksichtigt sind. Darüber hinaus finden GRIFFIN, JI und MARTIN nur geringe Korrelationen der Momentum-Renditen sowohl innerhalb als auch zwischen verschiedenen geografischen Regionen. Die durch *Momentum* abgedeckten Risiken müssten demnach primär *länderspezifisch* sein. Das spricht dafür, Anlagetaktiken zu empfehlen, die Momentum anhand von Länderindizes feststellen und dann jeweils auf die Länder mit Momentum (für einige Zeit) zu setzen.

9.2.2 Marktrisikoprämie, Size-Prämie und Value-Prämie

Wie für MKT können auch für SMB und HML Risikoprämien ermittelt werden. Wir bezeichnen die entsprechenden Risikoprämien fortan als Marktrisikoprämie (bei MKT), Size-Prämie (bei SMB) und Value-Prämie (bei HML). Die Koeffizienten b, c und d aus (9-1) werden entsprechend als Marktbeta, Sizebeta und Valuebeta angesprochen.

Den Rahmen für die Ermittlung dieser Risikoprämien bietet wiederum die Arbitrage Pricing Theory (vergleiche Abschnitt 8.3). Da die Faktoren durch Portfolios abgebildet werden, die Renditen als Eingabegrößen für die Regressionen liefern, bietet sich indes ein vereinfachtes Verfahren an. Die (Schätzung für die) Marktrisikoprämie wird als Erwartungswert der historischen Renditen des Marktes angegeben. Auch die (Schätzungen für) Size-Prämie und Value-Prämie können als Erwartungswerte der historischen Zeitreihen ermittelt werden. Möglich wird dies, durch eine entsprechende Wahl der Portfolios in der APT.

---

[6] 1. JIMMY LIEW und MARIA VASSALOU: Can book-to-market, size and momentum be risk factors that predict economic growth? *Journal of Financial Economics* 57 (2000), 221-245. 2. BALA ARSHANAPALLI, FRANK J. FABOZZI, und WILLIAM NELSON: The value, size, and momentum spread during distressed economic periods. *Finance Research Letters* 3 (2006), 244-252.

[7] JOHN M. GRIFFIN, XIUQING JI, und J. SPENCER MARTIN: Momentum Investing and Business Cycle Risk: Evidence from Pole to Pole. *Journal of Finance* 58 (2003), 2515-2547.

Werden in dem aus Kapitel 8 bekannten Gleichungssystem (8-17) die Anzahl der Instrumente gleich 3 gesetzt und als Instrumente die Portfolios MKT, SMB und HML gewählt, so nimmt die Matrix in (9-4) Diagonalgestalt an und wird sogar zur Einheitsmatrix. Die Prämien $p_{MKT}, p_{SMB}, p_{HML}$ sind dann die erwarteten Renditen der drei Portfolios MKT, SMB und HML.

Dies ist aufgrund der Konzeption als Long-Short-Portfolios möglich. Da sowohl Small und Big als auch Value und Growth in etwa gleich hohe Betas aufweisen, werden die Betas der Long-Short-Portfolios praktisch gleich null. SMB und HML haben daher ein Beta gegenüber MKT, das nahe bei null liegt. Die Faktoren SMB und HML isolieren daher die von ihnen repräsentierten Risiken gut. Folgen:

- Das Marktbeta von MKT ist gleich 1, Sizebeta und Valuebeta von MKT sind gleich 0.

- Das Sizebeta von SMB ist gleich 1, das Marktbeta und das Valuebeta von SMB sind gleich 0.

- Das Valuebeta von HML ist gleich 1, das Marktbeta und das Sizebeta von HML sind gleich 0.

Die gesuchten Risikoprämien können somit einfach abgelesen werden und entsprechen den erwarteten Überrenditen oder Renditen von MKT, SMB und HML.

> Die Risikoprämie für MKT wurde bereits mit 5% beziffert. Langfristige Daten für SMB und HML sind leider lediglich für die USA verfügbar.[8] Basierend auf Jahresdaten für den Zeitraum 1927 bis 2008 beträgt die Size-Prämie rund 3.5% und die Value-Prämie in etwa 5%. Wie diese Zahlen zeigen, sind die Prämien keinesfalls trivial, wobei die Value-Prämie nochmals deutlich höher ist, als die Size-Prämie.

9.2.3   Mehrdimensionales Risiko

Die Koeffizienten c und d, die wir als Sizebeta und Valuebeta bezeichnen, geben Auskunft über die Exposure einer Anlage gegenüber diesen zwei Risikofaktoren.

> Typischerweise bewegen sich die Sizebetas und die Valuebetas zwischen -0.5 und +0.5.

Weist eine Anlage beispielsweise ein positives Sizebeta auf, bedeutet dies, dass sich die Anlage ähnlich wie ein Small-Cap verhält. Die Anlage kann tatsächlich ein Small-Cap sein oder aber eben aufgrund ihres Renditeverhaltens wie ein Small-Cap wirken. Vielleicht handelt es sich sogar um die Aktie einer großen Gesellschaft. Die Unternehmung ist dann vielleicht stark auf eine Produktlinie fokussiert, was sie für konjunkturelle Entwicklungen ähnlich empfindlich macht, wie das kleine Firmen sind. Dasselbe gilt für Value.

---

[8] Die entsprechenden Zeitreihen sind auf der Webseite von KENNETH FRENCH zum Download verfügbar: http://mba.tuck.dartmouth.edu/pages/faculty/ken.french/.

Jedenfalls kann eine Investition Exposure gegenüber allen drei Risikofaktoren MKT, SMB und HML aufweisen. Das Risiko ist somit (wenigstens) dreidimensional. Positive Betas bedeuten ein Exposure gegenüber den entsprechenden Faktoren (Risiken). Negative Betas bedeuten dagegen ein Hedging gegenüber den entsprechenden Risiken.

Beispiel: Das Marktbeta einer Aktie kann 1 betragen, das Sizebeta -0.3 und das Valuebeta 0.5. Die Aktie würde demnach in etwa mit dem Gesamtmarkt schwanken, sich jedoch (häufig) positiv entwickeln, wenn die Small-Caps schlecht laufen — sprich, wenn sich die Konjunktur eintrübt. Und sie könnte gute Renditen erzielen, wenn auch die Value-Stocks stark sind — also wenn sich eine zaghafte wirtschaftliche Erholung in einen stabilen und breit abgestützten Aufschwung entwickelt. ■

9.2.4   Mehrdimensionales Risiko und Kapitalkosten

Die empirische Überlegenheit des Mehrfaktor-Modells von FAMA und FRENCH gegenüber dem Single-Index-Model wurde vielfach bestätigt, nicht zuletzt durch die Arbeiten der Schöpfer des Modells selbst. Durch COCHRANE wurde eine theoretische Grundlage für die Interpretation der Risikofaktoren geliefert, die mittlerweile eine gewisse empirische Stütze hat. Das Mehrfaktor-Modell empfiehlt sich daher auch für den Einsatz im Alltag eines Finanzanalysten, beispielsweise bei der Bestimmung von Eigenkapitalkosten.

Das Vorgehen zur Berechnung der Eigenkapitalkosten mit dem Mehrfaktor-Modell erfolgt analog zum CAPM, jedoch mit zwei zusätzlichen Termen.

(9-4)   *Erwartete Eigenkapitalkosten der Investition j*
$$= \ \mu_j \ = \ r_0 + b_j \cdot p_{MKT} + c_j \cdot p_{SMB} + d_j \cdot p_{HML}$$

> Damit berechnen sich der Kapitalkostensatz beziehungsweise die Risikoprämie für eine Investition j aus der Summe von Marktbeta b_j mal Marktrisikoprämie p_{MKT}, Sizebeta c_j mal Size-Prämie p_{SMB} und dem Produkt aus dem Valuebeta d_j der Investition und der Value-Prämie p_{HML}. Mit US-Daten kalibriert führt dies auf:
>
> *Erwartete Eigenkapitalkosten der Investition j*
> $$= \ \mu_j \ = \ r_0 + b_j \cdot 5\% + c_j \cdot 3{,}5\% + d_j \cdot 5\%$$

Wird auf das CAPM abgestützt und werden somit die Risikofaktoren SMB und HML vernachlässigt, dann können verhältnismäßig große Abweichungen bei den nach den beiden Modellen ermittelten Kapitalkosten entstehen.

Zahlenbeispiel: Das Marktbeta von Google betrug — berechnet mit dem Einfaktor-Modell aufgrund wöchentlicher Daten für das Jahr 2009 — rund 0,8. Mit einer Marktrisikoprämie von 5% führt dies nach dem CAPM auf eine Risikoprämie für Google von rund 3,9%. Eine Zeitreihenregression mit dem Fama-French-Modell liefert dagegen diese drei Betas: 1,06 (Marktbeta), -0.18 (Sizebeta), -0.51 (Valuebeta).[9] Eingesetzt führt dies auf eine Risikoprämie von etwa 2,1%, was 180 Bp tiefer ist als wenn mit dem CAPM gerechnet wird. Das Jahr 2009 war natürlich gekennzeichnet von der Krise und die Betas sind deshalb vielleicht nicht unbedingt repräsentativ für einen langen Anlagehorizont. Doch das Beispiel zeigt: Investoren betrachten Google als relativ sichere Anlage. Insbesondere gegenüber den beiden Risikofaktoren SMB und HML zeigt sich Google als gute Absicherung. In der Tat konnte Google bislang auch in wirtschaftlich schwierigen Zeiten stets gute Zahlen präsentieren. ■

9.2.5 Globale oder länderspezifische Faktoren?

Verschiedene Untersuchungen deuten darauf hin, dass sich Size- und Value-Prämien international unterscheiden, weshalb länderspezifischen Faktoren der Vorzug gegeben werden sollte.[10]

> Dabei zeigt sich folgendes Bild: Die Value-Prämien sind praktisch in allen Ländern — sowohl in industrialisierten als auch in Emerging Markets — vorzufinden. Der Size-Effekt ist dagegen teilweise nicht vorhanden oder zumindest deutlich weniger stark ausgeprägt. Untersuchungen für Deutschland, Österreich und die Schweiz zeigen, dass über die letzten 20 Jahre kaum ein Size-Effekt zu beobachten war.[11] Für das deutschsprachige Europa könnte daher ein reduziertes Fama-French-Modell zur Anwendung kommen, indem auf die Berücksichtigung von SMB verzichtet wird.

Das Modell (9-4) vereinfacht sich dann zu:[12]

$$(9-5) \qquad \begin{aligned} &\textit{Erwartete Eigenkapitalkosten der Investition } j \\ &= \mu_j = r_0 + b_j \cdot p_{MKT} + d_j \cdot p_{HML} \end{aligned}$$

---

[9] Das Marktbeta kann sich bei einer multiplen Regression durchaus von jenem aus einer einfachen Regression unterscheiden.

[10] 1. EUGENE F. FAMA und KENNETH R. FRENCH: Value versus Growth: The International Evidence. *Journal of Finance* 53 (1998), 1975-1999. 2. JOHN M. GRIFFIN: Are the Fama and French Factors Global or Country Specific? REVIEW OF FINANCIAL STUDIES 15 (2002), 783-803. 3. KLAUS SPREMANN und PATRICK SCHEURLE: Kapitalkosten bei zyklischen Risiken, in: SEICHT, G., *Jahrbuch für Controlling und Rechnungswesen* (2009), 361-381.

[11] ANDREAS ZIEGLER, MICHAEL SCHRÖDER, ANJA SCHULZ und RICHARD STEHLE: Multifaktormodelle zur Erklärung deutscher Aktienrenditen: Eine empirische Analyse. *Schmalenbachs Zeitschrift für betriebswirtschaftliche Forschung* 59 (2007), 355-389.

[12] Ein zweiter Weg, wie das Dreifaktormodell auf ein Zweifaktormodell reduziert werden kann, wird in den Ergänzungen besprochen.

Value	• Versorger A: 4.5% CH: 4.4% D: 1.2% USA: 5.4%	• ... A: 6.0% CH: 6.8% D: 1.7% USA: 7.2%	• Banken A: 8.5% CH: 10.9% D: 2.4% USA: 10.2%
Neutral	• Nahrungsmittel A: 2.7% CH: 4.4% D: 0.8% USA: 3.3%	• Grundstoffe A: 4.2% CH: 6.8% D: 1.2% USA: 5.1%	• Technologie A: 6.7% CH: 10.9% D: 1.9% USA: 8.2%
Growth	• Pharma A: 1.3% CH: 4.4% D: 0.4% USA: 2.5%	• ... A: 2.7% CH: 6.8% D: 0.8% USA: 4.3%	• Dienstleistungen A: 5.3% CH: 10.9% D: 1.5% USA: 7.3%
	Tiefes Beta ~ 0.5-0.8	Beta ~ 1	Hohes Beta ~ 1.2-2.0

Bild 9-5: Matrix zur schnellen Bestimmung der Kapitalkosten (Renditeerwartungen) in vier Ländern.

Das Modell (9-5) wurde für Österreich, die Schweiz, Deutschland und die USA kalibriert. Die Ergebnisse sind in Bild 9-5 gezeigt.[13] Auf der Abszisse ist das Exposure gegenüber MKT abgetragen. Auf der Ordinate ist das Exposure gegenüber HML dargestellt. Die Positionen sind in drei Gruppen unterteilt. Die 3x3 Felder repräsentieren jeweils eine Kombination von Marktbeta und Valuebeta. Für jede Kombination sind typische Risikoprämien und repräsentative Vertreter der jeweiligen Risikocharakteristika gelistet.

Im Feld links unten sind beispielsweise die Pharma-Titel zu finden. Häufig haben diese Aktien ein tiefes Marktbeta. Zudem sind sie wenig konjunkturabhängig, weshalb auch das Exposure gegenüber HML tief oder gar negativ ist. Die Risikoprämie und somit die Eigenkapitalkosten sind daher für Unternehmen aus der Pharmabranche gering. Im Feld rechts oben befinden sich die

---

[13] Wer dennoch selbst etwas rechnen möchte, findet die Zeitreihen von MKT, SMB, HML und WML für Deutschland, Österreich und die Schweiz auf der Webseite des Oldenbourg Verlags.

Banken als typische Vertreter dieser Gruppe. Banken sind stark vom Konjunkturzyklus abhängig. Neben einem bereits hohen Marktbeta zeigen Banken zudem ein erhöhtes Valuebeta. Denn der Geschäftsgang der Banken ist auch in den späteren Phasen stark von der Realwirtschaft abhängig, beispielsweise weil sie Kredite an kleine und mittlere Unternehmen vergeben, die dann in einer Rezession vielleicht die Zinslast nicht mehr tragen könnten.

Aus der in Bild 9-5 gezeigten Tabelle ergibt sich eine Renditetreppe. Sie greift die sieben Felder auf, in denen ein konkreter Sektor genannt ist. Bei der Anordnung der Stufen wird berücksichtigt, dass die Unterschiede hinsichtlich der erwarteten Rendite aufgrund des betrachteten zyklischen Risikos etwas geringer sind als die über die Sektoren hinweg sich manifestierenden Unterschiede hinsichtlich des Marktrisikos.

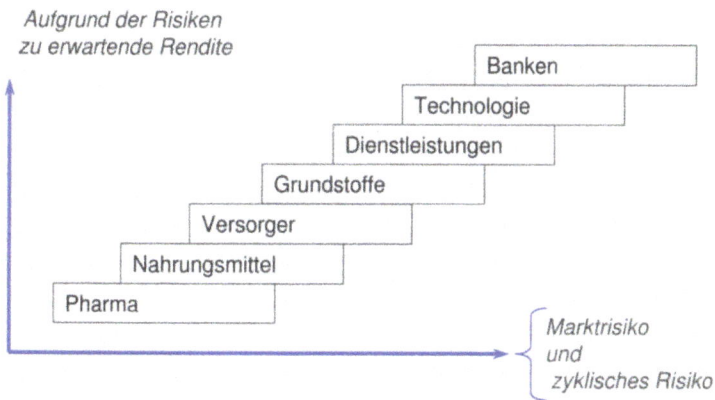

Bild 9-6: Die aus den in Bild 9-5 gezeigten Ergebnissen folgende Renditetreppe.

Die Banken segeln ganz hart am Wind und je nach konjunktureller Situation zischen ihre Boote an allen anderen vorbei oder werden im Gegenwind abgetrieben. Es ist nicht verwunderlich, dass sie in einer Wirtschaftskrise gerettet werden müssen und in guten Zeiten die höchsten Gewinne aufweisen. Ähnlich, doch bereits etwas weniger extrem, ist es mit Technologie. Auf der sehr defensiven Seite (geringes Beta und geringes Exposure gegenüber zyklischen Risiken) steht die Pharmaindustrie. Sie kommt langsam voran, ungeachtet davon, ob der Marktindex Avancen zeigt und die Konjunktur hoch oder tief ist. Allerdings drückt sich das in hohen Kursniveaus bei gleichzeitig geringer Renditeerwartung aus. Ähnlich die Unternehmungen im Sektor Nahrungsmittel. Ihre Erfolge sind vergleichbar beständig. Vielleicht darf auch eine Folge für das Management dieser Unternehmungen abgeleitet werden. Bei Banken und bei Technologie ist wichtig, dass sie gut in den Strömungen positioniert sind, die sie (wenn es gut kommt) voranbringen. Bei Pharma und Nahrungsmittel ist wichtig, dass diese Unternehmungen sich hinsichtlich Produkt- und Faktormarkt bewähren, sich also strebend bemühen, laufende Verbesserungen in Produktion, Absatz, bei den Kosten und bei der Innovation umzusetzen.

9.3 Ergänzungen und Fragen

9.3.1 Alpha

Für die Performance-Messung wurde bereits das von M.J. JENSEN eingeführte *Alpha* erklärt (Abschnitt 5.3).[14] Mit dem Einfaktor-Modell ergibt sich das Alpha aus nachstehender Regression, siehe auch Gleichung (5-7):

$$(9\text{-}6) \qquad p_{j,t} \;=\; Alpha_j \;+\; \beta_j \cdot MKT_t + \varepsilon_{j,t}$$

Mit einer Zeitreihenregression der Form (9-5) werden die beiden Parameter $\alpha_j = Alpha_j$ und β_j geschätzt. Mit $p_{j,t}$ ist wieder die Überrendite eines Portfolios oder einer Einzelanlage j in der Zeitperiode t bezeichnet, MKT_t ist die Rendite des Marktindexes in der selben Periode, und $\varepsilon_{j,t}$ ist der Fehlerterm.

Mit der Diskussion um das mehrdimensionale Risiko hat sich die Interpretation von Alpha geändert. Alpha könnte durch zusätzlich eingegangene Risiken erzielt werden, die im Einfaktor-Modell, das für die Berechnung von Alpha verwendet wird, nicht angeführt sind, für deren Tragen aber doch eine Prämie erwartet werden kann.

Beispiel: Ein Fondsmanager kann dem Portfolio einige Small-Caps und Value-Stocks beimischen. Durch eine geschickte Auswahl der Titel würde das Beta des Portfolios nicht ansteigen. Jedoch geht der Portfoliomanager vermehrt zyklische (konjunkturelle) Risiken ein. Dadurch würde (langfristig) die Rendite erhöht, ohne dass sich dies in einem höheren Beta widerspiegelt. ■

Aus diesen Gründen kommen bei der Performance-Messung vermehrt Mehrfaktor-Modelle wie das Fama-French-Modell zum Einsatz. Immer häufiger wird sogar das Carhart-Modell mit dem zusätzlichen Momentum-Faktor verwendet, also (9-3). In der Regression liefert dann der Schätzwert für die Konstante die Outperformance, die nicht durch die Faktoren erklärt wird. Zwar ist in der Praxis noch nicht eindeutig beantwortet, ob die Momentum-Prämie tatsächlich mit einem zusätzlichen *Risiko* in Verbindung gesehen werden muss. Doch das Carhart-Modell (9-3) erlaubt zumindest eine Attribution der Performance auf alle vier Faktoren MKT, SMB, HML und WML.

9.3.2 Die Book-to-Market-Ratio und Leverage

Die Wahl der Book-to-Market-Ratio als eines der Kriterien für die Rankings ist kein Zufall. Sie folgt aus früheren Untersuchungen von FAMA und FRENCH. Die Book-to-Market-Ratio ist eine Kombination aus „Market Leverage" — gemessen als Bilanzsumme (Total Assets) geteilt durch

---

[14] 1. MICHAEL C. JENSEN: The Performance of Mutual Funds in the Period 1945-1964. *Journal of Finance* 23 (1968), 389-416. 2. MICHAEL C. JENSEN: Risk, the Pricing of Capital Assets, and the Evaluation of Investment Portfolios. *Journal of Business* 42 (1969), 167-185.

den Marktwert des Eigenkapitals A/ME — und der Kapitalstruktur zu Buchwerten, das heißt, der Bilanzsumme (Total Assets) geteilt durch den Buchwert des Eigenkapitals A/BE.

FAMA und FRENCH (1992) untersuchen ob Market Leverage und die Kapitalstruktur zu Buchwerten eine Rolle bei der Erklärung von erwarteten Renditen spielen.[15] Die Resultate sind auf den ersten Blick verblüffend.

> Ein hoher Market Leverage ist mit einer hohen erwarteten Rendite verbunden. Ein hoher Book Leverage — die Bilanzsumme ist hoch im Verhältnis zum Eigenkapital — geht dagegen mit einer negativen Renditeerwartung einher. Die beiden Leverageformen zeigen gegensätzlich Vorzeichen und sind in ihrer absoluten Ausprägung in etwa gleich.

Gemäss FAMA und FRENCH (1992) ist vor allem die Differenz zwischen Market Leverage und Book Leverage wichtig. Die Differenz entspricht der Book-to-Market-Ratio

$$(9\text{-}7) \qquad \ln\frac{BE}{ME} \;=\; \ln\frac{A}{ME} - \ln\frac{A}{BE}$$

Die Book-to-Market-Ratio erfasst daher zwei Perspektiven.

- Einerseits kann eine hohe Book-to-Market-Ratio — der Marktwert ist nur leicht über oder sogar unter dem Buchwert — eine Art relativer Distress bedeuten, wie von CHAN und CHEN (1991) beschrieben.[16] Als Extrembeispiel diene eine Unternehmung, die vollständig eigenfinanziert ist, deren Marktwert jedoch unter dem Buchwert liegt.

- Andererseits kann eine hohe Book-to-Market-Ratio auch einen hohen (unfreiwilligen) Market Leverage bedeuten. Obwohl die Kapitalstruktur zu Buchwerten ausgewogen scheint, kann der Markt durch starke Diskontierung — was einen tiefen Aktienkurs bedeutet — einen hohen Leverage zu Marktwerten verursachen.

9.3.3   Aggregation von SMB und HML

Die Verwendung von SMB und HML ist aus verschiedenen Gründen etwas unglücklich. Einerseits sollten Modelle grundsätzlich mit möglichst wenigen Faktoren auskommen. Mit mehr als zwei Faktoren wird bereits die grafische Darstellung um einiges schwieriger oder sogar unmöglich. Im Fama-French-Modell scheinen zudem die Faktoren SMB und HML verwandt zu sein, wie auch der eine Begriff „hunger" von COCHRANE suggeriert. Von daher wäre es wünschenswert, die zwei Faktoren zu einem einzigen Faktor zusammenführen zu können.

---

[15] EUGENE F. FAMA und KENNETH R. FRENCH: The Cross-Section of Expected Stock Returns. *Journal of Finance* 47 (1992), 427-465.

[16] K.C. CHAN and NAI-FU CHEN: Structural and return characteristics of small and large firms. *Journal of Finance* 46 (1991), 1467-1484.

Ein Weg, um einen solchen zyklischen Faktor zu erzeugen, führt über die sechs Fama-French-Portfolios. Der Faktor ZYC wird so definiert, dass er das zu einer eindimensionalen Größe vereinfachte zyklische Risiko oder kurz Zyklusrisiko wiedergibt, das sich, bei zweidimensionaler Sicht einerseits im Unterschied von S zu B und andererseits im Unterschied von H zu L zeigt.

In der von BIERLE und SPREMANN vorgeschlagenen Zusammenfassung der Faktoren zu einem einzigen zyklischen Faktor wird ein Long-Short-Portfolio betrachtet, das long in SH und SM ist und das short in BM und BL ist:[17]

$$(9\text{-}8) \qquad ZYC_t \;=\; \frac{1}{2}\cdot\left(SH_t + SN_t\right) - \frac{1}{2}\cdot\left(BM_t + BL_t\right)$$

Durch diese Festsetzung wird dem Einfluss der Unternehmensgröße etwas mehr Gewicht gegeben als dem Einfluss der Book-to-Market-Ratio auf ZYC. Eine Alternative zu dieser Festsetzung bestünde darin, den zyklischen Faktor als Rendite eines Portfolios festzusetzen, das long in SH, SM und BH ist sowie short in BM, BL und SL.

> Das Exposure oder die Sensitivität einer Aktie oder eines Portfolios hinsichtlich des Zyklusrisikos ZYC werde Zyklusbeta genannt und mit z_j. bezeichnet. Das Zweifaktor-Modell mit MKT und ZYC hat dann die Form:

$$(9\text{-}9) \qquad p_{j,t} \;=\; a_j + b_j \cdot MKT_t + z_j \cdot ZYC_t + \varepsilon_{j,t}$$

In noch deutlicherer Vereinfachung von FF93-98 kann ein Einfaktor-Modell untersucht werden, in dem die Überrenditen der Aktien oder Aktiengruppen j nur durch das Zykusrisiko erklärt werden:

$$(9\text{-}10) \qquad p_{j,t} \;=\; a_j + z_j \cdot ZYC_t + \varepsilon_{j,t}$$

Die zitierte Untersuchung zeigt, dass dieses Einfaktormodell (9-10) sogar dem traditionellen Einfaktor-Modell mit MKT hinsichtlich der Erklärungskraft überlegen sein könnte. Dies untermauert die Bedeutung der Konjunktur bei der Finanzanalyse.

---

[17] BEATRICE BIERI und KLAUS SPREMANN: Erklärt das Zyklusbeta Aktienrenditen? *Kredit und Kapital* 43 (2010) 1, 1-23.

9.3.4 Drei Rezepte für die Arbeit

- Size und Value einschätzen! Bei der Beurteilung einer Aktie prüfen, ob sie sich vielleicht zu einem Teil wie ein Small-Stock oder ein Value-Stock verhält — oder eben wie die einer großen Gesellschaft beziehungsweise wie ein Glamour-Stock.

- Prämien unterscheiden sich von Land zu Land! In Europa scheint es keine besondere Prämie für Small-Caps zu geben, jedoch ist die Value-Prämie zum Beispiel in Österreich stark, und in Deutschland gut erkennbar.

- Was ist Alpha? Vielleicht zum Teil die geheimnisvolle Fähigkeit des Analysten, der wiederkehrend richtige „Riecher". Doch vielleicht werden nur Titel empfohlen, die Risiken mit sich bringen, die weder im traditionellen Single-Index-Model noch in der Sharpe-Ratio erscheinen.

9.3.5 Fragen und Aufgaben

1. Richtig oder falsch? a) Das Portfolio SMB enthält — der jeweiligen Marktkapitalisierung entsprechend — Aktien von n kleinen Firmen und hält Leerpositionen von ebenso n großen Gesellschaften. b) Das Portfolio SMB hat ein Marktbeta, dass ziemlich genau gleich null ist. c) Zumindest in den USA kann für eine Anlage in SMB eine Überrendite erwartet werden, die aufgrund des geringen Betas von SMB ein positives Alpha liefert. d) In Deutschland, Österreich und der Schweiz ist der Size-Effekt (im Unterschied zu den USA) kaum vorhanden. e) Dennoch darf gesagt werden, dass (auch in Europa) die Aktien kleiner Firmen besonders in der frühen Phase eines wirtschaftlichen Aufschwungs starke Kursavancen zeitigen.

2. Richtig oder falsch? a) Das Portfolio HML ist long in Aktien mit einem geringem KBV und short in Aktien mit einem hohen KBV. b) HML hat besonders dann hohe Renditen, wenn sich zeigt, dass eine gute konjunkturelle Lage sich noch fortsetzen wird. c) Die Firmen und Sektoren mit dem höchsten Exposure gegenüber HML (Valuebeta) haben im Vergleich zu jenen mit dem geringsten Valuebeta einen Renditeunterschied von etwa 1% (D) bis zu 3% (A, USA).

3. Sie sollen einem Kunden, der eine US-Aktie mit einer „hohen Rendite" sucht, einige Empfehlungen geben. In welchen Branchen suchen Sie?

4. Ein Investor bittet um die Nennung einer deutschen Aktie, die nach dem Fama-French-Modell geringe zyklische Risiken haben sollte.

5. Ein Finanzanalyst empfiehlt Allianz, Daimler und Deutsche Bank. Geben Sie einen Kommentar ab!

6. Nennen Sie drei Sektoren, bei denen die Unternehmungen hinsichtlich Marktrisiko und zyklischem Risiko im Mittelfeld rangieren!

7. Ein Anleger möchte das zyklische Risiko diversifizieren und stellt dazu ein Portfolio aus Pharma und Banken zusammen. Kommt dadurch ein Teil des zyklischen Risikos zum Ausgleich?

8. Richtig oder falsch? Ist oder wird die Marktkapitalisierung einer Firma geringer, so etwa durch eine Phase anhaltender Kursverluste, dann ändert sich auch die Kapitalstruktur hin zu einer (nach Marktwerten beurteilten) „höheren Verschuldung" im Sinne eines stärkeren Leverage.

9.3.6   Antworten und Lösungen

1. Alle Aussagen sind korrekt.

2. Alle Aussagen sind korrekt, die Zahlen zu c) sind Bild 9-5 entnommen.

3. Siehe Bild 9-5: Bankaktien oder Technologie, und da in den USA der Größeneffekt ausgeprägt ist (Size-Prämie 3,5%) liegt die Empfehlung bei den Aktien kleiner Banken und kleiner Technologieunternehmungen.

4. Sie müsste sich wie die Aktie einer großen Unternehmung und wie Glamour-Stocks verhalten. Vielleicht ist Bayer ein guter Kandidat (siehe Bild 9-2)?

5. Das sind Titel mit ausgesprochen hoher Kennzahl B/M (oder geringem KBV). Vermutlich haben sie im Fama-French-Modell ein hohes Valuebeta. Es sollten Aktien von Unternehmungen sein, die besonders dann gefragt sind, wenn sich der Konjunkturzyklus stabilisiert fortsetzt.

6. Dienstleistungen, Grundstoffe, Versorger (siehe die Renditetreppe Bild 9-6).

7. Nein. Man kann den Zucker nicht wegbringen, indem schwach und stark gesüßter Tee gemischt wird.

8. Korrekt.

10. Lernregister

Die Rezepte für die Arbeit. Fragen und Antworten. Personen- und Sachwortverzeichnis.

10.1 Die 27 Rezepte für die Arbeit

Jedes der neun Kapitel enthielt (vor den „Fragen und Aufgaben") drei Rezepte. Hier werden sie rekapituliert, wobei sie auf ihre zentrale Aussage verkürzt sind.

Kapitel 1: **Finanzanalyse als Beruf**

- Gegenstand genau im Kopf behalten!

- Daran denken, welcher von vier Argumentationslinien gefolgt werden soll!

- Aufmerksamkeit beim Publikum muß man erst erhalten!

Kapitel 2: **Technik und Fundamentalanalyse**

- Kennzahlen erlauben bereits gewisse Prognosen!

- Kennzahlen erlauben eine Klassifikation!

- Börsensprüche nur dann gebrauchen, wenn man auch den Zusammenhang ihrer Herkunft und ihrer Gültigkeit im Kopf hat!

Kapitel 3: **Wert und Unternehmenswachstum**

- Das KGV nicht als zu „simpel" unterschätzen!

- Bei der Burteilung einer Unternehmung stets die zwei Wachstumsmöglichkeiten hinterfragen: externes versus organisches Wachstum!

- Eine Gleichung muss immer aufgehen — Die Gesamtrendite ist stets die Summe aus Dividendenrendite und Wachstumsrate!

Kapitel 4: **Konjunktur, Zinsen und Inflation**

- Identifiziere laufend die aktuelle Phase!

- Anstehende Änderungen aufgrund der Paritäten!

- Werde der Logik der Formulierung der Arbeitsergebnisse bewusst!

Kapitel 5: **Beta und Marktrendite**

- Empirie und Theorie verbinden!

- Berichte über Korrelationen und Zusammenhänge!

- Auch isoliert auf den Kapitalmarkt bezogene Betrachtungen respektieren, selbst wenn sie keinen Bezug zur Realwirtschaft herstellen!

Kapitel 6: **Finanz- und Realwirtschaft, Demographie**

- Zeichen der Zeit deuten!

- Nach ausbleibenden Krisen Ausschau halten!

- Immobilien junger Länder sind interessante Kapitalanlagen!

Kapitel 7: **Unsichere Parameter**

- Stets die Standardabweichung angeben!

- Die Märkte für Derivate liefern nützliche Informationen!

- Denke in Regimes!

Kapitel 8: **Risikofaktoren**

- Das Risiko ist mehrdimensional!

- Taktiken können funktionieren!

- Ab und zu mal nach dem Bondmarkt schauen!

Kapitel 9: **Zyklische Risiken**

- Size und Value einschätzen!

- Prämien unterscheiden sich von Land zu Land!

- Was ist Alpha?

10.2 Fragen und Antworten (Q&A)

Q1: Was ist damit gemeint, dass der Analyst nur eine bedingte Empfehlung gibt?

A1: Wenn diese oder jene Aktie auf eine Kaufliste gesetzt wird, dann heisst dies, dass sie relativ attraktiv ist im Vergleich zu jenen vergleichbarer Gesellschaften. Ob jemand dann wirklich kaufen sollte, hängt erstens von der derzeitigen Attraktivität des Marktes oder der Brache ab sowie zweitens davon, ob die Person aufgrund ihrer persönlichen finanziellen Situation und Risikotoleranz die Aktienquote erhöhen sollte (Kapitel 1).

Q2: Ist, was die Finanzanalyse sagen kann, nicht bereits in den Kursen enthalten, weil die Märkte informationseffizient sind?

A2: Erstens zeigt sich die Qualität von Finanzanalyse in der Zusammenstellung aktueller Daten, im Verweis auf anerkannte Zusammenhänge sowie in der Tiefe und Logik der Argumentation als im Urteil selbst. Zweitens gilt die Markteffizienzthese nicht in allen Bereichen und es gibt sogar theoretische Gründe (GROSSMAN und STIGLITZ 1980), aus denen Preise stets ein gewisses Rauschen zeigen. Drittens wird heute die Frage der Markteffizienz doch anders gesehen, weil sie in Bezug auf ein Marktmodell formuliert ist und die Suche nach dem korrekten Marktmodell auch heute noch nicht abgeschlossen ist (Kapitel 2).

Q3: Was hat die Befragung (BLOCK 1999) darüber zu Tage gebracht, wie Finanzanalysten Unternehmungen bewerten?

A3: Economic Value Added (EVA), Wichtig für den Wert sind a) der Gewinn und da vor allem die Gewinnqualität, b) der Cashflow und c) das Management. Das KGV zeigt nach Auskunft der Befragten das Wachstumspotenzial. Als weniger wichtig für eine Unternehmensbewertung werden Buchwerte und Dividenden eingeschätzt. (Kapitel 3)

Q4: Neigt der Kapitalismus aufgrund inhärenter „Mechanismen" zur Instabilität?

A4: Diese Sicht geht auf J. M. KEYNES zurück. Vor wenigen Jahren kam eine Krisentheorie von MINSKY auf. Jede anfänglich durchaus stabile Aufwärtsentwicklung wird scheitern, wenn nicht bereits früh in guten Zeiten „gegen gesteuert" wird (Kapitel 1).

Q5: Ist der Erfolg mit technischen Empfehlungen, die aufgrund von gleitenden Durchschnitten formuliert werden, nicht mehr Wunsch als Realität?

A5: BROCK, LAKONISHOK und LEBARON (1992) berichten, dass Moving Averages seit den Dreißigerjahren recht erfolgreich für die Aktienprognose verwendet werden. Sogar einfache Vorgehensweisen oder Trading Rules führen zu signifikanten Überrenditen (Kapitel 2).

Q6: Ist die Sicht richtig, dass fundamental orientierte Investoren aufgrund der Erwartung kaufen, dass Kurse sich an den Wert angleichen und so Kursgewinne realisiert werden können?

A6: Nein, sie denken, dass sich der Wert durch eine sehr lange Haltedauer realisiert, wobei für die Investition der Kurs zu zahlen ist. W. BUFFET sagte einmal: „Value is what you get, Price is what you pay for it" (Kapitel 2).

Q7: Heißt es nun Added Value oder „Value Added"?

A7: Anstelle von ökonomischer Gewinn oder von Economic Profit wird von Added Value ge-sprochen oder von Residualgewinn beziehungsweise Residualeinkommen. Der Value Added ist hingegen die Bemessungsgrundlage für die Mehrwertsteuer. Die Beratungsfirma hat die synony-men Begriffe Economic Profit und Added Value zum Kunstwort „Economic Value Added" ver-schmolzen, wohl um ihn mit EVA abkürzen zu können. Der Natur nach ist EVA ein Added Value (Kapitel 2).

Q8: Führt das Dollar Cost Averaging zu einer Outperformance?

A8. Nein, der Marktindex wird nicht übertroffen, wenn in den Marktindex investiert wird. Doch das Dollar Cost Averaging kann einen höheren Nutzen für den Anleger erzeugen, falls die Risi-koaversion des Anlegers relativ hoch ist, wie BRENNAN, LI und TOROUS 2005 gezeigt haben (Ka-pitel 2).

Q9: Was sagt das KGV über das Wachstum aus?

A9: a) Unternehmungen haben ein geringes KGV, wenn sie nur langsam wachsen, gleichwohl hohe Risiken aufweisen und wenig ausschütten. b) Unternehmungen haben ein hohes KGV, wenn sie schnell wachsen, dabei vergleichsweise geringe Risiken haben und vielleicht noch hohe Aus-schüttungen realisieren können. c) Unternehmungen haben ein mittleres KGV, wenn sie eher langsam wachsen und dabei recht sicher sind oder wenn sie eher schnell wachsen und dabei ris-kant sind. (Kapitel 3).

Q10: Wie kann „organisches Wachstum" definiert und gemessen werden?

A10: (1) Einige sagen, es sei Wachstum ohne Akquisitionen, andere definieren: Organisches Wachstum ist jenes Wachstum, das noch erzielt werden könnte, wenn Jahr für Jahr der gesamte Gewinn ausgeschüttet würde. Es wäre also Wachstum, dass immer noch möglich wäre, wenn keine Teile des Gewinns einbehalten würden. (2) Dieser Definition folgend, entsteht die Rate des organischen Wachstums, wenn von der Gesamtrendite (vielleicht 10%) die Gewinnrendite (1/KGV) abgezogen wird (Kapitel 3).

Q11: Dauern Konjunkturzyklen, wegen der biblischen sieben fetten und sieben mageren Jahre insgesamt 14 Jahre?

A11: Ein gesamter Zyklus dauert zwischen 4 und 5 Jahren: Früher waren die Zyklen in Europa eher etwas länger, seit 1970 stimmen nach BACKUS und KEHOE (1992) die Zyklen in praktisch allen Ländern in ihrer Länge überein und sind aufgrund der starken wirtschaftlichen Verflechtung praktisch in derselben Phase. Der Abschnitt der Expansion dauert etwas länger als die Kontrakti-on (Kapitel 4).

Q12: Welche Indikatoren sind vorlaufend?

A12: Margen und Unternehmensgewinne gehen nach oben, die Kurse von Aktien, besonders die kleiner Firmen, sowie die Kurse von Unternehmensanleihen ziehen an (Kapitel 4).

Q13: Lohnt es sich, mit Fremdwährungsanleihen in Länder / Währungen mit hohem Zinsniveau zu gehen?

A13: Aufgrund des Internationalen-Fisher-Effektes ist bei hohen Zinsen mit entsprechenden Abwertungen zu rechnen, so dass — Glück und Pech gibt es immer — die Rendite in Referenzwährung bei Fremdwährungsanleihen nicht höher ist. Aufgrund der Besteuerung empfehlen sich Währungen mit tiefen Zinsniveaus (Franken, Yen). Allerdings hat der Internationale-Fisher-Effekt Ausnahmen (Kapitel 4).

Q14: Bieten Aktien als Realkapital (im Unterschied zu rein nominalen Forderungen, die mit Festverzinslichen verbunden sind), einen guten Schutz gegen Inflation?

A14: Eine frühe Untersuchung von FAMA und SCHWERT zeigt, dass Aktien sowohl gegen erwartete wie unerwartete Inflation kaum schützen, wenn kürzere Fristen betrachtet werden. Neuere Untersuchungen von BOUDOUKH, RICHARDSON und WHITELAW 1994 zeigen, dass Aktien auf eine längere Frist mehrerer Jahre gesehen, Schutz gegen erwartete Inflation bieten, sofern es sich um Aktien wenig zyklischer Industrien handelt. Konjunktursensitive Unternehmungen bieten auch auf lange Sicht kaum Inflationsschutz (siehe Kapitel 4).

Q15: Jeder versteht unter „Risiko" etwas anderes, doch warum gibt es für das Tragen von „Risiken" im Kapitalmarkt eine Prämie?

A15: In der *Finance* wird unter Risiko ein Merkmal einer Geldanlage verstanden, das von der Mehrheit der Finanzinvestoren (aus welchen Gründen auch immer) als abträglich angesehen werden. Im Vergleich meidet die Mehrheit der Investoren Anlagen mit diesen Merkmalen, so dass sie im Kapitalmarkt (im Vergleich mit anderen Anlagen) einen geringeren Preis haben. Sie bieten daher eine vergleichsweise hohe Rendite. So erklärt sich die Prämie.

Q16: In welchen Sektoren ist aufgrund eines tiefen Betas eine geringe Rendite zu erwarten, in welchen eine hohe Rendite?

A16: Geringe Renditeerwartung: Versorger, Nahrungsmittel, Pharma. Hohe Renditeerwartung: Banken, Technologie, Bauindustrie (Kapitel 5).

Q17: Die mit Aktienanlagen verbundene Risikoprämie liegt historisch bei 5%. Wird sich das so fortsetzen?

A17: Verschiedene Forschungen setzen Fragezeichen. Im Fazit darf gesagt werden, dass sich die Risikoprämie um 5% weiterhin fortsetzen *könnte*. Das ist zu vermuten, sofern neue Technologien und breite Innovationen aufkommen sollten, die hohen Finanzierungsbedarf haben, und wenn gleichzeitig die in der Welt erreichte politische und gesellschaftliche Stabilität sich fortsetzt und diese hohen Renditen nicht gefährdet. Die aufgrund der Vergangenheit gewohnten Aktienrenditen könnten in den bevorstehenden Dekaden indes auch verfehlt werden, wie bereits das für Aktien verlorene Jahrzehnt 2000-2010 zeigt. Das dürfte der Fall sein, wenn keine Technologien einen Grundbedarf auf neue Art lösen und mit Breitenwirkung die Industrielandschaft verändern, oder falls wiederholte oder verlängerte politische, gesellschaftliche und wirtschaftliche Krisen eintreten (Kapitel 5).

Q18: Ist es richtig anzunehmen, dass bei hohen Renditeerwartungen sich mehr oder weniger auch hohe Renditen einstellen, während bei geringen Renditeerwartungen mit gewissen zufälligen Abweichungen auch nur niedrige Renditen zustande kommen?

A18: Diese Vorstellung ist grundfalsch. Es ist vielmehr so, dass bei hohen Renditeerwartungen am Ende geringe Renditen entstehen, während geringe Renditeerwartungen auf hohe Realisationen der Rendite entstehen (Abschnitt 5.3.1).

Q19: Ist das Gleichnis von dem Herrn und dem Hund treffend?

A19: Das von SCHUMPETER gewählte (und von KOSTOLANY wiederholte) Gleichnis sollte den postulierten langfristigen Zusammenhang zwischen Real- und Finanzwirtschaft illustrieren. Bis ungefähr 1950 hat die Vorstellung zugetroffen. Doch wie FAMA und FRENCH 2002 zeigen, hat sich etwa um 1950 der Hund (Finanzwirtschaft) losgerissen und ist seinem Herrn (Realwirtschaft) davon gelaufen (Kapitel6).

Q20: Warum sind zyklische Aktien für viele Anleger nicht zu empfehlen?

A20: Die meisten Investoren haben bereits ein Exposure gegenüber der Konjunktur, weil sie in einer Rezession Arbeitseinkommen, Mieteinnahmen oder Erträge aus ihrer Firma verlieren können. Wenn dann genau zu dieser Zeit auch die Kurse der Aktien im Portfolio einbrechen, dann können sie gerade dann schlecht verkauft werden, wenn die finanzielle Stütze benötigt wird. Das ist abträglich (Kapitel 6).

Q21: Zur Demographie gibt es zwei Hypothesen. Was besagen sie?

A21: Nach der Lebenszyklus-Investitions-Hypothese sind in einer älter werdenden Gesellschaft mehr Wertpapiere, aber weniger Immobilien gefragt, was sich auf die Preisniveaus auswirkt. Nach der Lebenszyklus-Risikoaversions-Hypothese haben in einer älter werdenden Gesellschaft immer weniger Anleger Arbeitseinkünfte, was sich als höhere Risikoaversion ausdrückt. Die Kursniveaus von risikobehafteten Kapitalanlagen (Aktien) sollten daher gegenüber risikoarmen Kapitalanlagen (Immobilien) steigen. Beide Hypothesen stammen von BAKSHI und CHEN, die sie auch empirisch bestätigen konnten (Kapitel 6).

Q22: Wird eine Aktienanlage nicht immer sicherer, je länger der Anlagehorizont ist?

A22: Eine einigermaßen gute, wenngleich einfache Beschreibung des Vermögens (in logarithmischer Skala) bietet der Random-Walk. Danach nimmt die „Schwankungsbreite" der möglichen Anlageergebnisse mit zunehmender Anlagedauer zu, wenngleich proportional zur Wurzel aus der Zeit. In diesem Sinn nimmt das Risiko einer Aktienanlage mit dem Anlagehorizont zu, es wird größer, allerdings nimmt es nicht proportional zur Zeit zu, sondern langsamer, proportional mit der Wurzel aus der Zeit. So ist bei vierfacher Anlagedauer eine Aktienanlage immer noch doppelt riskant (Kapitel 7).

Q23: Die jüngste Krise hat gezeigt, dass die Diversifikation nicht funktioniert, wenn sie am nötigsten ist.

A23: Das Risiko (Volatilität) und auch die Korrelationen ändern sich. Mit Regime-Switching-Modellen werden unterschiedliche Muster untersucht, die eintreten können. In einem Krisenregime kann man zwar innerhalb der Assetklasse Aktien nicht mehr gut diversifizieren, doch man kann dann um so besser zwischen Aktien und Festverzinslichen diversifizieren. Die Forderung, nach Diversifikationsmöglichkeiten zu suchen, gilt stets, doch je nach Gesamtsituation wird der Anleger woanders fündig (Kapitel 7).

Q24: Es werden heute Mehrfaktor-Modelle dazu verwendet, die Renditen zu erklären. Was ist der Befund?

A24: Sowohl mikroökonomische Faktoren, also firmenspezifische Merkmale, als auch makroökonomische Faktoren, die ein Bild der wirtschaftlichen Gesamtsituation zeichnen, haben sich als kraftvoll erwiesen. Zu den wirksamen mikroökonomischen Faktoren gehören die Unternehmensgröße, das KBV und das KGV. Zu den wirksamen makroökonomischen Faktoren gehören die Wachstumsrate der industriellen Produktion, die unerwartete Änderung des Credit-Spreads und die unerwartete Änderung des Term-Spreads (Kapitel 8).

Q24: Immer wieder werden Arbeiten publiziert, nach denen Taktik funktioniert, das heisst, zu einer Outperformance führt. Kann das funktionieren oder wird dabei etwas übersehen?

A24: Jeder besondere Anlagestil, auch jede Taktik bringt gewisse Risiken mit sich, die im Kapitalmarkt mit einer Prämie verbunden sind, und die im traditionellen Beta nicht erfaßt sind. Das Risiko ist wenigstens zweidimensional. Die genannten Stile haben also nicht nur ein Marktrisiko (erfaßt durch Beta), sondern zusätzlich ein zweites, beispielsweise zyklisches Risiko. Für beide Risiken gibt es eine Prämie. Wenn nun die erzielte Rendite um „das Risiko adjustiert" wird, wie es immer heißt, dann wird bei der Adjustierung nur das durch das Beta beschriebene Marktrisiko verwendet. Die berichtete Outperformance entspricht dann einer Prämie für das Tragen des zweiten Risikos, etwa des zyklischen Risikos, das dem Investor gegenüber indes nicht bewußt gemacht wird (Kapitel 8).

Q25: Angenommen, das Risiko sei zweidimensional, mit dem Marktrisiko einerseits und dem zyklischen Exposure andererseits. Welche Beispiele markieren die vier Extrema?

A25: Staatsanleihen der sehr sicheren Länder haben ein geringes Beta und ein geringes zyklisches Risiko. Unternehmensanleihen haben ein geringes Beta und ein hohes zyklisches Risiko. In der Assetklasse Aktien haben Pharma-Aktien ein geringes Beta und ein geringes zyklisches Risiko. Aktien der Versorger haben ein geringes Beta und ein hohes zyklisches Risiko. Aktien von Dienstleistern haben ein hohes Beta und eine geringe Zyklizität, Aktien von Banken haben ein hohes Beta und zudem ein hohes zyklisches Risiko — entsprechend sind Banken auf der Renditetreppe ganz weit oben, und was Aktien betrifft, so sind die des Sektors Pharma auf der Renditetreppe unten (Kapitel 9).

10.3 Sachverzeichnis

Für Finance-Spezialisten

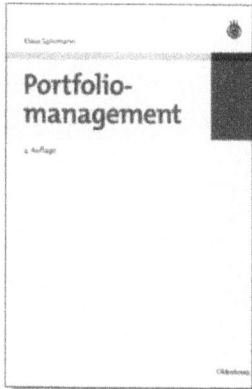

Klaus Spremann

Portfoliomanagement

4., überarbeitete Auflage 2008
621 S. | gebunden | € 39,80
ISBN 978-3-486-58779-1

Gelder anlegen, die Rendite und das Risiko eines Portfolios zu steuern und die Performance zu beurteilen, sind zu wichtigen Aufgaben im Wirtschaftsleben geworden. Zu ihrer Bewältigung werden methodische Werkzeuge und quantitative Ansätze verlangt. Dieses Buch stellt das Portfoliomanagement als Anwendung der Modernen Portfoliotheorie (MPT) dar. Es bietet neben den klassischen Bausteinen der MPT, die auf Markowitz, Tobin, Sharpe und andere Forscher zurückgehen, auch die Erweiterungen der MPT für die langfristige Anlage (Shortfall-Ansatz, Samuelson-Modell) bis zur Portfolio-Insurance (Leland, Rubinstein).

Das Werk wendet sich an Studierende, die eine berufliche Tätigkeit im Portfoliomanagement, in der Vermögensverwaltung, in der Wirtschaftsprüfung oder im Bereich der Unternehmensberatung anstreben – sei es bei einer Investmentbank, einem Asset-Manager, in einer Consulting-Firma oder als Selbständiger. Sodann sollen Personen angesprochen werden, die bereits im Beruf stehen und Funktionen des Portfoliomanagements wahrnehmen.

Prof. Dr. Klaus Spremann lehrt im Bereich Finance an der Universität St. Gallen - HSG; zudem ist er Direktor am Schweizerischen Institut für Banken und Finanzen.

Oldenbourg

150 Jahre
Wissen für die Zukunft
Oldenbourg Verlag

Bestellen Sie in Ihrer Fachbuchhandlung oder direkt bei uns: Tel: 089/45051-248, Fax: 089/45051-333
verkauf@oldenbourg.de

Analysemethoden und -techniken

Bernd R. Fischer

Performanceanalyse in der Praxis

Performancemaße, Attributionsanalyse,
Global Investment Performance Standards

3., völlig neu bearbeitete und erweiterte Auflage 2010
XVI, 528 Seiten | gebunden | € 59,80
ISBN 978-3-486-59095-1

Die 3. Auflage des Lehrbuchs zur Performanceanalyse
von Investmentportfolios stellt eine völlig überarbeitete und wesentlich erweiterte Fassung der erfolgreichen
Vorauflagen dar. Am allgemeinen Konzept, grundlegende Anwendungen in der Praxis durch detaillierte
Beispiele zu veranschaulichen, wurde festgehalten. Neu
hinzugekommen sind umfassende Darstellungen der
Analysemethoden für Rentenportfolios und Portfolios,
die in mehrere Anlageklassen investieren. Ferner werden
Analysetechniken für alternative Anlageklassen wie
Hedgefonds eingehend beschrieben. Ein weiterer Schwerpunkt liegt auf der Darstellung risikoadjustierter Per-
formanceanalysen. Weitere Kapitel über Risiko- und
Performancemaße, Benchmarks, die Attributionsanalyse
von Aktienportfolios und die Global Investment Presen-
tation Standards (GIPS) wurden unter Berücksichtigung
der neuesten Literaturbeiträge aktualisiert und wesentlich erweitert.

**Das Buch richtet sich in erster Linie an Studierende
der Finanzmathematik, an Investmentanalysten, an
Wirtschaftsprüfer sowie an Consultants im Bereich
des Asset Managements.**

Dr. Bernd Fischer ist seit dem 1. April 2009
Geschaftsführer der IDS GmbH - Analysis
and Reporting Services (IDS), eine auf das
operative Investmentcontrolling spezia-
lisierte Tochtergesellschaft der Allianz SE.

Bestellen Sie in Ihrer Fachbuchhandlung oder
direkt bei uns: Tel: 089/45051-248, Fax: 089/45051-333
verkauf@oldenbourg.de

Oldenbourg